An Introduction to Social Psychology ∗

わたしから社会へ
広がる心理学

金政　祐司　編著
石盛　真徳

北樹出版

はじめに

　「心理学を教えている」と言うと、ときおり返ってくる言葉がある。それは、「それじゃ、わたしの心が読めるんですね」もしくは「それなら、今、わたしが何を考えているかあててくださいよ」といった類(たぐい)の言葉である。ただ、ほんとうに申し訳ないのだが、そんなマジカルでミラクルな芸当など、少なくとも編著者には、いや多くの心理学者にはできるはずがない。もしそんなことが可能であるなら、心理学者はみな大金持ちか恋愛の達人になっているはずだろう。しかし、悲しいかな、そんなことは当たり前のようにない。まず、本書にふれることで、心理学が読心術や占いなどと根本的に質を異にするものであるということを多少なりとも理解していただけるようであればありがたい。

　また、この本では、"わたし"という言葉がさまざまなところで見受けられると思う。ある意味で、"わたし"を本書のキーワードとしてはいるのだが、編著者たちは、"わたし"をことさら強調したいために使用しているのではない。どちらかといえば、むしろ、ややアイロニックに（少し皮肉を込めて）"わたし"という言葉を使っている節もある。

　近年、「個性化」という言葉がさまざまな場において叫ばれるようになって久しい。ただ、この「個性化」という言葉が時として、"わたし"という絶対的な塔を作り出し、そこに他者の意見や一般的な考え方を入れなくとも「ゆるぎない塔である"わたし"は、正確な世界を捉えきれる」といった誤解を生み出している可能性がある。しかし、現実には"わたし"が生きていく際に、他者を無視し、社会を拒絶することはほとんど不可能に近い。たとえば、この文章を読んでいる"わたし"（読者の方々）は、幼い頃から日本に住んでいるかぎりにおいて、日本語という言葉を使ってさまざまなことを考え、ほかの人とコミュニケーションをとろうとするだろう。この場合の日本語とは、"わたし"が"わたし"として自分勝手に創り上げた言葉などではなく、親や学校の先生、まわりの大人からその使用方法やルールを学んで習得したものであろう。つまり、単純に言葉だけを例にとっても、私が社会に生きていく上で、他者や社会

的環境から受ける影響を無視することなどできないのである。

　同様のことは、編著者がときおり学生さんから耳にする「わたしは、ほかの人といると本当の自分を出せない！」という悩みにもあてはまる。というのは、ここで少し見方を変えれば、ほかの人といると自分をうまく表現できないという"わたし"、また、そのことを悩んでいる"わたし"自体がある意味で本当の"わたし"と言えなくもないからである（仮に"本当のわたし"なんてものがあれば、の話だが……）。むしろ他者との関わり合いについていろいろと悩むことは、人としてものすごく自然なことであるし、また、そうだからからこそ、人はいとおしくもある生き物なのではないだろうか。本書から、少しでもそういったことが伝われば幸いだと思う。

　さて、堅苦しい話は横におき、本書の紹介に移ろう。この本の編集にあたって、各章の執筆者の方々には、文章の"やわらかさ"を重視していただくようお願いをした。また、それが立ちゆかないところに関しては、できるかぎり身近な例を取り上げ、皆さんが日常的に経験する出来事と本書で紹介する理論やモデルといったものとのあいだが空洞化しないように気を配ってもらっている。そういう意味では、本書は、はじめて心理学を学ぼうとする人たちにも比較的容易に、スピーディーに読み進めるものになっているのではないかと思う（そう願ってやまない）。

　それでは、ここで少しだけ、本書の内容についてふれておこう。本書は、第1章から第9章まで、そのタイトルにあるように「わたしから社会へ」と徐々に広がっていくという構成をとっている。ただ、必ずしも第1章から第2章、第3章へと読み進めていただく必要はない。ぱっと各章のタイトルなどを見て、気になったところを開いて読んでもらえれば、ある程度その部分の内容が理解できるようになっている。また、重要なキーワードとなるものについては、わかりやすいように太字で示すことにした。お手軽に手にとって、読んでもらえば、これほどありがたいことはない。

　第1章から第3章までの第Ⅰ部「わたしから親密な人へ」では、まず、"わたし"とは何なのか、"わたし"が他者と関わっていくということはどういう

ことなのかについてふれている。その際、とくに、友人や恋人といった親密な他者との関係に焦点をあてて、"わたし"が他者と関わっていく場合に重要となることがらの説明を行った。

次の第Ⅱ部「親密な人から社会へ」では、"わたし"と親密な人たちとの関わり合いから少し枠を広げ、"わたし"と社会のなかの人たちとの関係について話を進めている。第4章から第6章までのこの部では、他者とうまく関わっていくための知識、また、"わたし"が集団や社会から受けている影響やそのネットワークの重要性について解説を行った。

最終部の第Ⅲ部「社会や文化のなかで生きるわたし」は、第7章、第8章、第9章の3つの章から成る。この部では、社会や文化といった普段は気にもとめないような大きなものから影響を受けている"わたし"と、それと同時に、社会や文化に積極的に関わっていく存在でもある"わたし"について、日常的な出来事と関連させながら説明を行っている。

最後にではあるが、本書の趣旨に賛同し筆を取っていただくとともに、編著者の無理難題を快く受け入れてくださった執筆者の方々にお礼を申し上げたい。また、本書の執筆の話をもちかけてくださった北樹出版の福田千晶さんにはいろいろな面でお世話になった。本書の企画を未熟な編著者にまかせていただいたことやすべての原稿に目を通して的確なコメントをいただいたことなど福田さんなくしては、本書の出版は成しえなかったように思う。ここに謝意を表したい。

本書が、読者の方々に「へ〜、けっこうおもしろかったやん、これ」という感想を抱いていただけるものであることを祈りつつ、「はじめに」の筆をおきたいと思う。

   2006年6月　大阪にて

編著者代表　金政　祐司

目　次

第Ⅰ部　わたしから親密な人へ

第1章　わたし（自己）とは何か？
　　　　　　──他者との関わりの観点から見た自己── ……………………12
　第1節　「わたし」とは何か？──心理学における「自己」── ……………12
　　1．「わたし」って何？　2．「わたし」と「ひと（他者）」
　　3．「わたし」以外の視点からの「わたし」の捉え方　4．発達的
　　観点に基づく「わたし」の捉え方―エリクソンのモデル　5．集団
　　の一員としての「わたし」―社会的アイデンティティ
　第2節　「わたし」を知るための他者との関わり …………………………19
　　1．「わたし」の理解―自己評価過程　2．自己評価過程と関連す
　　る動機　3．情報の源としての「他者」―社会的比較過程の理論
　　4．「わたし」を知るための他者との関わり方は、いつでも同じな
　　のか？―状況の側面　5．「わたし」を知るための他者との関わり
　　方は、誰でも同じなのか？―自尊心の影響
　第3節　自己と適応 ……………………………………………………………31
　　1．楽観的に自分を捉えること―ポジティブ幻想　2．他者との関
　　わりと精神的な適応
　第4節　「まわり」から「わたし」を捉えること ………………………………33

第2章　わたしが他者を見る時、他者と関わる時 ………………………………37
　第1節　わたしは他者をどのように見ているのか
　　　　　　──他者を見る時の手がかりとは── ……………………………37
　　1．対人認知と印象形成　2．対人認知次元　3．対人認知に歪み
　　をもたらすもの
　第2節　世界をバラ色にするのは誰？
　　　　　　──自己と他者への信念や期待が対人関係に及ぼす影響── …………45
　　1．自己や他者への信念や期待はどのようにして形作られていくの

　　　　　か—愛着理論とは　2．自己ならびに他者への信念や期待と青年・成人期の愛着スタイル　3．青年・成人期の愛着スタイルが対人関係に及ぼす影響　4．青年・成人期の愛着スタイルと適応—精神的健康やストレスへの対処法との関連

　　第3節　自己と他者への信念や期待はどうして簡単には変化しないのか ……54
　　　　　1．自己成就予言とは何か—わたしの思い込みは現実化するのか
　　　　　2．自己成就予言は対人関係でどのように作用する？　3．人の信念や期待はまったく変化しないのか

　　第4節　わたしの思い込みが社会や世界を作り出している？
　　　　　——その可能性を問うことの意義—— ………………………………59

第3章　親密な関係の光と影 …………………………………………………62
　　第1節　親密な関係とはどのような関係か ……………………………62
　　　　　1．恋人と友人は同じ？—好意と愛情　2．関係を所有するという意識　3．お互いの「お返し」がいい関係の条件—報酬の互恵性

　　第2節　親密な関係が築かれてから終わるまで …………………………68
　　　　　1．ひかれ合うプロセス—親密な関係の形成　2．親密な関係を維持しようと思う2つの理由　3．親密な関係の解消とその後の悲嘆

　　第3節　親密な関係のもつ光 ………………………………………………73
　　　　　1．「わたし」が拡大したような気持ち—相手との一体感
　　　　　2．味方としての親密な他者—ソーシャル・サポート

　　第4節　親密な関係に潜む影 ………………………………………………77
　　　　　1．親密な関係で生じる対立や葛藤　2．暴力の温床となる親密な関係

　　第5節　光あふれる関係のための条件 ……………………………………80
　　　　　1．問題が深刻になる前に—予防的な葛藤対処　2．「2人きりの世界」は幸せをもたらさない

第II部　親密な人から社会へ

第4章　他者に思いを伝える、他者の思いを感じとる
　　　　——対人コミュニケーション—— ……………………………………86
　　第1節　対人コミュニケーションとは何か？ …………………………86

　　　　　1．対人コミュニケーションのモデル　2．対人コミュニケーションのチャネル
　　第2節　非言語的コミュニケーション …………………………………………90
　　　　　1．近言語―パラ・ランゲージ　2．視線　3．空間の行動―プロクセミックス
　　第3節　日常のコミュニケーション ……………………………………………95
　　　　　1．会話　2．自己開示　3．コミュニケーションの抑制
　　第4節　うまくコミュニケーションをとるために ……………………………102
　　　　　1．社会的スキルとは　2．社会的スキルのトレーニング
　　第5節　コミュニケーションで困った時に ……………………………………105

第5章　他者に見せるわたし ………………………………………………………108
　　第1節　自己呈示とはなにか？ …………………………………………………108
　　　　　1．何のために自己呈示をするのか？―自己呈示の機能
　　　　　2．どのような時に自己呈示をするのか？―自己呈示への動機づけを高める要因　3．どのように自己呈示をするのか？―自己呈示の種類　4．どのような自分を見せようとするのかの決め手となるものは？―自己呈示するイメージに影響する要因
　　第2節　自尊心維持のための自己呈示 …………………………………………116
　　　　　1．セルフ・ハンディキャッピング　2．栄光浴現象
　　第3節　親密な他者に対する自己呈示
　　　　　――親密になると自己呈示をしなくなるのか？―― ………………123
　　　　　1．親密であることが自己呈示を抑制する理由と促進する理由　2．親密さと自己呈示　3．親密な他者には本当の自分を知って欲しい？　それともできるだけポジティブに自分のことを見て欲しい？
　　第4節　自己呈示の社会的意味 …………………………………………………127

第6章　集団に所属することと他者とのつながり ………………………………131
　　第1節　集団に所属すること ……………………………………………………132
　　　　　1．集団への参加理由と集団としてのまとまり　2．他者から影響を受けること　3．他者からの命令に従うこと
　　第2節　他者とのつながり ………………………………………………………138

1．集団内のコミュニケーション・ネットワーク　2．集団間のコミュニケーション・ネットワーク　3．小さな世界―世間は狭いか？　4．自分とみんなの利益が対立する状況

　第3節　翻弄される存在としての自覚 …………………………………150

第Ⅲ部　社会や文化のなかで生きるわたし

第7章　社会とつながるわたし――キャリア選択に関する問題―― …………154

　第1節　キャリア選択の心理――これまでとこれから―― ……………154

　　　1．キャリア選択にまつわる心のメカニズム　2．人、行動、環境の化学反応―三者相互作用の考え方　3．社会の側の要因　4．個人の認知が主導権を握る―認知的機能主義

　第2節　キャリアに対する自己効力 ………………………………………161

　　　1．うまくできるかな？　2．男女の棲み分けはこうして起こる　3．自己効力を書き換える

　第3節　キャリアに対する結果期待 ………………………………………165

　　　1．これをすると何が起こる？　2．結果期待が作用する時―人生の岐路で行う大きな決断　3．結果期待を書き換える

　第4節　キャリア選択のダイナミズム ……………………………………168

　　　1．パフォーマンス、そして、軌道修正　2．キャリア研究と実践―着地点はどこに？

　第5節　変化を受け入れながら歩む――社会と自分の接点を求めて――………171

第8章　社会のなかの落とし穴――苦情・クレーム行動と悪質商法――……174

　第1節　苦情・クレーム行動の背景 ………………………………………174

　　　1．苦情行動とクレーム行動　2．不満後の反応パターン　3．なぜ人は苦情・クレーム行動を起こすのか　4．なぜ不満を感じるのか　5．苦情・クレーム行動の法則　6．消費者相談の現状―ダントツ1位は「悪質商法」！

　第2節　「悪質商法」の背景 …………………………………………………184

　　　1．悪質商法の現状　2．進化する悪質商法

　第3節　「説得」と「承諾」のメカニズム――なぜ人は騙されるのか――………187

　　　1．承諾の原理　2．説得の技法

第4節　クレームのすすめと悪質商法対策——わたしたちに何ができるか—— 197
第9章　わたしの文化を越えて——文化と心の関わり——……………200
　　第1節　わたしの心と文化 ……………………………………………200
　　　　1．文化とは何か？—わたしの思考・行動・認知に意味づけを行う
　　　　システム　2．文化心理学とは—文化と心の関係を探る　3．文化
　　　　と心の相互構成プロセス　4．文化と心の関係を調べる方法—比較
　　　　文化研究からわかること
　　第2節　文化的自己観——対人関係とわたし—— ……………………205
　　　　1．相互独立的自己観と相互協調的自己観—人をコントロールする
　　　　対人関係、人に合わせる対人関係　2．文化的自己観と「わたし」
　　　　のあり方
　　第3節　わたしの文化の「当たり前」とほかの文化の「当たり前」 …………208
　　　　1．意見や態度はどのように作られるか？—動機づけ・選択と文化
　　　　2．他者や世界をどう見るか？—認知と文化　3．幸せとは何か？
　　　　—幸福感と文化　4．比較文化研究の解釈
　　第4節　文化のなかに生きるわたしたち ……………………………218
　　　　1．しつけと教育—価値の伝達　2．北米・日本文化の違いを生み
　　　　出しているもの　3．文化と心の関係の理解とは—自分を知ること、
　　　　他者を知ること
引用文献 ……………………………………………………………223
索　　引 ……………………………………………………………234

第Ⅰ部　わたしから親密な人へ

　わたしは、どこから流れいでて、そして、どこに帰っていくのか？　そもそも、わたしとはいったい何ものなのであろうか？　この砂漠の砂の一粒、一粒を数え上げるような問いかけをくり返すことは、古代から、いや、人が人という生を生きることになったその時点から背負わされた宿命なのかもしれない。しかしながら、わたしは、はたしてわたし自身だけで、"わたし"というものを認識できるのであろうか。もしわたしがどこまでも続く荒野の真ん中に一人たたずんでいたとしたら、もしわたしが自分以外に何も存在しない空虚な世界に放り出されたとしたら、わたしは"わたし"を感じとることができるのだろうか。「人とは完全なる自然から放り出された悲しい存在だ」という哲学者もいる。ならば、わたしたちは、自分以外の存在、つまり、他者なくしては自分を知りえないはずなのである。第Ⅰ部では、このようなわたしと他者、とくに親密な人との関係に焦点をあてて話を進めていくことにしよう。

1 わたし（自己）とは何か？
──他者との関わりの観点から見た自己──

* * * * * * * *

　「わたし」って何だろう？　多くの人は、子どもの頃からそれに疑問をもち、一生をかけてその答を探し続けていく。古代ギリシャの哲学者も、中世の芸術家も、そして現代の心理学者も、その答を探して、現実社会のなかを、また知識という海のなかをさまよい続けている。それでもなお、現代に生きるわたしたちは、その答を完璧に見出しているわけではない。また、これから先、その答が完璧に解明されることもおそらくないだろう。ただ、ひとついえることは、「わたし」の存在は「あなた」や「みんな」の存在があってはじめて成立するということである。自分の行動が他人と比べておかしいものでないかと思って、自分のことなのに、他人のことのようにたとえて話をすることもあるだろう。ほかの人から自分がどう思われているのかを知るために、人の話に聞き耳を立て、うわさ話に振り回されることもあるかもしれない。自分が人と比べて変わった人間ではないかどうかを確認するために、インターネットの心理占いサイトの結果に一喜一憂するかもしれない。これらはすべて「わたし」と「他者」の関係のなかで成立しているものである。本章では、人間というものの存在を、周囲の関係のなかにある「わたし」という立場から捉えて話を進めていく。

* * * * * * * *

第1節　「わたし」とは何か？──心理学における「自己」──

　「わたし（自己）」に関しては、心理学の世界において非常に古くから優れた議論や研究が行われてきた。自己をどのような形で捉えるのか、それは研究者によってさまざまではあるが、第1節では古典的議論も含めつつ、その捉え方

を示していくこととしよう。

1.「わたし」って何?

　そもそも「わたし」とは何だろうか?「わたしは誰でしょう?」と自分に問いかけてみたら、あなたはどのように答えるだろうか。「わたしは男性です」「わたしは熊本県出身です」「わたしは大学の教員です」「わたしは車を運転するのが好きです」「わたしはたくさんの知人がいます」など、100人いたら100通りの回答が出てくるのではないだろうか。この「わたしは誰でしょう?」テストは、「わたし」を理解するために、心理学の世界で広く知られているものである。図1-1のように20の欄を設けて、その記述内容や順序から「わたし」の特徴を把握しようとするものである（興味のある方は、自分で紙を用意してやってみていただきたい）。

　このテストは、回答を求める側が何らかの制約を加える形式ではなく、回答者が自由に回答していく形式をとっている（自由記述法）。そのため、最初の方

質問
下の1から20までのそれぞれの横線の上に、次の質問を読んで頭に浮かんだことを、20通りの違った文章にまとめてください。

「わたしは誰だろうか」

　この質問はあなた自身に問いかけるもので、他の人から、あるいは他の人への問ではありません。そのつもりで頭に浮かんできた順に、理屈や大切さを抜きにして、1から20まで埋めてください。時間が限られているので、なるべく手早く片づけてください。

「わたしは誰だろうか」

1.　わたしは _____
2.　わたしは _____
（中略）
19.　わたしは _____
20.　わたしは _____

図1-1　20答法回答用紙（浅井, 2000をもとに作成）

に記述される内容は、その時自分にとって重要なことがらであることを意味する。たとえば、性別を最初に書いている場合は、「男性（女性）である自分」を重視しているといえる。また具体的な他者（友人や家族、恋人など）の名前を出して、その人との関係を書いている場合は（例：わたしは、○○さんの恋人です）、その関係を非常に重視しているといえよう。また、回答内容が首尾一貫したものであるか、さまざまなことがらを書いているのかによっても、回答者が自分のことを多面的に捉えているのかどうかをある程度理解することはできる。

　このようにして捉えることのできる「わたし」は、人が自分自身に対してもっている観念・感情・評価全体のことを指すものであり、心理学的には「**自己概念**」と呼ばれる。

2．「わたし」と「ひと（他者）」

　次に、「わたし」という言葉について、少し考えてみよう。「わたし」について辞書的な意味で捉えるならば、「公」に対比される「私」となり、話し手自身を指す代名詞ということになる。また、「私だけのプライベートな時間」などと表現すれば、他の存在と区別された個人という意味になるだろう。

　しかしながら、心理学的にいうならば、「わたし」には、自らの存在を確認することである「**アイデンティティ**」としての意味合いが強く反映されている。日本語では「**自我同一性**」と訳されるが、一般的にはアイデンティティとそのまま使用されることが多いようである。その理由に、自我同一性という言葉が日本人にはあまりピンとこない部分があるのかもしれない。浜口（1982）は、日本人は「人と人との間に自分がある」という考え方をもつ「間人主義」者であると述べ、他者との関係のあり方やそこに存在する「他者」の重要性を示している。すなわち、日本人は「個」としての自己というより、関係性のなかに位置づけられる自己をより重視しているといえる。

　しかしながら、日本人のみがこのような考え方をもっているというわけではなく、心理学の世界では、「自己」とは異なる「他者」の存在は、いわば前提としてそこに"ある"ともいえる。「自己」を理解するために、「他者」をどのように捉えるか、解釈するかが重要な意味をもつのである。どのような文化的

背景があるとしても、さまざまな文脈で「他者」の存在がまったく考慮されないということは、一般的に考えてもありえないといえるだろう（比較文化の観点からの自己に関する研究の詳細については第9章を参照）。

「自己」が存在するためには、「他者」が必要なことは非常に当たり前のことであり、皆さんの経験的にも理解できることだろう。普段（ふだん）の生活のなかでも、「他者」がわたしたちの行動や思考を左右することは数多くある。たとえば自分のことをよく知ってもらうために自己紹介をしたり、センスのいい服を着て自分のことをよく見せようとしたり、試験の点数を誰かと比べて一喜一憂する。これらの例は「他者」の存在が前提となって「自己」が成立することを示すものである。

3．「わたし」以外の視点からの「わたし」の捉え方

なぜ、「わたし」を知るために、「わたし以外」の存在を考えないといけないのだろうか。これについては、自己に関する過去の研究のなかで、非常に重要な考え方が示されている。「自己（self）」について、他者との関わりのなかでその特徴を捉えようとしたのは、ジェームス（James, 1890）が最初であるといわれている。彼は、自己を2つの特徴をもつ存在として考え、それを**自我**（I）と**客我**（me）に区別した。自我とは「知る自己」であり、経験する主体もしくは行為の主体である。一方、客我とは「知られる自己」であり、物質的、社会的、精神的な面を含むものとして捉えられる。さらに彼は、「知られる自己」の探求が心理学的な自己論にとって必要であると考えた。自己の構造を2つの要素で捉えるこの考え方は、その後の心理学における自己論において非常に重要な視点を提供した。

その後、ジェームスの考えを受けて、クーリー（Cooley, 1902）は、自己に関して**鏡映自己**という概念を提唱した。この考えは以下のようなものである。人間は自分の顔や姿を自分の目で直接見ることはできない。しかしながら、鏡の前に立つことにより、具体的な姿を理解することができる。それと同じように、自己の内面にあるものは直接見ることができない。そのため、わたしたちは他者の存在を鏡とみたて、それを通して自己を知ることができるようになるとい

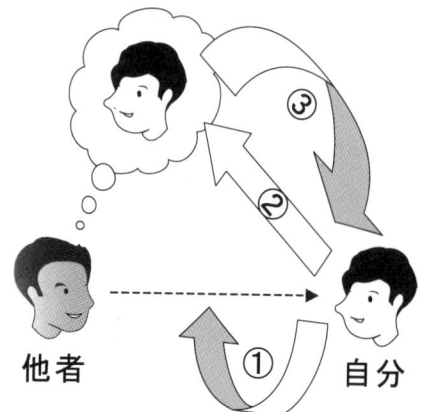

図1-2　鏡映自己の概念の模式図

うのである（図1-2参照）。

　さらに、ミード（Mead, 1934）は、自己について**象徴的相互作用論**を主張している。その理論では、他者から見られた自分の姿を自分のなかに取り込むことにより自己の成立があるとする「**役割取得**」という概念が提唱されている。これは、自分の周囲の他者（友だち、先生、恋人など）の期待を取り入れることが、自己像の形成に重要な意味をもつというものである。しかしながら、わたしたちはさまざまな関係のなかで生活をしている。したがって、親からの期待と友人からの期待は異なるものであるかもしれない。このような複数の役割は、子どもから大人になるにつれて次第に増えていくものであるが、これら複数の要素のあいだには、時に葛藤が生じることもあるだろう。そのため、人は複数の他者の期待を統合し、一般化する必要があり、それによって心のなかに形作られるのが「**一般化された他者**」からの期待なのである。つまり、「みんながわたしのことをこう思っている」と考える時の「みんな」のイメージが、一般化された他者のことである。この一般化された他者の存在を心のなかにもつことができるかどうかが、他者と協調的な生活を送り、社会のルールを守るといった社会性の獲得にとって重要であるといえる。

4．発達的観点に基づく「わたし」の捉え方——エリクソンのモデル——

「自己」をどのような観点で捉えるのかについて、心理学の分野で多くの考え方があることを述べてきたが、ここではそのなかのひとつとして、社会的文脈を重視したエリクソン（Erikson, 1968）の発達理論を紹介する。

彼はフロイト派の精神分析の流れをくみ、自己を発達的観点から捉える視点を示している。彼の理論において重要な点は、自己には8つの発達段階があり（表1-1）、それぞれの発達段階に特有の課題を解決することで次の段階に移行するという点である。そして、それぞれの段階で課題の解決に失敗することは、あまり好ましくない特徴を示すと考えられる。これは**同定の危機**と呼ばれる。たとえば、自己の確立という観点に立てば、最も重要な意味をもつのは**青年期**（12～17才）である。この段階において自我同一性、すなわちアイデンティティの確立がなされる。中学生や高校生くらいの年代に、「『わたし』は何者だろう？」「『わたし』は何のために生きているのだろう？」「『わたし』はこれから先どうなっていくのだろう？」と考えることは、その発達段階における課題の解決、つまり自我同一性の確立を行っているということになるのである。それが解決されないと、年齢は重ねていても心理的には成長していないという状態となりうるのである。

5．集団の一員としての「わたし」——社会的アイデンティティ——

4年に1度開催されるサッカーのワールドカップは、世界最大のスポーツの

表1-1　エリクソンの発達段階（中村, 1990をもとに作成）

年齢	発達段階	危機	対象となる人物や出来事
0～1才	乳児期	基本的信頼と不信	母親の愛情と反応
1～3才	幼児期	自律と疑惑	両親が示す子どもの自己主張への反応
3～6才	遊戯期	自発性と罪悪感	家族の中での自己と他者との葛藤
6～12才	学童期	勤勉性と劣等感	学校での仲間との社会的比較
12～18才	青年期	自我同一性の獲得と拡散	仲間集団・モデルとなる他者との社会的、調和的関係
	若年成人期	親密感と孤独感	友人や恋人との深い交際
18才～	成人期	生殖性と沈滞	自分や家族の求めるものと社会が求めるものとの板挟み状態
	成熟期	統合性と絶望	自己と他者、現在と過去の関係を満足あるいは不満足と総括

祭典である。日本でもここ十数年注目が高まり、2002年に開催されたFIFAワールドカップでは、多くの日本人が日本代表の戦いを観戦し、そしてその勝敗に一喜一憂した（このときの日本対ロシア戦のテレビ中継では、66.1%という驚異的な視聴率を示した）。当然それらの人々のほとんどは、競技としてのサッカーを経験したことのない人であるだろうし、代表選手の親戚や知人というわけでもないだろう。しかしながら、日本代表が勝利をすれば多くの人は喜び、負ければ悔しさを覚える。ある特定選手のプレーのすばらしさもさることながら、まずは自国の勝敗が重視される。これは、普段の生活で「日本人」という意識をわたしたちが常に強くもっていなくても、である。なぜこのような現象は生じるのであろうか。

　この現象を心理学における「自己」の観点から考えると、自己概念の体系が個人的なもの（個人的アイデンティティ）と社会的なもの（社会的アイデンティティ）の2つの構造から成り立っていることにより説明できる。これが、タジフェルとターナー（Tajfel & Turner, 1986）の**社会的アイデンティティ理論**である。個人的アイデンティティとは、特定の他者（両親や友人、恋人など）との親密で永続的な人間関係に基づいた、自己に対する理解や評価である。一方社会的アイデンティティとは、所属する集団や**社会的カテゴリー**（国家や人種、性別、職業など）の一員であることを意識することから生じる、自己に対する理解や評価のことである。すなわちこのことは、人間が「ひとりの個人としての『わたし』」と「何かのメンバーとしての『わたし』」という2つの側面をもっているということを意味している。

　ここで、「何かのメンバーとしての『わたし』」は、何らかの形で本人がその集団に所属しているということが前提となる。ここでいう所属に、契約や明確な理由づけが必ずしも必要というわけではない。「自分は○○の一員である」と本人が思うことが必要であり、個々人が自分が所属していると認識する集団のことを**内集団**、自分が所属していると認識する集団以外を**外集団**と呼ぶ。たとえば、日本人であると自分を認識すれば、まわりにいる日本人は内集団メンバー、外国人は外集団メンバーとなる。

　しかしながら、この内集団—外集団という区別は、変化しないものというわ

けではない。たとえば、同じゼミに外国人留学生がいる場合、「ゼミに所属している自分」を基準で考えれば、その外国人留学生は外集団メンバーではなく、内集団メンバーとなる。その時には、別のゼミに所属している日本人の友人が外集団メンバーとなるのである。これは、「わたし」について考える時には、その人がおかれている社会的な文脈も考慮する必要があるということを意味する。わたしたちは多くの集団に所属しており、自らのアイデンティティをどのようなカテゴリーや枠組みで捉えるかということが時に重要となる。

　このことについて、ターナー（Turner, 1982）は**自己カテゴリー化理論**を提唱している。この理論において重要な側面は、自らをどのようなカテゴリーとして捉えるかという認知的な（頭のなかにある）枠組みであり、その枠組み（準拠枠とも呼ばれる）は個人のおかれている環境や文脈において変化してくるということである。たとえば日本人の友人同士で海外旅行に行って、ホテルの部屋で自分たちの性格や趣味について話をしている時には、個人としてのアイデンティティが活性化され、お互いの違いが認識される。一方、ホテルを出て、外国の人と買い物の交渉をする時には、「日本人」としてのアイデンティティが活性化され、外国人と比べた場合の自分たちの日本人らしい側面に目が向きやすくなるだろう（たとえば、自分が旅行先の国の言葉をうまくしゃべれない場合などを思い浮かべてみるとわかりやすいかもしれない）。このようにわたしたちを規定するカテゴリーは状況に応じてある程度柔軟に変化するものであり、またそれはひとりひとりが多種多様にもっているものである。

第2節　「わたし」を知るための他者との関わり

　第1節で示したように、社会的文脈、すなわち他者との関わり合いのなかでの「自己」を捉える立場は、「自己」が柔軟で変化可能であり、自己概念が能動的に変化していくものであるということを重視する考え方である。いわば、「自己」というものが、何でも吸収してしまうような身体のなかにある乾いたスポンジというわけではなく、取捨選択しながら必要なものを選びとる働きをもつものであるとする考え方である。すなわち、自己を知ろうとするために、

他者や周囲の存在と積極的な関わりをもつということを意味している。そこで、第2節では、自己を知るための他者との関わりについて、いくつかの理論を挙げながら説明を進めていく。

1．「わたし」の理解──自己評価過程──

自己は能動的な機能をもつものであるという観点から、セディキデスとストルーベ (Sedikides & Strube, 1997) は**自己評価過程**についてまとめている。自己評価過程とは、人が経験するさまざまな出来事に基づいて、自分自身の存在を強く意識し、これまでの自己概念を修正したりそこにあらたな情報を加えたりすることで、自己概念が社会的に変化していく過程のことを指す。すなわち人は、自己の快適な状態を獲得することで自分自身の評価や価値を高め、自分のもっている自分自身に関する知識と一致しない情報を避けようとし、また時にはより正確に自分自身のことを知ろうとしたり、将来の自分自身のイメージをさらによい方向に向かわせたりするのである。

また、セディキデスとストルーベは、自己評価過程を、外界からの情報を単に受動的に処理するだけではなく、自己をより望ましい方向に向かわせようと動機づけられた過程である、と捉えている。このことは、自己を受動的な存在としてではなく、さまざまな意図や願望、欲求をもち、それらに基づいて行動する能動的な存在として捉えることが必要であるということを意味している。

2．自己評価過程と関連する動機

前節の最後でふれたように、自己評価過程を簡単に説明するならば、「自分は○○したい」という欲求、すなわち何らかの動機をもった上で、自己認識を行うということを意味している。言い換えるならば、人は一般的に、自分のことをどのように評価したいと考えているのかということである。では、このような動機にはどういう種類があるのだろうか。先述のセディキデスとストルーベは、自己評価のための動機を4種類示した。4種類の自己評価動機とは、**自己高揚動機、自己査定動機、自己確証動機、自己改善動機**であり、その内容は図1-3に示している。

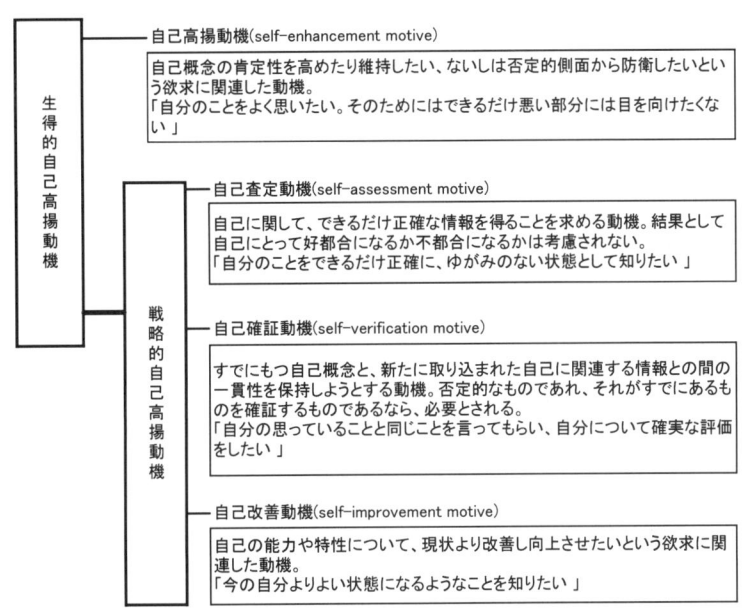

図1-3　4種類の自己評価動機と SCENT モデルでの各動機の位置づけ

　ではこれらの自己評価動機は、ある状況下でどれか1つだけが強く現れるというように、単独で機能するものだろうか。それとも複数の動機が同時に現れるということがあるのだろうか。セディキデスとストルーベはどのような状況でいずれの動機が優勢なものとなるのかに関して、**SCENT**（Self Concept Enhancing Tactician：自己概念高揚戦略）**モデル**を提案した。このモデルで特徴的なのは、4種類の自己評価動機が、並列に存在するのではなく、階層性をもつということである。つまり、自己評価の最終的な目標は自己概念の安定や肯定的自己概念を獲得することであり、自己査定・自己確証・自己改善は、最終的には自己高揚をするための手段（下位過程）である、とこのモデルは主張している（図1-3参照）。それゆえ、自己高揚動機は**生得的自己高揚**動機と呼ばれ、その他の3種類の自己評価動機は**戦略的自己高揚**動機と呼ばれている。言い換えるならば、生得的自己高揚は、直接的な方法で自分自身の評価を高めたり、良い感情状態を得たりすることである。一方戦略的自己高揚は、一時的には自分

にとって脅威的な状況を導くかもしれないが、長い目でみると結果的に自分自身の評価を高めたり、良い感情状態を得たりするという、直接的ではなく間接的な方法で自己を高揚させていくというものである。

このように考えると、たとえば学生の就職活動で自分の長所のみならず短所をアピールしたり、批判的な視点から自己分析したりすることは、一時的には心理的につらい思いをすることかもしれない。しかしながら、長い目でみれば、将来的に自らが希望するより望ましい自分を得るために行っていることであるといえる。つまり、自分にとって好ましくない情報を求めようとしたり、他者からの否定的評価を受け入れたりすることも、自己の長期的な心理的安定性や良好な適応状態の獲得のために行っているひとつの方略であるといえるだろう。

3．情報の源としての「他者」——社会的比較過程の理論——

子どもの頃、親やまわりの大人から「他の人と比べて、自分が良いとか悪いとかを考えてはいけません」といったことを言われた経験はないだろうか。大人になってからも、「あなたらしく、あなたがそう思うならそれが一番です」などと言われることがあるかもしれない。もちろん、ひとりひとりの人間が、自分の個性を大事にし、「わたしらしさ」を確固たるものとすることは非常に重要なことである。しかしながら、まったく人と何かを比べることなく、自分のことを理解し、「わたしはこういう人間である」と言うことはできるのであろうか。むしろ、社会心理学の世界では「人と比べることは、当たり前に行われることである」といった考えの方が一般的であるとされている。

人が自分と他者とを比較することは、**社会的比較**と呼ばれ、自己概念の形成過程のなかで重要な役割を果たしている。これに関して最も有名な理論は、フェスティンガー（Festinger, 1954）が提唱した**社会的比較過程の理論**である。この理論を具体的な例を挙げて説明すると、次のようなものになる。あなたがあるテストで60点を取ったとしよう。しかしながら、それだけでは、自分が良い点数をとったのか、悪かったのかわからない。その場合あなたはどうするだろうか。おそらく、普段から自分と成績がほぼ同じくらいの友人にそのテストで何点取ったか聞くのではないだろうか。もしその人が55点だったとしたら、「今

回は結構良かったな」と思うだろうし、仮に、その友だちが80点を取っていたなら、「今回は全然だめだったな」と思うだろう。

　この理論の前提には、人間には自分のもつ意見や能力を正しく判断しようとする動機づけがある。すなわち、自分に関してあいまいな評価ではなく明確な評価を求めようとするということである。そして、明確な評価を求めるためには以下の2通りの方法があるとされる。

　ひとつの方法としては、何らかの物理的・客観的手段や基準を用いるということがある。「私はかしこい」という主観的判断は、テストを受け、その科目の能力を実際に測定することで確認することができる。「今日は肌寒い」という感覚も、気温計を見れば正確な気温がわかるため、実際には気温は十分高いのに寒気を感じていれば、体調不良の可能性があるわけである。これらは、意見や能力に関する自己評価の確からしさが、**物理的実在性**によって確認される場合である。

　しかしながら、すべての基準が物理的実在性をもつわけではない。現実には、むしろ物理的実在性が存在しない、ないしは利用できない状況の方が多いといえる。たとえば、「この地区のラーメン店で最もおいしいのはどの店か？」といったことは、個人の価値観に強く影響を受けるものであり、とんこつラーメンが好きな人と、味噌ラーメンが好きな人では、まったく違う店を選ぶ可能性が高い。どの店が最もおいしいかということを、客観的・絶対的基準で判断するということは、その地区の住人全員にでもアンケート調査を行わなければならず、それは現実的には不可能なことである。このような場合、たとえば、自分とよく一緒に食事に行き、趣味や嗜好が似ている人物が「最近開店した駅前の店がおいしい」と言い、自分もそう思っていればその店はラーメンのおいしい店だと判断するだろう。また、食通として知られる有名人がそのお店のことを本や雑誌などで取り上げたり、ガイドブックに大々的に取り上げられたりするならば、「自分が目をつけていたあの店は、やはりおいしい店だったのだ」と確認することができるだろう。これらは、多くの人々や、重要な情報源との意見や能力の一致の程度によって得られる自らの判断の確からしさが、**社会的実在性**によって確認される場合である。

前記のような、物理的実在性の利用が難しい状況では、もうひとつの方法として社会的実在性が用いられる。しかしながら、この社会的実在性は、個人の主観が反映されるものであり、まわりにどのような人たちがいるかによっても変わってくるものである。したがって、ある人にとっては正しいと思えることであっても、ほかの人からみるとそうは思えないということが頻繁に起こるのである。

　フェスティンガーの社会的比較過程の理論には、人は自分の能力や意見を正しく評価しようという動因、すなわち自己査定動機が強く反映されている。しかしながら、社会的比較は自己査定動機のみに基づいて行われるわけではない。テストであまり良くない点数を取ってしまった時などに、クラスのなかで自分より点数が悪い人がいるということがわかると、少しほっとしてしまうことがあるだろう。これらの現象では、正確な自己評価を得るために他者と自分を比べているわけではない。このようなことに関して、ウッドら (Wood et al., 1985) の調査研究では、人は自分の都合の悪い事態に直面した場合などには、自分より劣った人物を比較対象として選ぶことが示されている。この研究では、乳ガン患者を対象にどのような社会的比較を行っているのかを調査した。その結果、患者の人たちは、自分よりも多少症状の悪い人のことについて語ること (**下方比較**：自分より劣った立場の人との比較) の方が、自分より健康状態の良い人のことについて語ること (**上方比較**：自分より優れた立場の人との比較) より頻繁に認められることが示された。自分より多少悪い状態の人と自分を比べることは、相対的に自分の位置を高くみなすことができる。このことは、一時的ではあるかもしれないが、心理的な安定にプラスの効果を及ぼしているといえる。反対に自分より良い状態の人と自分を比べることは、自己を改善しようとする動機を満たすためには良い効果を及ぼすが、その時点での自分の不幸さを実感することにもつながり、心理的安定にマイナスの効果を及ぼしていると考えられるのである。

　しかしながら、このような下方比較は、自分よりも劣った人であれば誰でもよいというわけではない。ウッドらの研究では、自分と比べて非常に状態の悪い人と自分の状態を比べること (脅威的比較) は、あまり頻繁には認められなかっ

た。これは、比較によって得るある種の優越感よりも、自分が将来そのような状態になってしまうかもしれないという不安を喚起することにつながり、心理的安定にとって好ましくはないことを意味している。

　前述したが、他者と自分を比べるということは、時に悪いことのように評価されることがある。しかしながら、自らが直面する状況を的確に把握し、将来の行動に対する見通しを立てるためには、他人と自分を比べて、そこから自らに関連する情報を得ることが重要である。すなわち、人にとって、他者との比較なしに自分を"知る"ということは、非常に難しいことなのである。

　このように考えると、周囲の他者は、自分にとっての「情報源」としての役割をもつ存在であるといえる。すなわち、自己概念の形成には、他者の存在が必要不可欠なのである。これは第1節でふれた、「一般化された他者」の存在とも関連する。しかしながら、この「一般化された他者」からは、自己評価へのフィードバックや役割の獲得に貢献する情報を直接得られるわけではない。「一般化された他者」は自己のなかに漠然と存在するものである。それゆえ現実の日常生活では、具体的な「他者」から情報を得るということが重要となる。

　西村と浦（Nishimura & Ura, 2004）は、自分のまわりの他者のうち、自己に関連した情報を提供してくれると思われる人物を「**参照他者**」と呼んだ。ここでいう「参照」とは、図書館で本を調べるようなことを指す一種の比喩である。つまり、人が物事について特定の情報や事実を得ようとする時に、何か書物や事典などを参考にして調べようとするだろう。それと同様に、日常生活において、自分についての情報や助言を得るためには、周囲の誰かに相談をもちかけることが多い。とりわけ、身近にいる他者や、自分と何らかの関わりのある人たちから、自己に関連した情報を得ようとすることは、日常的に行いやすいことであるといえる。この相談をもちかける誰かのことを「参照他者」と呼ぶのである。

　他者の存在は、自分に関する情報を得るための重要な資源として考えることができるだろう。そして、その資源をいかに効率的に利用できるか、すなわち他者とどのような関わりをもつかが、自己にとって非常に重要な意味をもつのである。次節からは、人がどのようにして自己を知るのか、そしてそのための

方法として、情報源となる他者とどのように関わっていくのかについて説明を進めていく。

4.「わたし」を知るための他者との関わり方は、いつでも同じなのか？ ——状況の側面——

　これまで述べてきたように、他者との関わり合いは、いわば自己を知るためのひとつの方策である。そうなると、他者との関わり合いのやり方は、知ろうとする自己の側面によっても変わってくると考えられる。それでは、自己を知るための他者との関わり合いに影響を及ぼす要因には、どのようなものがあるのだろうか。最初に「いつ・どこで」変わってくるのかという、状況要因の観点について説明していこう。

　なぜ、自己を知るための他者との関わりを考える時に、状況の要因を考える必要があるのだろうか。それは、自分が経験した出来事のもつ質的な違い（その状況が、対人関係のなかでどのような意味をもつのか）によって、異なる自己評価過程が生じる可能性があるからである。このことから、西村ら（2000）は自己に関連する出来事を、**課題関連出来事**と**社会情緒的出来事**に区別し、それぞれの出来事が起こった時に自己はどのような性質の他者を参照対象とするのか、すなわちどのような種類の情報を求めようとするのかについて検討している。西村らの研究では、課題関連出来事として"学生が卒論や実習に取り組む場面で、自分の予想よりうまくいった、ないしはうまくいかなかった状況"を、社会情緒的出来事として"学生が合コンに参加する場面で、異性の友人が見つかった、ないしは見つからなかった状況"を想定させた。そして、それらの出来事が起こった時に、自分の周囲の誰に相談をしようとするのかを具体的に思い浮かべてもらった。さらに思い浮かべたそれらの人物（参照他者）が、普段自分にとってどの程度客観的（たとえば、あなたの悪いところはきちんと的確に指摘する）か、またどの程度情緒的（たとえば、あなたに起こった出来事を自分のことのように考えてくれる）かについて、それぞれの程度を尋ねた。主な結果（図1-4）として、課題関連出来事が起こった時には、情緒的な他者より客観的な他者に優先的に相談したり意見をもらおうとしやすく、反対に社会情緒的出来事が起こった時

には客観的な他者より情緒的な他者に優先的に相談したり意見をもらおうとしやすいことが明らかとなった。

このことは、状況が異なれば、他者に対して求める特性、すなわち他者との関わり合い方が異なってくることを意味している。仮に毎日出会うとても仲の良い友人であったとしても、自分が

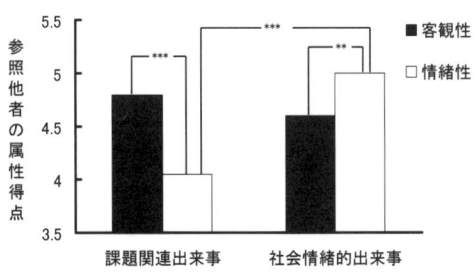

図1-4　状況の差異と参照他者の属性の関連性
(西村・浦・長谷川, 2000を改変)
＊＊＊:$p<.001$, ＊＊:$p<.01$　印は統計的に差があることを意味する

おかれている状況が違えば、その人に何を求め、どのような関わり方をしようとするのかが異なってくるといえる。このように考えるならば、周囲の他者といかに多様に、また状況に応じて柔軟に関わりをもつことができるかが、自己を適切に認識することにおいて重要な意味をもつのである。

5.「わたし」を知るための他者との関わり方は、誰でも同じなのか？　——自尊心の影響——

他者との関わり合い方について、影響を及ぼす要因は状況要因だけではない。「どのような人が」うまくできるのか、またうまくできないのかという問題、すなわちどのような特徴や性格をもつかという個人特性を挙げることができる。個人特性は、心理学の研究でもたくさん取り上げられるが、ここではそのなかでも**自尊心**を取り上げることにする。

自尊心とは、「自分自身を基本的に価値あるものとする内的な感覚」(梶田, 1988)、もしくは「人が自分の自己概念と関連づける個人的価値および能力の感覚」(遠藤ら, 1992) と定義される。非常に簡潔にいうなら、わたしがわたしのことを"これでよい"と思えるかどうかということになる。自尊心は人の基本的態度や行動を支えるものであり、かつそれらに大きな影響を与えるものである。

では、自尊心は対人的関わりにどのような影響を及ぼすのであろうか。こ

の点について、リアリー（Leary, 2004）は**ソシオメーター理論**を提唱している。この理論では、自尊心を、「自分と他者の関係を監視する心理的システム」と考えている。自尊心は、他者からどのくらい受け入れられているかの程度を示す計測機器（あたかも、車のスピードメーターのようなもの）であり、ある状況において自尊心が高まるということは、自分が他者から認められているという信号を受け取っているということになる。一方、自尊心が低くなるということは、他者から認められていないという信号を、本人が受け取っているということになるのである。

では、なぜこのような仕組みを人間はもっているのだろうか。それは、人にはもともと集団への**所属欲求**が備わっていると考えられるからである。現代社会は、物質的に豊かになったことで、対人関係の稀薄化が進み、「自分ひとりでも生きていける」という感情をもつ人が増えているようである。しかしながら、仮に無人島にひとりで生活することを考えてみたら、あなたはどう思うだろうか。その島には、ゲーム機や好きな本を持ち込むのは自由だし、食料にもまったく困らない。これには、少し興味がそそられるかもしれない。しかし、そこは携帯電話やインターネットに接続できるパソコンなど、他者とのコミュニケーションをとれる道具はないところである。そこでの、社会とかけ離れた自由気ままな生活を、最初の数日間は楽しく送ることができるかもしれない。しかしながら、その生活が、1年も続くとなるとどうだろうか。多くの人は、そのような生活を送ることなどできないと思うだろう。

そもそも、この所属欲求は、人間が進化の過程で獲得してきたものであると、リアリーは考えている。人間は、大昔は群れを作って生活を送ってきた。それは、古代の遺跡の生活形態からも裏づけられている。そして、人は群れに所属することで、協力して自分たちより大きい動物を狩り、食料としてきた。また群れとして生活することで、群れのなかにいる小さい子どもや年老いた人々、さらに自らの身を、過酷な自然環境や他の肉食動物といった外敵から守ってきたのである。したがって、人間は群れること、すなわち集団の一員であるということが、自らの生存と種の維持のためには重要なこととなる。もし集団のなかにいる他者からまったく受け入れられないならば、人は単独で生きていくこ

とになるが、これは群れからの離脱を意味し、集団から得られるさまざまな援助を受けることができなくなってしまう。そこで、前述したように、人が生き延びるためには、集団に所属して、その集団の人々から仲間として受け入れられることが重要であり、そのために他者から受け入れられているかを監視するシステムが心理的に備わるようになった。これがリアリーのいう自尊心についてのシステムであり、ソシオメーター理論の基本的な考え方である。

　この監視システムとしての自尊心は、状況に依存する一時的なものと、個人内の安定的なものに区別することができる。前者の一時的な自尊心は**状態自尊心**と呼ばれる。たとえば、人から悪口を言われた時に、落ち込んだり不安になったりしているような場合は、状態自尊心が下がっていることになる。

　一方後者の安定的な自尊心は、**特性自尊心**と呼ばれる。これがいわゆる性格的な部分での自尊心であり、「自分に強く誇りと自信をもっている」と思っている人は特性自尊心が高いことを意味する。この特性自尊心は、自らの過去の経験などに基づいたもので、あらたな他者との出会いの場面などで自分が他者から受け入れられるかどうかを予測する際に機能する。

　これらのことから、自尊心が低い状態は、自己の存在がある種の脅威にさらされている状態であるといえる。それが一時的にネガティブな感情状態（状態自尊心が低い状態）であるならば、対人関係に注意をより払い、状況を改善しようとするだろう。しかしながら、継続的に自分に対する価値を低く見積もっている場合（特性自尊心が低い）は、周囲の他者が自分を受け入れてくれているだろうかということに対して疑念をもちやすいために、時に周囲の他者との関係をより悪化させてしまう可能性が高まると考えられる。言い換えるならば、特性自尊心が低いということは、他者とうまく関わり合うことができない可能性が高くなるということである。

　この点について、長谷川と浦（2002）は、自尊心が低い人の**下方螺旋過程**の検討を行っている。これは、周囲のある特定の他者が本当に自分のことを大切に思ってくれているのかを、相手に対してくり返し確認しようとする**安心探し行動**（重要他者への再確認傾向（勝谷, 2006）とも呼ばれる）をとることにより生じるとされている。一例として、恋愛関係で交際相手に対して「私のこと好き？」

とくり返し聞くことを挙げることができるだろう。他者に自らの行動の正しさや確かさを確認することは、日常的に行われることである。しかしながら、これが頻繁に特定の人物に、同じことを何度もくり返し行ってしまうと、その対象他者から否定的な評価を受けることになる。つまり、くり返し他者に自分への好意や評価を確認することで、逆に他者から嫌われていく可能性が高まっていく。このように「自分のことを認めてもらいたい」と思い、人と関わることが、かえって人から拒否されることにつながってしまうという、好ましくない状態を引き起こしてしまうのである。

　また、自尊心が低い人は自己防衛的な方法で他者との関わりを好む傾向も示されている（西村・浦, 2002）。前述したように、一般に人は、自分のことをできるだけ正しく認識する必要がある状況においては、自己を正しく知りたいという自己査定動機が高まる傾向にある。しかし、自尊心が低い人はその際に自己査定動機を満たしてくれるような客観的な評価を与える他者ではなく、自分のことを情緒的に支えてくれる他者を参照他者として好みやすい。すなわち、自尊心が低い人にとって、自己に対して正確な情報を得ることは、自分の悪い部分に目を向けることとなり、脅威を感じるようになる。そして、その脅威から回避することによって、自尊心の低い状態を結果として維持するような、正確ではない情報を求めることである。

　言い換えるならば、自尊心が低い人は、本当は的確な情報が必要である状況であるのに、その情報を的確に処理すると、自己を脅威にさらしてしまうことになるので、一時しのぎのような形で情緒的な励ましや慰めを求め、正確な情報に目をつぶってしまいやすい。そのことから、結果として適切な情報源の選択をすることができなくなってしまうのである。したがって、自己に対するネガティブな感情が増していき、さらに自分のことを悪く評価してしまうという下方螺旋プロセスが生じるといえる。

　自尊心が低い人は、対人的な関わりが自尊心の高い人と比較して一般的にあまり得意ではないことが、これらの研究から示されているといえる。また、他者との関わり方が得意でないということが、自分への評価をさらに低めてしまったり、自己評価の改善のチャンスを逃してしまったりすることにつながって

しまうのである。

第3節　自己と適応

　近年の自己に関する研究は、人がいかに自らの適応状態（とくに精神的健康状態）を良好な形で高めていくのかという観点から大きな広がりをみせている（遠藤, 2005）。ここでは主に、自己と他者との関連性に注目し、自己と適応との関係についての研究をいくつか紹介をする。

1．楽観的に自分を捉えること——ポジティブ幻想——

　自己と適応の関連性についての研究で、非常に有名なものに「**ポジティブ幻想**」についての研究がある。これは、テイラーとブラウン（Taylor & Brown, 1988）が示した概念で、現在の自分自身を非現実的なまでにポジティブに捉えたり、外界に対する自分の統制力を現実以上に過大視したり、自分の将来を現実以上にバラ色にみてしまうという3つの傾向からなるとされる。とくに、自分自身を過大評価する傾向は、**平均以上効果**と呼ばれる。これは、実際の評価や成績よりも自分が認識している主観的な評価の方が高くなりやすい傾向のことである。アメリカの約100万人の高校生を対象にした調査研究によれば、他者とうまくやっていく能力について、ほぼ全員の回答者が少なくとも自分は平均的な能力をもっているとし、60％の人は上位10％に入っていると答え、さらに、25％の人は上位1％の位置に自分はいると回答している（Dunning et al., 1989）。現実的にいえば、上位1％には、全体の1％の人しか該当しないはずである。つまり、非常に多くの人が自分の能力を人並み以上とみなしていたといえる。また小林（2004）は、日本人の学生を対象にした実験で、全般的に自己については好意的な評価を示すことを示した。この実験では、創造性課題という架空の名目のテストを実施し、その結果をランダムに参加者に伝えた。その後、この課題とは直接関係のないことで、自分の将来に起こりそうなこと（たとえば、仕事で成功する）について自己評価を求めたところ、平均点（100点満点の50点）より肯定的な方向に評価する傾向が全体として認められ、全体とし

て71％の実験参加者が自分は平均以上（自分の将来に良い出来事が起こる相対的確率は50より上）であると答えていた。これは、自分の将来に関しては、比較的バラ色の世界を描きやすいことを意味する。

では、人並み以上であると自分のことをみなすことは、常に良い効果をもたらすのであろうか。絶対的な基準（たとえば、タイムを競うスポーツなどの記録や、合格点が明確に定められている試験）があるようなものに対する過度なポジティブ幻想は、「自分は成功するから大丈夫」という意識をもつことで、努力をしなくなってしまえば、時に失敗につながるであろう。一方、複数名を対象とした就職面接試験など、他者との相対的位置関係を評価されることがらにおいては、ポジティブ幻想を含む思考をすることは、自己の積極的・能動的な行動を促進し、成功につながる可能性を高めることになるといえよう。

2．他者との関わりと精神的な適応

では、他者との関わり合い方は精神的な適応状態にどのような影響を及ぼすのだろうか。西村と浦（Nishimura & Ura, 2004）は、前述した自己評価過程において、自己に関連した情報の収集方略としてどのような他者を参照他者とするかが、精神的適応にいかなる影響を及ぼすのかを検討している。その結果、課題に関連する出来事（実習場面）を経験した時には客観的な他者（的確な指摘をしてくれるような人）を参照し、社会情緒的な出来事（合コン場面）を経験した時には情緒的な他者（慰めてくれたりするような人）を参照することが、精神的な適応状態にとって望ましいことを明らかにした（図1-5）。このことは、状況に応じた他者との相互作用が、自己の精神的な適応状態にとって重要であるということを意味するものである。

さらに、自己が他者との関係を通してうまく適応していくためには、時に周囲の人物をうまく利用することも必要となる。ブランショー（Brandshaw, 1998）は、この点について**社会的代理人仮説**を提唱している。たとえば、内向的な人（シャイネスの高い人）は、一般的に他者との関わりに苦手意識をもっているが、そのような人が、社会のなかで適応するための手段として、自分の周囲にいる親しい友人や知人を自分の身代わり（代理人）として利用して、対人

関係を構築するというものである。内向的な人は、初対面の人が多い所に出向かないといけないような時に、自分の身近な他者を一緒に行動するように誘ったり、直接自分が挨拶するのではなく一緒に行動している友だちに自分を紹介してもらったりするようなことを通して、社会的な適応を図ろうとするのである。

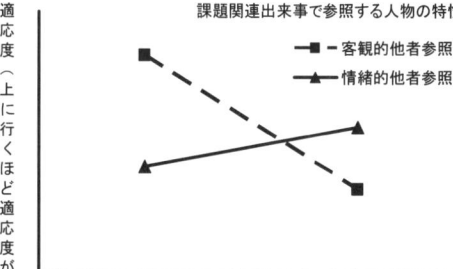

図1-5 課題関連・社会情緒それぞれの出来事における他者参照が精神的適応に及ぼす影響
(Nishimura & Ura, 2004をもとに作成)

前述の西村と浦の研究結果や社会的代理人仮説は、自己がいかに能動的に活動するかが適応状態に影響を及ぼしうることを示す結果であるといえる。ただし、能動的な活動が、必ずしもよい効果のみを生み出すわけではない。長谷川と浦（1998）の研究結果では、自尊心の低い人は、たとえまわりの人から良い評価を受けていても、その良い評価を自分の低い評価に合わせるような働きかけを行い、結果として良かったはずのまわりからの評価も悪くなり、そのことが自己の適応に悪影響も及ぼすという悪循環が生じることが示されている。この結果から考えると、まわりの他者を社会的代理人として利用するとしても、あまりにも頻繁に頼ってしまうと、周囲の人物から「自分ひとりでは何もできない、依存的な人」といった評価を受ける可能性も高まるので、利用する状況や対象相手を考慮する必要があるだろう。

第4節 「まわり」から「わたし」を捉えること

本章では、「わたし＝自己」が何であるのかを考えるための観点として、「まわり＝他者」との関係性に主に焦点をあてた研究を紹介し、その説明を行ってきた。自己に関する研究は膨大な蓄積があり、ここにふれた研究はほんの一部

分である。数多くの自己研究については、この後の章に書かれていることも参考にしていただきたい。

　そもそも、人間の社会は「わたし」がたくさん集まることにより成立している。「わたし」というものが、どのような意味をもち、社会のなかで活動をするのかを理解することは、ひとりひとりの「わたし」がより良く生活していく上でも非常に重要である。

　また、「まわり＝他者」の視点に立つということは、自己をうまく理解することにもつながる。それは、あなた以外のまわりの人も、当然のことながら「わたし＝自己」をそれぞれもっているからである。「わたし」は、「あなた」にも「まわりのひと」にもなることのできる存在なのである。このことは、実はチンパンジーにも学習できることが示されている。京都大学霊長類研究所で長年生活し、テレビなどでもたびたび紹介されたことがあるチンパンジーの「アイ」は、実験のなかで「わたし」と「あなた」と「彼・彼女」という人称代名詞の関係を学ぶことができた。さらに、「わたし」が「あなた」にもなり、「あなた」が「彼・彼女」にもなるということも学習することができた。こうした関係は、自分の視点によって指示される対象が変わること、また誰でも「わたし」になったり「あなた」になったり「彼・彼女」になったりできることの理解がチンパンジーにも可能であることを意味する（詳しくは、板倉、1999を参照のこと）。

　前述のソシオメーター理論から考えるならば、人間は、集団を形成し社会を構築して生活を送ることが宿命づけられている生物といっても過言ではない。すなわち、わたしたちには、「まわり」の人が存在することが、生まれてから死ぬまで当然のことなのである。しかしながら、「あなた以外」の人にとっての「あなた」は、その人にとっての「まわり」の一員でしかない。そのことを認識することができれば、「自分はひとりぼっちである」、「自分はどこか人と変わっているのかもしれない」といった感情を必要以上に抱くこともなくなるのではないだろうか。

　「わたし」が能動的に他者と関わり、自己を認識していくということは、周囲の他者が自己理解することを促すことにも間接的につながる。ひとりひとり

の価値観や考え方はまったく異なるものである。しかし、それが個性であり、多様性を許容する社会を構築するためには、その理解が必要不可欠である。能動的に他者と関わる上で生じる軋轢(あつれき)は、時に「自分勝手」「わがまま」といった評価を受けるかもしれない。しかしながら、それは受動的に何もしない上での「わがまま」とは質が異なる。「わたし」をよりよく理解するために必要なこと、それは「まわり」と能動的に関わり、さまざまな評価を受け、経験を積むことであろう。そうすることで、「わたし」について「まわり」がどう理解してくれているのかといった、お互いが共有する部分を大きくしていくことになる。つまりは、わたしとあなた、そしてまわりの人々との「最大公約数」としての相互認識ができるようになるのではないだろうか。

(西村　太志)

コラム：非現実的なポジティブ幻想をいつ捨てるのか？：大学生の将来予測

　第3節でもふれたように、ポジティブ幻想は一般的に行われやすい。しかしながら、ポジティブ幻想のみを頼りにして生きていくのは難しく、どこかで現実的な予測を将来に対してもつのも事実である。このことに関して、シェパードら（Shepperd et al., 1996）の研究を紹介する。

　この研究では、就職先未決定のアメリカの大学生82名（2年生31名、3年生22名、4年生29名）に、自分の卒業後すぐの1年間の給料の総額についての見積もりを、1月（学期冒頭）と4月（学期終盤、4年生は卒業直前）の2度尋ねた。その結果を図に示した。4年生は低学年と比べて低い見積もりをしていること、また4年生は卒業が近づくと一層見積額が低くなっていることが示された。さらに、当時の大卒後平均年収の統計値（20073ドル）と比べると、4年生の4月以外の金額はすべて、実際の平均年収よりかなり高い金額を見積もっていた。

　早い時期から現実を悲観的に捉えるのは、適応的ではないかもしれない。しかしながら、卒業する直前までポジティブ幻想を抱き続けると、働いてみて「自分はもっともらえるはずなのに。こんなはずではなかった」と不満を抱えるであろう。すると、早期離職にもつながる。客観的な自己認識をすることが最も適切なのは、経験する出来事に近い頃である。目標達成の時期がまだ遠い未来にある頃には、夢を抱きつつ、実際にそのことが近づいてくると、現実的な評価や判断が必要になるといえる。

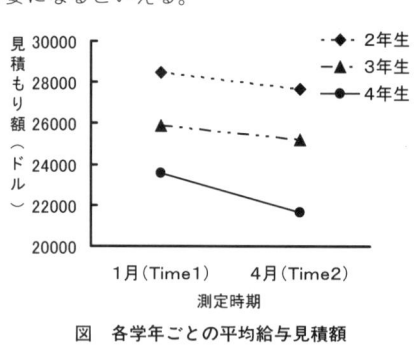

図　各学年ごとの平均給与見積額

(Shepperd et al., 1996)

Chapter 2 わたしが他者を見る時、他者と関わる時

* * * * * * *

「わたしは、一生のあいだにいったいどれくらいの人と出会うのだろう」あなたは、そんなことを考えたことはないだろうか？　1万人だろうか、2万人だろうか、いやいや、はたしてそんなにも多いものなのだろうか。でも、道ですれ違う人も含めてみたら……。もしかしたら10万人ぐらいはいくのかもしれないなぁ。いや、そんなにもいかないのかな。しかし、ちょっと待てよ。もし、わたしが10万人の人と出会ったとしても、それってけっこう多いようだけど……、10万人っていったら、それほど大きくない都市に住んでいる人の数とあまりかわらないなぁ。結局のところ、わたしは日本にいる人のうちの1000人に1人としか出会えていないことになる。そう考えると、わたしが一生のうちに出会える人って、もしかしたら案外少ないのかもしれない。それじゃ、そのなかで、わたしのことをちゃんと認識してくれて、わたしがきちんと言葉を交わし合うことのできる人って、いったい何人いるのだろう……？　そして、わたしはその人たちのどこを見て、何を判断し、どうやって関わっているのだろうか？　本章では、このようなわたしと他者との関わり合いについて話を進めていこう。

* * * * * * *

第1節　わたしは他者をどのように見ているのか
——他者を見る時の手がかりとは——

わたしたちは、日常の生活を送っていくなかで、さまざまな人々と出会い、関わり合う。そのなかで、わたしたちは、相手が何を考え、どのような気持ちでいるのか、また、これからどんな行動をとるのか、といったことをなるべく

正確に推測しようとする。それは、そのような推測が、日常の対人関係を円滑に進めていくための重要な情報となりうるからである。それでは、わたしたちは、そのようなさまざまな人々との出会いや関わりのなかで、どのように他者を見て、どのような手がかりや情報をもとに他者の性格や内面の状態を推測しているのであろうか？

1．対人認知と印象形成

わたしたちは、他者に関するいくつかの情報、たとえば、容姿や服装、体格や声の特徴などを手がかりに相手の性格や現在の感情状態を推測しようとする。このような、他者についての情報をもとに、相手の内面的な特徴や状態を推測することを**対人認知**という。いうならば、わたしたちは、この対人認知という働きを通して、他者を自分なりに理解し、その相手との将来的な関わり方を決定していくのである。その意味において、対人認知は、人が他者と関わっていく際に重要な機能を果たしているということができよう。

これまで対人認知については、数多くの研究がなされてきており、古くは、アッシュ（Asch, 1946）が、性格特性についての刺激を用いて、**印象形成**（人が他者に対して抱く印象をどう形作るのか）に関する実験を行っている。彼は、2種類の性格特性語（形容詞）のリストを用意し、実験参加者に「ある人物の性格特性です」と言って、AもしくはBのいずれか一方のリスト（図2-1を参照）を順に読み聞かせ、この人がどんな人物であるかの印象を記述させた。

その結果、2つのリストは「あたたかい」と「つめたい」の部分だけが違うにもかかわらず、記述された印象は両者でかなり異なっており、Bのリストに比べて、Aのリストの人物の方がはるかに好意的な印象が実験参加者によって形成されていたのである。アッシュは、この結果から、人の印象というものは、

A.	知的な－器用な－勤勉な－**あたたかい**-決断力のある－現実的な－慎重な
B.	知的な－器用な－勤勉な－**つめたい**－決断力のある－現実的な－慎重な

図2-1　アッシュの印象形成実験に用いられた形容詞リスト（Asch, 1946）

個々の性格特性の単純な加算によって決定されるのではなく、図2-2のように、まず、それらの特性をまとめる全体（**ゲシュタルト**）が成立し、その全体に見合うように個々の特性の意味合いが変化しながら形成されていくと述べている。

また、彼は、各性格特性語が全体の印象に対して同等に影響を及ぼしているのではなく、先の例の「あたたかい」と「つめたい」のように全体的印象に大きく影響する**中心特性**と、そうでない**周辺特性**があることを指摘している。たとえ

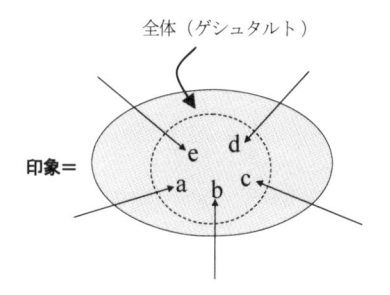

図2-2　印象形成のゲシュタルトモデル（Asch, 1946）

＊たとえば、ある人に対して「なんとなくいい人だな」というイメージをもつと、その全体のイメージに合うように、各性格特性（図のa〜e）に注目する程度やその捉え方が変わっていく。

ば、「ていねいな」と「ぶっきらぼうな」などは、周辺特性とされており、「あたたかい」、「つめたい」の代わりに、それらの特性語を入れ換えたとしても、全体的な印象はそれほど変化しなかったことが報告されている。

さらに、アッシュの実験では、人についての情報を提示する際、最初に提示した情報がその人の全体的印象に大きな影響を及ぼすことが示された。つまり、ある人について最初に望ましい特性を述べ、その後に望ましくない特性を述べた方が、その逆よりも良い印象を抱かれやすい傾向にあり、このような現象は、**初頭効果**と呼ばれる。このことは、人に最初に与える印象（第一印象）がいかに重要で、一度与えた印象は、それをくつがえすことがなかなか困難であることを示しているといえるであろう。

では、実際の相互作用場面において、印象形成の重要な手がかりとなってくるものは何であろうか。廣兼・吉田（1984）は、二者間の相互作用場面を録画したものを実験参加者に見せることで、顔、声、服装、体格のうち、印象形成に対してどの手がかりが優位に働き、利用されやすいのかについて検討を行っている。その結果、声の手がかりの優位性が最も高く、次いで、顔や服装、そして、体格は印象形成に際して、それほど重要視されていないことが見出された。さらに、印象形成時の手がかりの優位性は、その対象となる人物の性別に

よっても異なっており、男性については顔が、女性については声が印象形成の重要な手がかりとなりやすいことが示されている。

2．対人認知次元

　前記のアッシュの実験では、いくつかの性格特性語（パーソナリティ特性語）を用いて記述された人物の印象を実験参加者に尋ねているが、人を描写するための特性語にはさまざまなものがある。それこそ国語辞書をぱらぱらとめくるだけでも人を形容するための言葉は数限りなく見つかるだろう。それでは、そのような膨大な数の**パーソナリティ特性**について、わたしたちはそれら特性間に何の関連性も仮定することなく、個別に理解をしているのであろうか。答は、"No"である。たとえば、やさしい、親切な、あたたかい、といったパーソナリティ特性について、それらをわたしたちは頭のなかで個別に理解するのではなく、「やさしい人」は、おそらくは「親切な人」であろうし、また、「親切な人」は、「あたたかい人」であろうといった推測を働かせやすい。つまり、それらのパーソナリティ特性について、わたしたちはある種の関連を想定しており、互いに類似したパーソナリティ特性であると考えているのである。

　このように、わたしたちは、自らのこれまでの経験からパーソナリティについて漠然とした信念や考え方をもっており、それをもとにさまざまな対人認知を行っている。この人々のもつ漠然としたパーソナリティに関する信念体系のことを、**暗黙のパーソナリティ観**（Bruner & Tagiuri, 1954）と呼ぶ。

　この暗黙のパーソナリティ観は、個々人によって異なるものではあるが、これまでいくつかの研究で、「一般的に人は多種多様なパーソナリティ特性を互いにどのように関連づけているのか」、また、「わたしたちは普段どのようなパーソナリティ特性のまとまり（次元）で他者を理解しているのか」、といったことが明らかにされている。そのひとつに、林（1978）の研究がある。彼は、多数のパーソナリティ特性語を用意し、回答者に自分のまわりのいく人かの人物の印象について尋ねた結果、それらには大きく3つのまとまり（次元）があることを見出している。このまとまりは、**対人認知次元**と呼ばれ、林によると、人は、「**個人的親しみやすさ**」、「**社会的望ましさ**」、「**力本性**（活動性＋意欲性）」

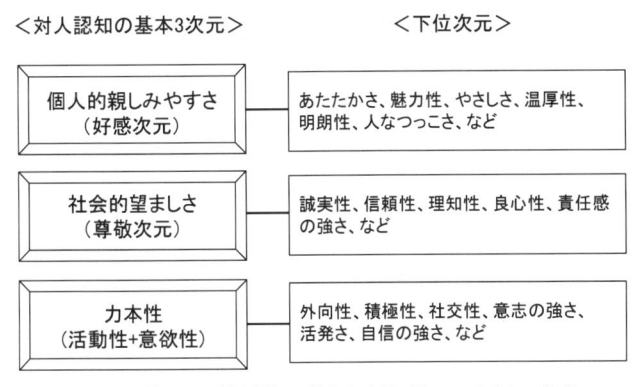

```
<対人認知の基本3次元>        <下位次元>

┌─────────────────┐   ┌──────────────────────────┐
│ 個人的親しみやすさ │───│ あたたかさ、魅力性、やさしさ、温厚性、│
│  （好感次元）    │   │ 明朗性、人なつっこさ、など        │
└─────────────────┘   └──────────────────────────┘

┌─────────────────┐   ┌──────────────────────────┐
│  社会的望ましさ  │───│ 誠実性、信頼性、理知性、良心性、責任感│
│  （尊敬次元）    │   │ の強さ、など               │
└─────────────────┘   └──────────────────────────┘

┌─────────────────┐   ┌──────────────────────────┐
│    力本性       │───│ 外向性、積極性、社交性、意志の強さ、│
│ （活動性＋意欲性） │   │ 活発さ、自信の強さ、など        │
└─────────────────┘   └──────────────────────────┘
```

図 2 - 3　林による対人認知の基本 3 次元 （林, 1978をもとに作成）

の3つの次元で他者を認知する傾向があるとされる（図2-3を参照）。つまり、人は対人認知を行う際に、この3つの基本的な次元を利用しており、それらの次元によって形作られる空間のどこに位置づけをするかで他者を理解しているというのである。

　少々ややこしいかもしれないが、数学の時間に習ったグラフを思い出していただきたい。ここでは、複雑になるのを避けるために、基本の3次元のうち「個人的親しみやすさ」と「社会的望ましさ」の2つの次元についてのみ話をするが、数学のグラフでのx軸を「個人的親しみやすさ」、y軸を「社会的望ましさ」と考えてほしい（図2-4）。そうすると、図のなかのAさんは、個人的に親しみやすく、社会的望ましさも高い人としてみなされるが、Bさんは、あまり個人的に親しみやすくなく、また、社会的な望ましさも低い人物であると認知される。つまり、わたしたちは、対人認知の基本3次元、「個人的親しみやすさ」、「社会的望ましさ」、「力本性（活動性＋意欲性）」の3つの軸によって形作られた空間に他者を位置づけることで、その相手がどういう人物であるかを理解しているというのである。

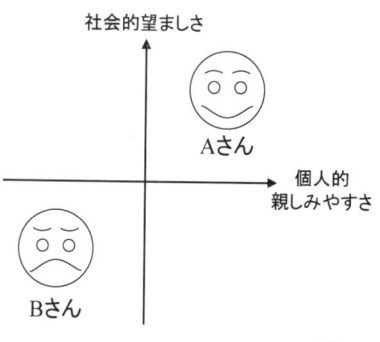

図 2 - 4　対人認知とその次元との関連

3．対人認知に歪みをもたらすもの

　これまで、わたしたちが他者と関わるに際して、どのような要因や次元をもとにその相手に関する判断や予測を行うのかについて話を進めてきた。では、わたしたちは、そのような判断や予測から他者を常に"正確"に認知できているのであろうか？　このような対人認知の正確さについては、これまでいくつもの研究がなされてきてはいるが、ここでは主に対人認知に歪みをもたらす要因に焦点を絞って、話を進めていくことにしよう。

　（１）　好悪感情と仮定された類似性——気に入った人はみんな良い人？——

　一般的に人は、相手が良い人そうだから好きになった、また、嫌な性格の人だから嫌いになったと考えやすい。しかしながら、逆に、とにかく好きだから相手のパーソナリティが良くみえてしまう、気が合わないから相手の性格が悪くみえてしまうといったこともありうるだろう。たとえば、自分の好きな相手（とくに片思いの人）のことを考えてみてほしい。後から考えるとなんでもないことやほかの人がすると普通にみえてしまうことが、その好きな人がすることで、「あぁ、なんて良い人だ」とか、「なんてよく気のつく人なんだ」というふうに思ってしまったことはないだろうか。それは好意がパーソナリティの認知に影響を及ぼしているからである。つまり、その人のことが好きならば、何をしても良く思え、嫌いならば、何をしても気にくわないというのである。

　さらに、フィードラーら（Fiedler *et al*., 1952）は、このような相手への好悪感情が対人認知に及ぼす影響について検討を行った結果、人は自分が好意を抱いている相手のパーソナリティを実際以上に自分のパーソナリティと似ていると認知してしまう傾向があることを示した。このような傾向は、**仮定された類似性**と呼ばれており、また、この仮定された類似性は、本人が自分にとって好ましいと感じているパーソナリティ特性において、より強くみられることが報告されている。

　（２）　光背効果——ハロー効果——

　光背効果の「光背」とは、仏像などの後ろに立てて光明を表す飾りのことを指す言葉である。つまり、光背効果とは、仏像の後ろに広がる光明のように、他者がある部分で望ましい（もしくは望ましくない）特徴をもっていると、その

評価を相手に対する全体的な評価にまで広げてしまう傾向のことを指す。光背効果は、**ハロー効果**と呼ばれることもある。

たとえば、テレビに映るかっこいい男優、もしくはかわいい女優を見て、その本人と会ったことも、喋ったこともないにもかかわらず、きっと、明るくてやさしい性格の人に違いないと思い込むことなどは光背効果の一例といえる。この場合、外見的魅力の高さが性格の良さという評価にまで影響を及ぼしているのである。

また、外見的特徴に関する**ベビーフェイス効果**という現象も、光背効果の一種とみなすことができる。ベビーフェイス効果とは、幼児的な特徴をもつ容姿（大きな目、広いおでこ、など）は、他者に"かわいい"という感情を引き起こさせやすいため、そのような容姿の人は、他者から、あたたかくて、正直で、すなおだとみなされやすい傾向（Berry & McArthur, 1986）のこと指す。しかし、逆に、ベビーフェイス効果によって、世間知らずで、弱いとみなされてしまうこともある。このように外見的に望ましい、または望ましくない特徴が、内面的な評価に影響する可能性があることは、他者との関わりにおいて考慮すべきことであろう。

（3）ステレオタイプ——私の思い込みが世界を歪めている？——

それでは、次に少し頭の体操として、以下の問題を考えていただきたい。

〈問題〉 世界屈指の外科医で、神の手をもつといわれる木村医師。木村医師は、ヘビースモーカーで、オープンカーを乗り回している。木村医師の息子があるとき交通事故で病院に担ぎ込まれた。警察が身元を調べ、木村医師のところへ電話をした。警察官が、「あなたの息子さんが事故で病院に担ぎ込まれたのですが、あなたはこの子の父親ですか？」と聞くと、木村医師は「違います」と答えた。「では、この子はあなたの息子さんですか？」と聞くと、「そうです」と木村医師は言った。それでは、木村医師とその息子との関係はいったいどのようなものであったのだろうか？（池上，1999を筆者が一部改変して使用）

多少いじわるな問題ではあるが、あることに気づいた人は、簡単に答えることができたのではないだろうか？　また、ある思い込みをした人は、この問題

に答えることが困難であったと思われる。正解は単純である。木村医師は、その息子の"母親"だったのだ。おそらく、答が思い浮かばなかった人は、この問題の冒頭の「世界屈指の外科医で、神の手をもつといわれる医師。ヘビースモーカーで、オープンカーを乗り回している」という文章から、木村医師は男性であると思い込んでしまったのではないだろうか。そうであるならば、あなたはこの問題の落とし穴にまんまとはまってしまっているのである。しかし、もし問題の「あなたはこの子の父親ですか？」の"父親"の部分が"母親"だったとしたらどうだろうか？　あなたは簡単に、その場合の正解となる"父親"を言い当てたかもしれない。

　わたしたちは、時として、外科医でオープンカーを乗り回しているのは男性であろうとか、あの人は公務員だからまじめだろう、というようにあるカテゴリー集団に属する人たちに主にみられやすい特徴を、そこに属するすべての人たちにあてはまるものとしてみなしてしまうことがある。このような、わたしたちが、ある集団に対してもっている固定的な知識やイメージのことを**ステレオタイプ**と呼ぶ。わたしたちは、普段このステレオタイプにそった形で他者に関しての認知を行う傾向があることから、ある集団の特徴がその集団のメンバー全般に対してもあてはまるといった画一的な認知を行ってしまうことがある。

　ただ、ここでひとつ気をつけていただきたいのは、ステレオタイプという言葉自体には、肯定的な意味合いも否定的な意味合いも含まれていないということである。それゆえ、ここで先ほどの問題が解けなかった人をステレオタイプ的な認知しかできない人だ、と責めるつもりなどさらさらない。ステレオタイプというのは、どのような人であっても多かれ少なかれ、何かしらの形でもっているものである。

　人間の脳には、さまざまな情報が多数入り込んでくる。そして、それらひとつひとつの情報を丁寧に吟味し、処理していたのでは、いくら人間の脳が優れているとはいっても追いつかない。パンクしてしまうおそれがある。コンピュータでいうところの"フリーズ"と似たような現象が起きてしまうと考えていただいてもよいだろう。そのようなことを避けるために、人間は自分に入り込んでくる情報量を抑え、情報の処理をできるだけ簡単に、自動的に済ませよう

する（第8章の「ヒューリスティック」などを参照）。これは意識的に行っていることではない。つまり、先で述べたようなステレオタイプ的な認知というのは、人間がさまざまな情報を効率的に、うまく処理するためにはどうしても避けられないものなのである。もちろん、ステレオタイプ的な認知は、自分の思い込みやこれまでの知識から他者を判断するわけであるから、危険な結論を導き出す場合もあるだろう。ただ、ここで重要なことは、ステレオタイプ的な認知が意識的ではなく、避けられないものである以上、自分では気づかないうちに、そのような判断を下してしまっている可能性があることを"知る"ということであろう。つまり、自分では気づかないうちにステレオタイプ的な認知を行い、自分の勝手な思い込みや期待に合うようなカテゴリーに他者をふり分けているかもしれないということをいま一度考えてみる必要性。いうなら、わたしたちの思考自体が、ステレオタイプの意味合いを肯定的にも、否定的にもしうるのである。

第2節　世界をバラ色にするのは誰？
――自己と他者への信念や期待が対人関係に及ぼす影響――

　これまで話をしてきたように、わたしたちの信念や期待、あるいは、これまでの知識に基づいた思い込みといったものは、時として、わたしたちが他者を認知する際に、また、他者に関する判断を行う場合にそこに影響する。そのため、わたしたちの信念や期待は、対人関係の特徴や質、個人の適応状態にまで影響を及ぼすことがある。少し極端な言い方になるが、わたしたちは自らの信念や期待によって、世界をバラの敷き詰められた香しい舞台にも、逆に、身体に絡みついたイバラが身を引き裂く拷問監獄にも見とってしまう可能性があるのである。バラの美しい花と甘い香りに惹かれ、それを堪能するのか、それとも、その細長い茎と尖ったトゲに気をとられ怯えてしまうのか、それはわたしたちのもっている信念や期待によるといえよう。それでは、そのような信念や期待といったものはどのようにして形作られていくのだろうか？　ここでは、わたしたちの信念や期待が形成されていく過程に関する理論をひとつ取り上げ、

紹介することにしよう。

1．自己や他者への信念や期待はどのようにして形作られていくのか——愛着理論とは——

　わたしたちの自己や他者への信念や期待がどのように形作られていくのか？その問へのひとつの回答となりうる理論に、ボウルビィ（Bowlby, 1969/2000, 1973/2000）の**愛着理論**というものがある。彼は、人の乳幼児期における母子関係の重要さを強調しながら、人の信念や期待がどのように形作られていくかについての説明を行っている。このボウルビィの愛着理論は、人間の赤ん坊や子ザルなどの行動について観察研究を行う動物行動学という分野を通して導き出されたものである。

　ボウルビィは、人間や動物の赤ん坊（乳幼児）は、自らの力だけで生きていくことが困難であることから、自身の安全性を確保するために養育者（主に母親）との**近接性**（物理的な近さ）を維持しようとする傾向があると主張した。愛着理論では、この養育者のことを愛着対象と呼ぶ。そして、乳幼児は、自らの安全性の確保のため、愛着対象との間に物理的な近さを維持しなければならないことから（第3章の「生理的早産」などを参照）、生まれながらに愛着対象に対して心理的な絆、すなわち、**愛着**を形成する特質があるとされる。たとえば、乳幼児の泣く、ほほえむ、しがみつくなどの行動は、養育者への愛着が表出された愛着行動とみなされる。つまり、愛着とは「ある特定の他者に対して強い結びつき（絆）を作る人間の傾向」（Bowlby, 1977）のことなのである。

　このような乳幼児と養育者との間の関係、つまり、「愛着関係」の性質は、乳幼児が自分自身で自由に動き回れないことから、養育者が子どものことを感情的に受け入れているかどうか、または、養育者が子どもの要求に対してうまく対応しているかどうかによって決まってくるといわれる。そして、乳幼児は、このような養育者との長期的なやりとり（相互関係）を通して、養育者や自己についての信念や期待を自分の心のなかに形作っていく。すなわち、乳幼児は、「養育者が自分を受け入れてくれるのか、自分の要求に応答してくれるのか」といった養育者という**他者への信念や期待**を、また「自分は保護や注意を払っ

てもらえるだけの価値があるのか、自分は愛され、助けられるに値するのか」といった**自己への信念や期待**を自分の心のなかに形成していくのである。

このような自己や他者への信念や期待のことを、ボウルビィは、**内的作業モデル**と呼んだ。そして、乳幼児期に形成された自己や他者への信念や期待である内的作業モデルが、発達的にある程度継続していくことで、愛着は、後の対人関係のさまざまな側面に影響を及ぼすことになる（人の信念や期待がなぜ継続するのかについては、次の第3節で詳しく述べる）。つまり、ボウルビィ自身も述べるように、「愛着は、揺りかごから墓場まで」(Bowlby, 1977)、人生を通して、対人関係での行動や感情、認知（対人認知）に影響していくのである。

これまでの話は多少難しいところもあるかもしれないので、ここで簡単にまとめておこう。幼い頃の養育者（主に母親）との愛着関係は個人にとって非常に重要なものであることから、その関係でのやりとりによって、自己と他者への信念や期待が形成されることになる。さらに、そのような自己と他者への信念や期待は、乳幼児期から児童期、青年期、成人期にかけて継続していくことで、この後に述べていくように青年・成人期における対人関係のさまざまな側面や適応状態（精神的健康やストレスへの対処法など）に影響するというのである。

2．自己ならびに他者への信念や期待と青年・成人期の愛着スタイル

人と人との絆に注目するボウルビィの愛着理論は、その後、多くの研究者の関心を集めることになったが、1980年代前半までは、主に幼児期の愛着に焦点をあてた研究がなされてきた。たとえば、エインズワース (Ainsworth *et al.*, 1978) は、幼児に母親および見知らぬ人との分離と再会を経験させるストレンジ・シチュエーション法という実験的な観察方法を用いて、その間の幼児の反応にいくつかの行動パターン（愛着パターン）があることを見出している。このような行動パターンの違いは、幼児の母親との関係において形成されてきた自己と他者への信念や期待、つまり、幼児の内的作業モデルの違いを表すものであると考えられている。

その後、1980年代の後半に入ると、先ほどの「愛着は、揺りかごから墓場まで」というボウルビィの言葉を支持するように、青年・成人期における愛着を

テーマとした研究が芽吹くことになる。ハザンとシェイバー（Hazan & Shaver, 1987）は、ボウルビィの愛着理論をもとに**成人の愛着理論**を提唱し、青年・成人においても愛着は、二者関係（主に恋愛関係や夫婦関係）での心理的な絆を形作ると主張した。さらに、彼女らは、自らの研究結果から、乳幼児期の母子関係と青年・成人期の恋愛や夫婦関係の間には、表2-1に示すような4つの共通点があることを指摘している（Shaver & Hazan, 1988）。つまり、青年・成人期の恋愛や夫婦関係も、乳幼児期の母子関係と同じく「愛着関係」とみなすことができ、愛着は発達段階を越えて、対人関係（主に親密な関係）に影響するというのである。

このような成人の愛着理論が提唱されてから、青年・成人期の愛着に関する研究は、これまでさまざまな視点から行われてきている。そのなかでもとくにバーソロミューとホロウィッツの研究（Bartholomew & Horowitz, 1991）は、ボウルビィの述べる内的作業モデル、つまり、自己や他者への信念や期待に注目することで、青年・成人期での愛着の様式を4つに分類した（図2-5）。このような愛着の様式は、**愛着スタイル**と呼ばれており、自己や他者への信念や期待の違いによる愛着の個人差として考えられている。

ここで、図2-5について説明を行っておこう。青年・成人期の4つの愛着

表2-1　母子関係と恋愛、夫婦関係の愛着に関する共通点
(Shaver & Hazan, 1988をもとに作成)

	愛着関係	
	乳幼児期の母子関係	青年・成人期の恋愛や夫婦関係
①近接性の探索	母親に近づき、身体的な接触を求める。また、それを維持しようとする。	恋愛相手を抱きしめたい、ふれたいという欲求をもつ。
②分離苦悩	母親との分離に対して泣く、叫ぶなどの抵抗を示し、苦悩する。	恋愛相手と長期にわたって会えなくなると苦悩を経験する。
③安全な避難所	主観的または現実的な危険に直面した場合に母親から安心感を得ようとする。	ストレスや苦悩時には恋愛相手に慰めを求めようとする。
④安全基地	安心感を提供する母親の存在によって、愛着行動以外の、たとえば、探索行動などが活発になる。	恋愛関係から信頼や安心感を供給されることで、その他の行動（仕事や勉強）に集中して取り組める。

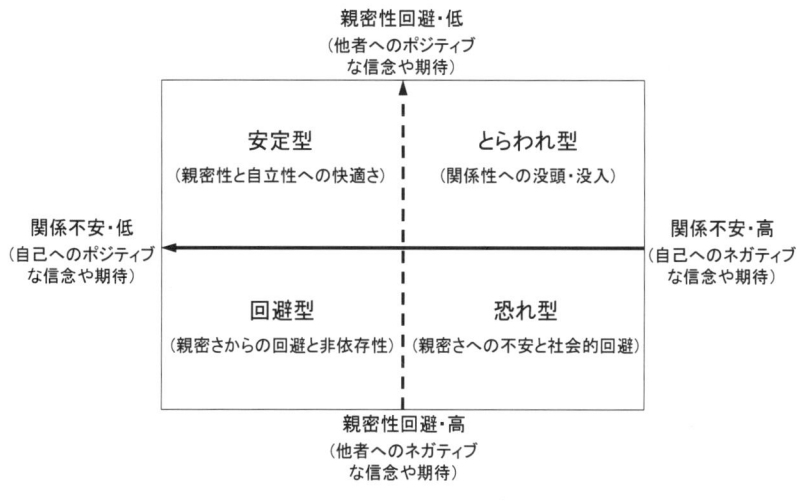

```
                    親密性回避・低
                  （他者へのポジティブ
                    な信念や期待）
                         ▲
                         │
            安定型        │      とらわれ型
       （親密性と自立性       │   （関係性への没頭・没入）
         への快適さ）        │
                         │
  関係不安・低 ─────────────┼───────────── 関係不安・高
 （自己へのポジティブ         │         （自己へのネガティブ
   な信念や期待）            │            な信念や期待）
                         │
            回避型        │       恐れ型
       （親密さからの回避     │  （親密さへの不安と社会的回避）
         と非依存性）        │
                         │
                         ▼
                    親密性回避・高
                  （他者へのネガティブ
                    な信念や期待）
```

図2-5 青年・成人期の4つの愛着スタイル

(Bartholomew & Horowitz, 1991を改変)

スタイルでは、自己への信念や期待は、対人関係での不安の感じやすさ（**関係不安**）を、他者への信念や期待は、他者への親しみの感じにくさ（**親密性回避**）を表すものと考えられている（図2-5では、関係不安は実線で、親密性回避は点線で示した）。つまり、自己への信念や期待は、自分に自信をもっているかどうか、対人関係で不安を感じやすいかどうか、ということを示し、他者への信念や期待とは、他者のことを良く思っているかどうか、もしくは、他者と親密になることを快く思うかどうか、ということを表すのである。なお、自己への信念や期待がネガティブな場合は、関係不安は高い、ポジティブな場合は、関係不安は低いことになり、また、他者への信念や期待がネガティブな場合は、親密性回避は高い、ポジティブな場合は、親密性回避は低いことを意味する。そして、それら関係不安、親密性回避の2つの概念が、高いのか、低いのかによって、青年・成人期の愛着スタイルは、図2-5に示したように4つに分類される。それら4つの愛着スタイルとは、関係不安と親密性回避がともに低い「**安定型**」、関係不安が高く、親密性回避が低い「**とらわれ型**」、関係不安は低いが、親密性回避が高い「**回避型**」、関係不安と親密性回避がともに高い「**恐れ型**」

表2-2 青年・成人期の4つの愛着スタイルの主な特徴
(Bartholomew & Horowitz, 1991をもとに作成)

愛着スタイル	主な特徴
安定型 (Secure)	親密な友人を尊重し、自分自身の自立性を失うことなしに親密な関係を維持することができる。親密な関係のことがらについての話に一貫性がある。
とらわれ型 (Preoccupied)	親密な関係に過度に関わろうとし、自分自身が幸福を感じられるかどうかは、他者から自分が受け入れてもらっているかどうかにかかっている。また、他者を理想化する傾向にある。
回避型 (Dismissing)	親密な関係の重要さを低く見積もり、感情を抑圧し、独立性や自分自身への信頼感を強調する。親密な関係についての話に信頼性がない。
恐れ型 (Fearful)	拒否に対する恐れから親密な関係を回避し、他者に不安感をもちやすく、信頼もしていない。

である。それら各愛着スタイルの主な特徴については表2-2に記したので参考にされたい。それでは、次に、この自己ならびに他者への信念や期待が、つまり、関係不安と親密性回避が対人関係にどのような影響を及ぼすのかについて話を進めていこう。

3. 青年・成人期の愛着スタイルが対人関係に及ぼす影響

青年・成人期の愛着スタイルが、対人関係とくに親密な異性関係や恋愛関係に及ぼす影響についてはこれまでさまざまな検討がなされてきた。たとえば、ハザンとシェイバー (1987) の研究では、関係不安、親密性回避がともに低い「安定型」的な人は、これまでの恋愛経験において、より幸せで、相手に対して信頼や友情を感じやすい傾向があることや、関係不安の高い（自己への信念や期待がネガティブな）人は、恋愛相手への信頼感が低く、嫉妬を感じやすいことなどが報告されている。また、同様の傾向は、日本における研究（金政・大坊, 2003a）でもみられており、親密性回避が高い人は、親密な異性に対する愛情が低いという結果が得られている。それでは、青年・成人期の愛着スタイルが、対人関係のいくつかの側面に及ぼす影響について簡単にふれてみよう。

(1) 青年・成人期の愛着スタイルと対人関係での自己開示や感情の経験

青年・成人期の愛着スタイルと対人関係の進展にとって重要な要素となる自己開示（第4章参照）との関連については、日記や観察法、チェックリスト法（日常で経験した感情や行動などを回答者に日々チェックしてもらう方法）などさまざ

な手法を用いて検討がなされてきた。それらの研究では、一般に、関係不安と親密性回避の低い「安定型」的な人は、自己開示の程度が高く、適切で柔軟な開示を行う傾向があった。また、自己へネガティブな信念や期待をもっている関係不安の高い人は、全体的な自己開示の程度はかなり高いが、自己開示をする対象による違いがみられず、自分の恋愛相手と未知の人との間で自己開示の程度にそれほど差がみられないことが報告されている。しかしながら、他者に対してネガティブな信念や期待をもっている親密性回避の高い人については、全体的に相手への自己開示の程度が低く、さらに、相手から自己開示を引き出す能力も低いことが知られている。

　先にも少しふれたが、青年・成人期の愛着スタイルは、青年・成人期において「愛着関係」とされる親密な異性関係や夫婦関係での感情経験や感情の表出とも関連する。たとえば、交際中のカップルや夫婦を対象にした研究（Feeney, 1995, 1999）では、関係不安が高い人、もしくは親密性回避の高い人は、性別に関係なく、恋人や配偶者との関係で、怒り、悲しみ、不安といったネガティブな感情を経験しやすく、逆に、幸せ、愛、プライドのようなポジティブな感情を経験しづらいことが示されている。さらに、ほかの研究でも、関係不安が高い場合、恋愛関係で嫉妬や未練といった感情を経験しやすく（Bartholomew, 1994）、また、親密性回避が高い場合には、恋愛相手に対する愛情が低くなり、恋愛関係へのコミットメント（関与；詳しくは第3章参照）が低まること（Feeney, 1999; Hendrick & Hendrick, 1989）が報告されている。

　青年・成人期の愛着スタイルと感情表出との関連については、上記のフィニー（Feeney, 1999）の研究で、関係不安が高い夫婦は、お互いに愛情を表出しにくいことが示されていた。加えて、夫の親密性回避が高い場合、妻に対して幸せや満足感といった感情の表出が乏(とぼ)しくなるという結果が得られている。このように青年・成人期の愛着スタイルによって、ポジティブな感情を相手に対して表出しなくなる可能性があるということは、夫婦や恋人たちのお互いの愛着スタイルが、その関係の維持や継続に対して重要な役割を果たしているといえるだろう。

（2） 青年・成人期の愛着スタイルと親密な関係の特徴

　青年・成人期の愛着スタイルは、先に述べたように対人関係での自己開示や感情経験以外にも、親密な関係の質（関係の特徴）、たとえば、関係への満足度や関係へのコミットメント（関与）の程度、相手への信頼感、親密な関係で自分をどのように捉えているのかといったことがらと関連することがいくつかの研究で示されている。

　一般に、関係不安、親密性回避がともに低い「安定型」的な人は、関係への満足度や相手への信頼感などの親密な関係の質を高く評定する傾向があり、反対に、関係不安が高い人もしくは親密性回避が高い人は、関係の質を低く評価しやすいことが知られている。さらに、青年・成人期の愛着スタイルと関係の質との関連についての研究では、性差がみられることを指摘するものもあり、男性では親密性回避の高さが、女性では関係不安の高さが、関係の質の低さと結びついているといった報告がなされている。たとえば、カップルの3年にわたる追跡調査を行った研究（Kirkpartrick & Davis, 1994）では、親密性回避の高い男性や関係不安の高い女性は、恋愛関係の質（関係満足度、関係へのコミットメント、関係の継続可能性）をより否定的に評価していたという結果が得られている。

　また、青年・成人期の愛着スタイルは、親密な異性関係において自己をどのように認知しているのかといったこと（親密な異性関係における自己認知）とも関連することが報告されている（金政・大坊, 2003b）。その研究では、親密性回避が低い場合には、親密な異性との関係において、自分のことを社交的で、魅力があると認知しやすく、また、関係不安が低い場合には、自分に自信があると認知しやすい傾向があることが示されていた。

　これまで青年・成人期の愛着スタイルが対人関係に及ぼす影響について話を進めてきたが、ここで少し話をまとめておこう。自己や他者への信念や期待がネガティブな場合、つまり、関係不安や親密性回避が高くなると、対人関係でポジティブな感情を感じにくく、ネガティブな感情を感じやすくなり、また、関係への満足度や関与度などの関係の質が低下する。さらに、これまでの研究結果から、対人関係には、自己への信念や期待である関係不安よりも、他者へ

の期待や信念である親密性回避の方が大きな影響を与えやすいことが知られている。つまり、他者を否定的に捉えていることは、親密な対人関係に対して良くない影響を及ぼしやすいということである。

4．青年・成人期の愛着スタイルと適応
——精神的健康やストレスへの対処法との関連——

これまで述べてきたように、自己ならびに他者への信念や期待である青年・成人期の愛着スタイルが、対人関係のさまざまな側面に影響するということは、その結果として、愛着スタイルが個人の適応性、たとえば、精神的な健康状態やストレスへのコーピング・スタイル（ストレスにどのように対処するか）といったことにまで影響を及ぼしている可能性があると考えられよう。すなわち、ネガティブな自己や他者への信念や期待をもっている場合、対人関係においてうまくいかないことが多く、その結果として、本人の精神的な健康状態が悪くなるといったことが予想されるのである。

ミクリンサーとフローリアン（Mikulincer & Florian, 1998）によると、関係不安が高い場合、つまり、自己への信念や期待がネガティブになると、ストレス状況において、自己の統制感がなくなり、無力感が増すことから、受身的なコーピング（対処）を行ってしまいやすいとされる。それゆえ、関係不安の高い人は、ストレス下でネガティブな思考を高めやすく、苦痛を感じやすくなるのである。実際、湾岸戦争でイラクのミサイル攻撃を受けたイスラエルに住む学生のストレスに関する研究（Mikulincer et al., 1993）では、関係不安の高い人は、ほかの人と比べて、深刻な身体的症状を報告しやすかったという結果が得られている。

また、金政・大坊（2003b）でも、青年・成人期の愛着スタイルによって、日常的な精神的健康状態に違いがみられており、図2-6に示したように、親密性回避の高、低では差がみられないものの、関係不安が高くなると精神的健康状態が悪くなるという結果が得られている（図2-6を見ると、関係不安が高い場合に精神的健康状態が悪くなっていることがわかる）。

さらに、青年・成人期の愛着スタイルは、先に述べたように、ストレスへの

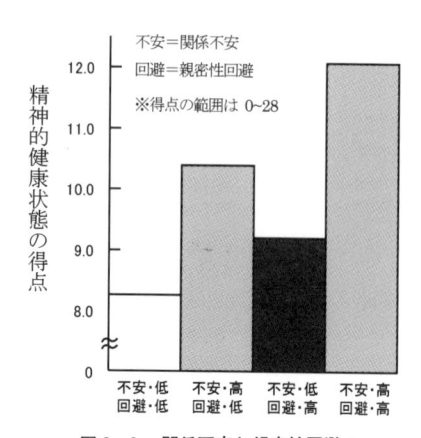

図 2-6 関係不安と親密性回避の高・低群別の精神的健康状態の得点

（金政・大坊，2003b を改変）

＊関係不安の主効果あり（$p < .001$）。なお、グラフの得点は高くなるほど精神的健康が悪くなることを示す。

コーピング・スタイル、つまり、ストレスへの対処法にも影響する（Feeney et al., 2000）。これまでの研究では、関係不安、もしくは親密性回避が高くなると、もめごとや口げんかといった対人関係の葛藤時に、相手を過度に責める、相手をののしるなど、建設的ではない行動をとりやすくなることが知られている。また、それはとくに関係不安が高い場合に顕著にみられていた。これは関係不安が高い人は、関係が崩壊することをおそれるあまり必要以上に相手と連絡をとろうとし、それが結果的に、相手に愚痴や文句を言うなど、関係の葛藤をより悪化させるような行動を引き起こさせていたためであると考えられる。

このように、青年・成人期の愛着スタイルは、個人の適応性に影響を及ぼしており、とくに、ネガティブな自己への信念や期待をもっている場合、すなわち、関係不安の高い場合には、身体的、精神的な健康状態が悪くなる傾向があるといえる。同様の傾向は、ストレスへのコーピング・スタイルについてもみられており、関係不安が高くなると、対人関係の葛藤に対してうまく対処することができなくなる可能性が増してしまう。つまり、自分に対して自信がもてない人や対人関係でより不安を感じやすい人というのは、その不安の高さゆえに、どうしても適応状態が悪くなってしまうおそれがあるといえるのである。

第3節　自己と他者への信念や期待はどうして簡単には変化しないのか

第2節で説明してきたように、自己と他者への信念や期待である青年・成人

期の愛着スタイルは、対人関係のさまざまな側面や個人の適応性に影響する。すなわち、自己と他者への信念や期待がネガティブになると、対人関係の質や精神的健康などの適応状態に悪影響を及ぼすというのである。それでは、単純に考えるなら、そのようなネガティブな自己と他者への信念や期待が変化すれば、つまり、自己と他者への信念や期待をポジティブにすることができれば、他者との関係や適応状態も自然と良くなるのではないだろうか。しかしながら、皆さんも感じているとは思うが、それはかなり難しい。どうして信念や期待はそう簡単には変化しないのか？　その説明としては、**自己成就予言**（期待の自己成就）や**自己確証動機**といったものが挙げられる。自己確証動機については、すでに第１章でふれられていることから、ここでは、自己成就予言を取り上げて、自己と他者への信念や期待が容易には変化しないことについて説明してみよう。

1．自己成就予言とは何か──わたしの思い込みは現実化するのか──

　自己成就予言とはどういったことなのか？　端的に言うならば、「人が何かしらの予期をもった場合、その頭のなかの予期が、人の行動を予期に見合うような方向へと導いてしまい、結果として、当初の予期が現実のものとなる」現象のことを指す。少しややこしいかもしれないので、青年・成人期の愛着スタイルを関連させた具体的な例を使って説明してみよう。

　ここに関係不安が高い、つまり、自己への信念や期待がネガティブなＡさんがいたとする。Ａさんは、ほかの人より関係不安が高いので、ちょっとしたことで対人関係について心配したり、不安を感じたりしてしまう。そんなＡさんが、Ｂくんとつきあい出した。Ｂくんは、Ａさんのことを本当に好きだと思っている。ただ、Ｂくんは仕事が忙しいことが多く、Ａさんの電話にときどき出られなかったり、メールにすぐに返信できない場合がある。しかし、時間が空いた時には、きちんとＡさんに電話やメールを返すようにしている。ところが、ある時Ｂくんはあまりにも仕事が忙しかったことから、どうしてもＡさんに電話を返すことができなかった。Ａさんは関係不安の高い人である。Ａさんはどうしてくれないのかとしばらく悩み、もし

かしたら自分はBくんから嫌われてしまったのかもしれないと思い始めた。このため、次に会った時にも、AさんはBくんのちょっとしたしぐさでさえ気になり、自分を拒絶しているかのように感じてしまう。たとえば、自分が話をしている時にBくんが少しでもよそ見をすると、自分に興味がなくなったからではないかと疑うようになった。実際には、BくんのAさんへの思いは少しも変わってはいないのだが、関係不安の高いAさんは、自分の疑念から、ちょっとしたことにでもすぐに心配になってしまうのである。それからというもの、Aさんは、Bくんから少しでも電話やメールが返ってこないと、何度も電話をしたり、メールをくり返し送ったりするようになった。さらに、Bくんが浮気をしていないかを確かめるためにBくんの携帯の履歴をこまめにチェックしたりもし始めた。最初は、BくんもAさんのことが好きだったので、それを許していたが、次第にAさんの行動や思いは、Bくんにとって重荷となっていく。Bくんにしてみれば、信頼関係を築きたくても築けないのである。Bくんは、自分たちの関係を見つめ直すために、Aさんと少し距離をおこうとして、連絡する回数を減らした。そうするとどうだろう。Aさんは、"やっぱり"自分は嫌われていたんだという思い込みを強くし、加えて、Bくんにはもうほかに好きな人がいるんではないかという不安が募り、それを確かめるために何度も何度もBくんに電話をするようになった。これに耐えきれなくなったBくんは、結局Aさんと別れることを決意した。

　もちろん、これは作り話であるが、まったくありえない話だとは言いきれないだろう。ここでAさんは、自分自身の関係不安の高さゆえに、現実にはまだ存在していない「わたしはBくんから嫌われている」という予期をもってしまった。最初は、その予期はAさんの頭のなかにしか存在しない漠然とした不安、単なる思い込みである。しかしながら、その思い込み、つまり、「わたしはBくんから嫌われているかもしれない」という不安は、その予期を現実化するようにAさんを突き動かし、Aさんはそのように行動していく。そして結果的に、その予期は成就（現実化）してしまう。つまり、BくんはAさんにつきあいきれなくなり、別れる決意をしてしまったのである。どうだろう、皆さんのなかにも似たような経験をした方はいないだろうか？

2．自己成就予言は対人関係でどのように作用する？

このような自己成就予言について、ダウニーら (Downey et al., 1998) は、**拒否感受性**という概念を用いて検討を行っている。拒否感受性とは、自分の大切な人が自分の要求を受け入れてくれないのではないか、拒絶するのではないかと心配や不安に思う傾向のことを指す。この拒否感受性の高い人は、恋愛関係などで、相手のあいまいな言動や何気ないしぐさに対して否定的な意図や悪意を感じやすく、そのことから、自分自身の関係への満足度だけでなく、恋愛相手の関係への満足度をも低下させてしまうおそれがあるとされている (Downey & Feldman, 1996)。

ダウニーら (Downey et al., 1998) は、このような相手から拒絶されるかもしれないという信念は、主に恋愛関係の葛藤状況において活性化されやすいと考えた。たとえば、拒否感受性の高い人は、恋愛相手との言い争いのなかで、相手から拒絶されていると感じやすく、それゆえ、相手のちょっとした言動が気になって相手を激しく責め立てる。その結果として、実際に相手から怒りなどのネガティブな感情を引き出してしまい、拒絶されてしまう。つまり、相手から拒絶されているかもしれないという不安が行動に表れ、相手をネガティブな感情にさせることで現実に自分が拒絶されるような状況を作り上げてしまい、自己成就予言を引き起こしているというのである。

このような傾向は、最近つきあい始めたカップル（つきあってから2ヶ月から6ヶ月）を対象にしたダウニーらの実験 (Downey et al., 1998) によって、女性のみにではあるが、実際に起こりうることが示されている。その実験では、カップルが実験室に呼ばれ、2人の間で重要ではあるが対立する問題について20分間話し合いをしてもらった。また、カップルの同意を得て、その話し合いの状況はビデオに録画されている。その後、ビデオに映っている行動のうち、カップル双方のネガティブな行動、たとえば、敵意のある口調やその問題に対して無責任な発言、相手を馬鹿にした言動、もしくは蔑むような言動が専門家によりカウント（コード化）され、全体の行動に対する割合が算出された。このような行動は、「話し合い時のネガティブ行動」と名づけられた。

それでは、実験結果の説明に移ろう。まず、拒否感受性の高い女性の恋愛相

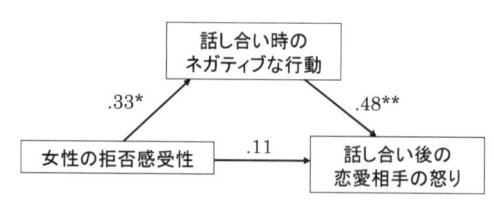

図2-7 女性の拒否感受性がネガティブ行動を通して恋愛相手の怒りを増長させるモデル
(Downey et al., 1998)　*p<.05;**p<.01

手（彼氏）は、拒否感受性の低い女性の恋愛相手よりも、対立する問題の話し合いの後に怒りを感じやすかった。また、拒否感受性の高い女性は、そうではない女性よりも「話し合い時のネガティブ行動」を相手に対して表出しやすい傾向があった。さらに、彼らの分析によると、拒否感受性の高さは、直接的に恋愛相手の怒りを増長させているわけではなく、図2-7に示したように、「女性の拒否感受性」の高さが本人の「話し合い時のネガティブ行動」を多く表出させることになり、それが結果的に、「話し合い後の恋愛相手の怒り」を増加させてしまうということが示されたのである。つまり、これは女性のネガティブな期待が自己成就されたといえる。

また、ダウニーら（Downey et al., 2000）は、その後の研究で、女性だけでなく、男性においても、拒否感受性は恋愛関係に悪影響を及ぼす可能性があることを示している。彼らの男子大学生を対象とした調査結果によると、拒否感受性が高く、かつ恋愛が自分にとって重要なことであると考えている男性は、恋愛の相手（彼女）に対して暴力をふるう可能性が高いことが見出されている。これは、拒否感受性が高く恋愛を重要視している男性は、相手から拒絶されることをおそれて恋愛に没頭しやすくなり、また、恋愛に没頭しているがゆえに、彼らの拒否感受性は過敏になってしまう。それゆえ、恋愛相手のあいまいな行動を自分にとって否定的なものとして捉えてしまうことになり、結果的に相手に怒りを感じて暴力をふるってしまうと考えられるのである。

このような自己成就予言から生じる拒否感受性の恋愛関係への悪影響は、現実場面でも起こりうる（Downey et al., 1998）。ダウニーらは、6ヶ月以上つきあっているカップルを対象に**縦断的研究**を行った。縦断的研究とは、研究参加者を長期にわたって追跡的に調査していく方法である。すなわち、ダウニーらは、ある時点でカップルのデータを収集し、その1年後に、再度同じカップルに連絡をとって1年前の相手との関係がまだ続いているかどうかを尋ねた。その結

果、拒否感受性の高い人は、拒否感受性の低い人と比べて、2倍以上も高い割合で以前の相手（1年前の相手）と別れているという結果が得られていた。そして、それは男女ともにみられる傾向であった。つまり、拒否感受性の高い人は、男女ともに恋愛関係が長続きしなかったのである。

このようなダウニーらの一連の研究は、わたしたちの信念や期待が、恋愛関係の現実の反映されたものであるというよりも、むしろ、恋愛相手やその関係に対して影響を及ぼしうるものであるという可能性を示しているといえよう。

3．人の信念や期待はまったく変化しないのか

では、人の信念や期待はまったく変わらないのであろうか？　その問に対する答は"No"である。たしかに、これまで述べてきたように人の信念や期待はそう簡単には変化するものではない。しかしながら、本章でも紹介した青年・成人期の愛着スタイルの研究家であるバーソロミューたち（Bartholomew & Horowitz, 1991）も述べているように、重要な対人関係や環境が変化した場合には、愛着スタイルも変わる可能性は十分にある。つまり、自己や他者への信念や期待は、人生のターニングポイント、愛すべき人や信頼できる他者との出会いと関わり合いのなかで少しずつではあるが軌道修正されていくものなのである。ただ、それがどのように軌道修正されていくのかについては、結局のところ皆さん次第であるといわざるをえない。ここでは、皆さんが信頼できる人と良い人間関係を築き、自己や他者に対して少しでもポジティブな信念や期待をもてるようになることを望むばかりである（もちろん、筆者も含めてではあるが……）。

第4節　わたしの思い込みが社会や世界を作り出している？
——その可能性を問うことの意義——

これまで本章では、主に、わたしたちの信念や期待、知識構造などが対人関係のさまざまな側面や個人の適応性に及ぼす影響とその過程について話を進めてきた。つまり、わたしたちの思い込みが、対人関係や適応性を良くも悪くもするというのである。

中国の古人に荘子という人がいるが、彼は『斉物論』のなかで以下のような「胡蝶の夢」という物語を語っている（森，1994）。「荘子は自分が蝶になってひらひらと飛んでいる夢を見た。あまりにも気持ちが良くて、自分が荘子であることを忘れてしまうぐらいであった。はたと目覚めると、なんと自分は荘子であった。しかし、荘子は、自分が夢のなかで蝶となったのか、蝶が夢を見て今自分になっているのか、わからなくなった」というのである。わたしという現実が蝶という夢を見たのか、わたしの夢のなかにいる蝶がわたしを存在させ、わたしの現実を作り上げているのか？　今から2000年以上も昔、紀元前に生きていた人がこんなことを考えていたというのは驚きに値する。現代に生きる筆者などは、自分が実際に見たこともないような光景、経験したこともないような出来事が、テレビやインターネットなどさまざまなメディアを通して、目から耳から入り込んでくるので、もうどこまでが現実のことで、どこからが自分が作り上げたものなのか、時折わからなくなってしまうことがある。皆さんは、自分が考えている現実がはたしてどこまで"リアル"なものなのか、ということを疑問に思ったことはないだろうか？

　しかし、だからといって、筆者はここで、わたしたちの頭のなかに存在する勝手な思い込みが、現実の社会や世界を作り出しているのだ、と言うつもりなどさらさらない。わたしたちが感じるところや経験することは、実際の現実を反映している場合の方が多いであろう。ただ、これまで述べてきたように、時として、わたしたちの思い込みが現実を歪めてしまう可能性があるのだということを少しだけ考えていただければ幸いである。もしあなたが、社会や世のなかを真っ暗な闇に閉ざされた世界としてしか見ることができないのなら、それは、実際にそこが光の差し込まない闇なのではなく、もしかしたら、あなたの頭のなかにある思い込みが、社会や世のなかから光を奪い、闇に見せているだけなのかもしれない。最後に、本章が皆さんの対人関係や適応性の改善に少しでも役立つことを祈りつつ、章を閉じることにしたいと思う。

（金政　祐司）

コラム：わたしの信念や期待によって他者の表情の見え方が違ってくるのか？

　本章の第2節で紹介した自己と他者への信念や期待である青年期・成人期の愛着スタイルは、最近の研究において、見知らぬ他者の表情からどのように感情を読みとるかという感情認知にも影響することが報告されている（金政, 2005）。この実験の参加者は、スクリーンに映し出されるカラーの顔の表情がどのような感情を表出しているのかの読みとりを行った。その際、表情には、ポジティブ表情、ニュートラル表情、ネガティブ表情の3つが用意されていた。その結果、関係不安が高い人、もしくは親密性回避が高い人は、全体的に表情からポジティブな感情（幸せ）を読みとりにくいことが示された。また、関係不安が高く、親密性回避が低い人、つまり、第2節の図2-5での「とらわれ型」的な人は、ほかの人よりも、全体的に表情から怒り、嫌悪、軽蔑といったネガティブな感情を読みとりやすかった。加えて、そのような傾向は、ネガティブ表情において顕著にみられ、図に示したように、関係不安が高く、親密性回避が低い人（「とらわれ型」的な人）は、ほかの人よりもネガティブ表情からよりネガティブな感情（怒り・嫌悪・軽蔑）を読みとりやすいことが示されている。これは、そのような人は、極端な親密さを対人関係に求めやすく、また、相手から見捨てられることに不安を感じやすいために他者の表情のネガティブな側面に過度に注目してしまうことから、よりネガティブな感情を（顔の表情から）読みとりやすかったと考えられるのである。

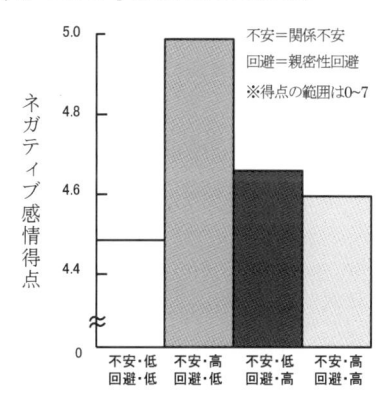

図　ネガティブ表情から読み取ったネガティブ感情得点
（関係不安と親密性回避、高・低群別の得点）（金政, 2005を改変）
＊関係不安と親密性回避の交互作用がみられ（$p<.05$）、親密性回避低群において関係不安の主効果が、関係不安高群において親密性回避の主効果が得られている。

3 親密な関係の光と影

* * * * * * *

　人生を幸せに生きるためには恋人や友人なんていない方がいい、いても煩わしいだけだ。こう主張する人がいたとすると、あなたはこの人物のことをどう思うだろうか。「何て寂しい人だろう」と気の毒に思うだろうか、あるいは「人生経験が豊富でよく悟った人だ」と尊敬の念を抱くだろうか。ここであなたがどのような感想をもったとしても、この問題について考える際には、親密な関係が人にもたらす影響というものをあなたがどう捉えているのかが反映されているだろう。安らぎを与えてくれる恋人や何でも言い合える親友がいることは、きっと人を幸せにするはずだ、このように親密な関係のもつ光の側面に焦点をあてている場合もあれば、親友とのトラブルは厄介なものだし恋人や配偶者から暴力をふるわれたという話をしばしば耳にするとその影の側面に焦点をあてて考えている場合もあるだろう。このように、親密な関係は人に幸せをもたらすこともあれば不幸せをもたらすこともある。つまり、その影響は光と影にたとえられるように相反する2つの側面をもちうるのである。そこで、本章では親密な関係がどのようにしてわたしたちにとっての光や影となりうるのかを理解し、その上で、どうすればわたしたちは影のない光あふれる関係を築くことができるのか、その条件について考えてみる。

* * * * * * *

第1節　親密な関係とはどのような関係か

　「あなたにとって親密な関係とは？」と聞かれればどのような相手を思い浮かべるだろうか。おそらく多くの人は恋人あるいは配偶者、親友、家族を思い浮かべるだろう。では、それらのうち恋人との関係と親友との関係は同じよう

なものだろうか。こう聞かれればあなたはどう答えるだろうか。この問題について考えることは、そもそも「親密さ」というものがどのような心理的要素によって構成されているのかを考えることにほかならない。そこで、ここではまず、恋愛関係と友人関係のそれぞれにおいて個人のとる行動や態度の違いについて説明する。

1．恋人と友人は同じ？——好意と愛情——

「恋愛関係において示される態度は友人関係において示される態度とは内容的に異なるものだ」、これが先の問に対するルビン（Rubin, 1970）の答である。彼は、恋愛関係に特有の態度を「**愛情**」(loving)と定義し、それは友人関係においてみられる「**好意**」(liking)とは内容的に異なるものであることを示した。ルビンによると、愛情を構成するのは、① 相手と情緒的・物理的に密接につながっていたいという気持ち、② 相手の幸せのために援助を惜しまないという気持ち、③ 相手と一体であるかのように感じ2人きりの排他的な状態を望む気持ちに大別される。これに対して、好意とは具体的に次のような気持ちを指す。① 相手をとても好ましい人物だと高く評価する気持ち、② 相手を尊敬したり信頼したりする気持ち、③ 相手を自分とよく似た人物のように思う気持ちである。これまでのところ、ルビン（Rubin, 1970）がいうように、愛情と好意という2つの態度を比べると、たしかに恋愛関係においては愛情という態度が基盤となっており、親友との関係においては好意という態度が基盤になっていることがわかっている（藤原ら, 1983）。

このように好意と愛情が友人関係や恋愛関係それぞれの関係の基盤となる態度だと考えれば、人がどのようにそれらの関係を形成し維持しているのかも理解しやすくなる。友人関係についていえば、人がそれを形成し維持しようとするのは、その相手が好ましい特性をもち尊敬できて信頼がおけ、なおかつ自分と考え方が似ているためである。人はそのような相手とつきあうことで、安らぎや自分の考え方の正しさ（確からしさ）といった多くの**報酬**を得ることができ、その一方で、相手から冷たい仕打ちを受ける危険性や相手との考え方の違いからくる気苦労といった**コスト**をさほど払わずに済むため、それらの条件を満た

す相手を友人としているのである。このように、人の社会的な行動は、報酬からコストを引いた最終的な**成果**の大きさによって決まるという考え方を**社会的交換理論**という。ここでの報酬とは、話を聞いてくれるといった社会的な欲求や、ごちそうをふるまってくれるといった生理的な欲求を満たしてくれるものを指す。またコストとは、個人に求められる労力や時間を意味する。そして、この理論では関係にいる当事者たちが具体的に報酬やコストを意識しているとはかぎらないものの、人と人との関係性はお互いに成果を交換し合う社会的交換過程として捉えられると仮定されている。この社会的交換理論のうち、個々の交換過程で人は自身の得られる成果がより大きくなるように、すなわち高い満足感が得られるように行動するという前提をもつものに**相互依存理論**(Thibaut & Kelley, 1959) がある。

　この前提に基づくと、友人関係の形成や維持については上述した成果の大きさという観点から理解することができる。人は友人とつきあうことで高い満足を感じられる場合に、詳しくいうと図3-1のAにある「現在の関係から得られる成果」がBの「自分のもつ**比較水準**（判断のよりどころ）」を大きく上回っている場合に、その関係を形成し維持していこうとするのである。いうまでもなく、満足感が高いことは恋愛関係においても重要な条件となる。しかしながら、その説明だけでは恋愛関係の維持について十分に理解することはできない。

　先述したルビン (Rubin, 1970) によって挙げられた愛情の構成要素のうち、②と③をみてほしい。すると、恋愛関係においては、関係からの成果を望むどころか、逆に相手の幸せのために進んで何かをしてあげようという気持ちをもちながら関係を維持させようとすることがわかるだろう。つまり、恋愛関

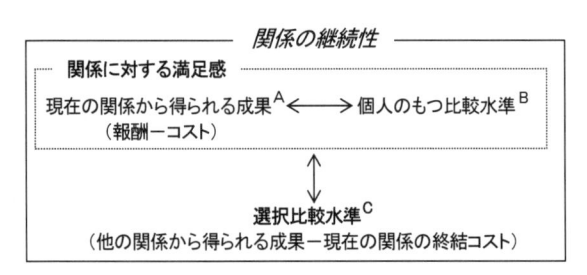

```
┌──────────── 関係の継続性 ────────────┐
│  ┌──── 関係に対する満足感 ────┐              │
│  │ 現在の関係から得られる成果ᴬ ⟷ 個人のもつ比較水準ᴮ │
│  │     （報酬−コスト）                        │
│  └──────────────────┘              │
│                    ↕                         │
│              選択比較水準ᶜ                   │
│   （他の関係から得られる成果−現在の関係の終結コスト） │
└──────────────────────────┘
```

図3-1　関係の満足感と継続性を予測する相互依存理論の変数間の関連

係にある者は、たとえ得られる成果が低くとも、積極的にコストを払って関係を継続させようとするのである。なぜ人は、成果にこだわることなく恋愛関係を継続させようとするのだろうか。実はこの問題についても、先に紹介した相互依存理論のもうひとつの枠組みを用いると次のように説明できる（長田, 1990）。

ルビン（Rubin, 1970）が述べるように、人は恋愛関係に対して多大なコストを払いがちである。そのため、愛情を向けることのできる対象は必然的に限定される。なぜなら、個人が人間関係に払うことのできるコストには限りがあるからである。そうすると、個人にとっては、そのような制限のなかで最も高い成果をもたらす相手と関係を形成し、いったん関係を築いたらそれを上回る成果をもたらす相手が現れないかぎり元の関係を継続させた方が最終的に得られる成果が大きいことになる。たとえ現在の恋愛関係からあまり満足感を得られなくとも、その関係からの成果を上回る成果をもたらしてくれると思える（見積もられる）他者が現れなければ、人は現在の関係を継続させようとするのである。図3-1に示すように、この見積もり作業では、現在の関係以外の関係から得られる成果の大きさだけでなく、現在の関係を終結することのコスト、たとえば別れ話に要する時間や労力も考慮される。すなわち、人が現在の関係を解消して別の関係に乗り換えるかを考える際には、代わりとなる関係が魅力的かというだけでなく、その魅力から今の関係を終える際に生ずる終結コストを減算して決断されるということである。この減算されたものを**選択比較水準**（図3-1のC）と呼び、それが高いことが現在の関係をやめてあらたな関係に乗り換えるためには必要となるのである。こう考えると、選択比較水準の見積もりに終結コストが含まれる分、現在の関係を解消して乗り換えるには乗り換え先の関係がよほど大きな成果をもたらすものでなければならない。当然そのような大きな成果をもたらす魅力的な関係はそうそう現れるものではない。このため、たとえそこから大した成果が得られなくても、人はいったん形成した恋愛関係を継続しようとするのである。

2．関係を所有するという意識

これまでみてきたように、一口に親密な関係といっても、それが恋人や配偶

者との関係を意味するのか、親友との関係を意味するのかによって、関係内にいる人々のふるまい方は大きく異なる。そこで、次にその違いを個人内の意識や感情といった側面から詳しく掘り下げてみてみよう。

前節で述べたように、友人関係ではコストを費やしてまでつきあおうとしない分多くの友人と同時につきあうことができるが、恋愛関係では費やされるコストの大きさからお互いにその相手が限られやすい。このような特定の相手との関係では、相手を所有している、あるいは相手から所有されているといった**所有意識**が顕著に示される。たとえば、恋人が自分以外の他者に愛情を向けることに強い嫉妬を感じたり相手を独り占めしたいという独占欲を示したりすることがしばしばあるが、そこには相手を所有しているという意識が密接に関わっている。また、相手から所有されていると思うからこそ、人は一般に貞操感をもち恋人以外の人物との関わり方に気をつけたり、あるいは恋人以外の人物と関わった場合に罪悪感をもったりするのである（詳しくは、増田, 1998）。

このように所有意識を強くもつことは、何も目に見える恋人との関係に限られたことではない。実際に顔を合わすことがほとんどないオンライン・ゲームの相手に対して恋愛感情を抱く場合にも、半数以上の人が上記のような嫉妬心や罪悪感を覚えることが示されている（志村, 2005）。

では、そのように人が恋愛関係において所有意識を強く感じるのはなぜだろうか。この問題については、主に2つの説明がなされている。ひとつは、社会的な仕組みや慣習で定められた「恋愛や結婚関係にある者はお互いに相手とだけ愛情や性的関わりを交わすべきである」という**社会規範**を、恋愛関係にある本人もその外部にいる者も受け入れているからだというものである（Collins, 1982 ; Hupka, 1991）。

もうひとつは、所有意識と関連する行動が、進化の過程で人に備わっているためだというものである。このように進化の過程で人に備わった心理的傾向や行動パターンを明らかにしようとするアプローチを**進化心理学**という。この観点からは、人が恋愛関係をもつ場合、お互いに相手とだけ愛情や性的関わりを交わすことが自身と子孫の生存に有利に機能したと説明する。その概要を簡略に述べると、まず他の動物に比べ、人間の子どもは未熟な状態で産まれてくる

(**生理的早産**という)。たとえば出生後すぐに立ち上がり自力で動こうとするウマと人間の乳幼児と比べてみると、いかに人間の子どもが未発達な状態で早くに産まれてくるかがわかるだろう。この生理的早産のため、産まれた子が成長して次世代の子孫を産めるようになるには両親からの資源の投資が欠かせない(Geary, 2000)。この背景のもと、どのような相手との間に子をもつべきかを考えると、その恋人がほかの誰かとよりもまず自分との関係に対して愛情を注ぐ者である方が、自身の子の生存率を高められることになる (Zeifman & Hazan, 1997)。そうすると、相手が自分以外の他者に資源を投資しないよう防衛する感情をもち、実際に防衛行動をとる者の方が、そうでない者よりも、子孫を残せる可能性が高まる。そして、ある行動をとることで子孫の生存率が高まるならば、親のとるその行動パターンは多くの子孫に引き継がれることになる。したがって、現代に生きるわたしたちも生得的にそのような子孫の生存率を高める防衛的行動パターンを身につけており、そのため恋愛関係の相手と排他的(自分と相手以外の第三者をよせつけないよう)に愛情や性的な関わりをもつのだという (Kenrick & Trost, 1987)。

3．お互いの「お返し」がいい関係の条件——報酬の互恵性——

これまでは親密な関係にいる2人のうちのいずれか一方の態度や行動について説明してきた。だが、いうまでもなく関係の継続は双方の示す相互作用によって決まる。この観点から考えると、第1節で説明したように、恋愛関係で自分の成果を省みることなく相手のために親身になって何かすること (caring) は決して無駄とはいえない。なぜなら、相手が親身になって自分のために何かしてくれることは、その受け手にとって大きな報酬となるからである。

奥田 (1994) は、このことについて交際中のカップルの両方を対象とする調査を行い、図3－2のような過程がある可能性を示している。この図が意味することは、恋人がコストをかけて

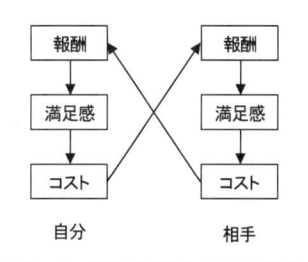

図3-2　親密な関係における互恵性
(奥田, 1994を改変)

自分のために親身になって何かしてくれている姿を見ると、人はその相手の行為を報酬として受け取りその関係に強い満足を感じるようになる。すると、今度は自分も相手のためにコストを払って親切にふるまうようになり、それが次には相手の報酬となり相手の満足感を一層高める。するとさらに、それを受けた相手がそれまで以上に親身になっていろいろとしてくれるようになり……という循環的な過程が恋愛関係のなかで働いていることを示している。つまり、長期にわたり続いている恋愛関係においてはお互いに報酬を与え合うという**互恵性**が機能しており、それが関係の結びつきをより一層強固なものにしていると考えられるというのである。

　逆にいえば、この互恵性過程の一部に支障をきたすと、その関係の結びつき自体が弱まるといえる。たとえば、相手のために親身になってふるまう場合に、関係に満足していて相手の幸せを願い親切にすることは、その受け手にとっての報酬となるが、「何かしておかないと後で文句を言われるから」といった義務感に駆られて親切なふるまいをとったとしてもそれは決して相手の満足感を高めない。それどころか、そのような保身の気持ちや義務感から生じる親切なふるまいは、往々にして威圧的で過保護なものになりがちであり、相手にそう受け取られれば相手は関係に対する満足感を低めることすらある（Feeney & Collins, 2003）。「仕方なく」とか「やむをえず」といった気持ちから相手に親切にふるまうことが、結果としてその相手との結びつきを弱めてしまうかもしれないのである。したがって、あくまでもお互いに相手から受けた報酬に満足を感じた上で互恵的なやりとりを行うことがうまくいく関係の条件なのである。

　もちろん、この報酬の互恵性というのは関係がうまくいくための要因の1つにすぎない。これ以外にも多くの要因が関係の形成や継続を左右するだろう。そこで、次には、関係の形成から終結に至る過程について詳しくみていこう。

第2節　親密な関係が築かれてから終わるまで

　友人や恋人のどんなところにひかれて関係は始まったのだろうか。また、はじめの頃のようにとりたてて魅力を感じるわけでもないのに、なぜ関係は終わ

らずに続いていくのだろうか。さらに、人と別れるというのはどのような過程を経るものなのだろうか。これまでにあなたはこのような疑問を抱いたことはないだろうか。

本節では、この問題に答えるべく、関係の形成から継続、終焉に至るそれぞれの過程について、どのような要因が影響すると考えられるのかについてみていく。

1．ひかれ合うプロセス——親密な関係の形成——

親密な関係がどのように形成され、そこにはどのような要因が関わるのかについて、本節ではレヴィンジャーとスノーク（Levinger & Snoek, 1972）のモデルを基盤として話を進める。

このモデルは、二者関係の進展を大きく4段階に分けて整理している。表3-1に示すように、関係の形成は、まずお互いに相手の存在に気づいていない「無接触」の段階から、どちらか一方が他方に気づき相手に関する情報をもつ

表3-1　親密な関係の進展過程（Levinger & Snoek, 1972をもとに作成）

関係の段階	関係の様相	移行の影響因
無接触	P　O	
一方的な気づき	P→O	物理的な近さ／社会的な近さ
表面的な接触	PO	身体的な魅力／態度の類似性
相互性 少しの交わり	P⊃⊂O	欲求の相補性／自己開示
相互の交わり	P⊃⊂O	
全面的交わり	PとO	

Pを自分、Oを相手とする

「一方的な気づき」の段階へと移行することで始まる。この移行が生じるかどうかには、相手との物理的な近さや社会的な近さが影響してくる。たとえば、何度か見かけるうちに相手の顔や名前を覚えたり、またクラスや学年といった社会的カテゴリー（人を分類することのできる枠組み）が同じであるために相手の存在を知ったりするといった過程を経て、関係の形成過程もまた始まるのである。次の「表面的な接触」の段階においては、お互いにあいさつを交わすといった簡単な相互作用が行われるようになる。後の第5章で詳しく述べられているが、自分の姿を自分の望む通りに他者に見せるという自己呈示もこの段階でしばしば行われる。この段階ではあくまでも表面的な情報のやりとりが行われるのである。そして、相手の身体的な魅力が高いほど当事者たちは互いに相手との関係を深めようとして関係はさらに次の段階へと移行しやすい。また、相手と考え方が似ていることも、先に述べたようにお互いにとっての報酬となるため関係の進展をもたらす。このような過程を踏まえて「相互性」の段階にまで進むと、もはや表面的な相互作用は行われず、お互いに情報を共有するようになる。そこでは、たとえば相手は話を聞くのが得意で自分は逆に話をする方が好きだというようにお互いの欲求がうまくマッチしているほど（補い合うものであるほど）、また、お互いに包みかくさず自分のことを話す（自己開示する；第4章を参照）ほど関係はより深いものになる。これらの結果、関係が深まれば深まるほど、自分と相手との間柄を「わたしたち」として強く認識（we-feeling）するようになる。

　このように関係をより深いものへと進展させるには、それぞれの段階に適したふるまいをとることが重要となる。逆にいえば、そのようなふるまいをとれなければ関係はうまく進展しない。たとえば、相手が自分のことをまったく知らない段階で、いきなり相手に自分の内面をさらけ出したとしてもそのことで関係が進展する可能性は低いのである。

2．親密な関係を維持しようと思う2つの理由

　ではいったん関係が形成されると、人はどのようにして関係を継続していくのだろうか。本節では、この問題について、**コミットメント**という枠組みを用

いて説明する。

　コミットメントとは、親密な関係に関する研究分野では関係の継続への意思という意味で用いられる。簡単にいうと、関係を続けようとする気持ちである。ここで注意して欲しいのは、人が関係を続けようと思う場合にその気持ちは必ずしも「続けたい」という前向きなものだけを意味するのではないということである。もちろん、そのような前向きな継続の意思も含まれるのだが、他方で後ろ向きの継続意志も含まれる。たとえば、「もし別れると周囲の人から非難されるので絶対に別られない」という義務感や「今別れると相手を深く傷つけてしまうかもしれない」という責任感から生ずる「続けねばならない」という気持ちもありうるのである。

　こう考えると、コミットメントには少なくとも2つの動機に基づくものがあるといえる。相手との関わりを続けること自体に強い魅力を感じ関係を続けたいと願う**接近的コミットメント**と、相手との関わりをやめることで失われてしまう損失を避けるため関係を続けねばならないと思う**回避的コミットメント**である。エリザベスとブランドスター（Elisabeth & Brandstätter, 2002）は、恋愛中のカップルを対象とした**縦断的調査**（第2章参照）の結果、前者の接近的なコミットメントに基づいて恋愛関係を継続させている者ほど関係への満足感が高まり、逆に回避的なコミットメントをもちながら関係を継続させている者ほど満足感が低下することを見出した。つまり、別れられないからという理由で関係を継続していると、満足感が高まらないどころか逆に不満が蓄積されるというのである。

　なお、その研究で用いられた接近的コミットメント尺度と回避的コミットメント尺度には有意な相関関係（一方が高まれば他方が高まる（あるいは低まる）という2つの変数間の関連）が認められておらず、このことから2つのコミットメントは独立したものであるといえる。すなわち、どちらか一方だけが強くて関係を継続している場合もあれば、「続けたい」という思いと「続けねばならない」という両方の気持ちが強くて関係を継続している場合もあるということである。

　これらのコミットメントそれぞれの高さが、どのような要因によって影響を受けるのかはいくつかの研究で示されている（Cox *et al*., 1997；Johnson, 1991）。

それらによると、接近的なコミットメントは、相手やその関係に対する肯定的な態度、関係への同一視の強さによって高まる。すなわち、相手との関係が良好なものであり、自分にとって重要なものだと思えるほど、その関係を「続けたい」という気持ちが強まるのである。一方、回避的コミットメントの高さを左右するものは**構造的要因**と**道義的要因**の2つに分けて整理されている（Johnson, 1991）。構造的要因とは、別れた場合の周囲の他者からの批判、それまでに関係に費やした心理的・物理的資源の多さ、関係を終えることの煩わしさ（関係終結コスト）、あるいは別れた後につきあう相手がいない（他の関係から得られる成果の低さ）といったことである。また、道義的要因とは、それまでつきあってきた相手に対する義務感や責任感、および「何事もやり通すことが重要だ」とか「せっかくめぐり逢えた関係を終わらせてはいけない」といった自身の価値観や身近にいる他者の価値観である。

　こうしてみると、実際に関係を継続させようとするかどうかは、関係内の2人のもつ態度や行動だけで決まるわけではなく、関係外の他者の影響も大きく関わっていることがわかる。第1節で説明した選択比較水準の低さ以外にも、周囲の人々が自分たちの関係をどのようにみているのかを推測しながら、人は関係の継続性を判断しているのである。こう考えれば、関係が満足いくものかどうかは別として、2人のその関係が継続するかどうかは、実は2人だけでなく周囲の他者の手にもかかっているといえるだろう。

3．親密な関係の解消とその後の悲嘆

　これまでは人がどのようにして関係を継続させようとするのかを明らかにしてきた。では、もしコミットメントが低下し関係を終結させようとする場合、人はどのような行動をとるのだろうか。

　ヴォーン（Vaughan, 1986）は、別居もしくは離婚したカップルを対象とする調査結果から、次のような別れの過程があることを示している。まず、関係のどちらか一方が、相手の否定的な側面に目がいくことから別れの過程は始まる。相手の嫌な面ばかりが際立ってみえるようになることから別れの過程が進行するのである。すると次には、この関係はもう以前のように戻ることはできない、

救済不可能な状態だと信じ込むようになる。そしてさらに、関係がもう元に戻れない状態にあるということを相手にも理解させようとする。その上で、他の第三者に自分たちの関係が続きそうにないと話すようになり、徐々に関係終結への決意を強くもつようになっていく。そして、次のパートナーとなりうる相手を探し始め、その一方でひとつの関係が終わったことに悲嘆を感じるようになるのである。

　上記の行動は、あくまでも別れを考え出した側の観点からその行動を示したものであり、当然別れを切り出された側の方がより大きなショックを受け悲嘆にくれるだろう。後の**ソーシャル・サポート**の説明（第3節の2）で述べるように、そのような場合、話を聞いて自身のつらい立場を理解し共感してくれる人間関係が重要となる（Harvey, 2002）。だが、場合によっては、恋人や配偶者との別れによって2人の共通の友人との縁も切れてしまうことがあり（Albeck & Kaydar, 2002）、そうなると悲嘆からの回復には多くの時間を要すると考えられる。

第3節　親密な関係のもつ光

　第1章で紹介されたように、人には誰かと結びついていたいという**所属欲求**が備わっている。よって、親友や恋人、配偶者と良好な関係を継続することはこの欲求を満たすという点で肯定的な働きをもつだろう。親密な相手がいることで、人は孤独にさいなまれることから逃れられるのである（Russel *et al.*, 1984）。本節では、もう少し詳細に、なぜ親密な関係をもつことが人に肯定的な影響をもたらすのかを考える。ここでは「一体感」と「ソーシャル・サポート」の観点から説明する。

1．「わたし」が拡大したような気持ち——相手との一体感——

　第2節の「親密な関係の形成」において、関係が進展し相互性が高まるほど「わたしたち」という意識が強まることを指摘した。つまり、本来あるはずの自己と他者との間の区分が不明確なものとなり、相手と一体化したかのような認識をもつようになるのである。このような自他が融合したような認識を、ア

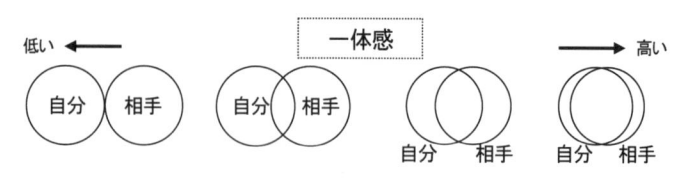

図 3-3　一体感の高まりに伴う自分と相手との認識の融合

　ロンら（Aron *et al*., 1995）は**一体感**（oneness）と呼び、恋愛関係が人に肯定的な影響をもたらすのはこの一体感によるという**自己拡張理論**を提唱した。それによると、図 3-3 に示されるように一体感が強まることは、相手を自分に包含する（取り込む）過程として理解できるという。つまり、相手への一体感が高まり相手を自己に包含するほど、人はものの見方や考え方といった相手のもつ資源を自分のものとして捉えるようになる。すると、まるで自己の資源や能力が拡張したかのように感じられ、自尊心や自己効力感（第 7 章参照）が向上しどんな問題でも解決できると思えるようになる。この一連の過程によって、相手との間に強い一体感をもつことで人は心理的な健康状態を保持できるというのである。

　このように、一体感の枠組みが説明するのは、比較的関係が初期の段階での肯定的影響である。関係が深まった場合に、なぜ親密な関係が肯定的影響をもつのかを考えるならば、次のソーシャル・サポートの枠組みが有効である。

2．味方としての親密な他者——ソーシャル・サポート——

　人は一般に、周囲の人間関係が良好なものであるほど健康に過ごすことができる。それらの人間関係から、励ましや受容（心理的に受け入れてくれること）、あるいは課題や問題の解決に役立つ知恵や情報といったさまざまなサポートを受けられるからである。では、なぜそれらのサポートを受けることで人の健康が促進されるのだろうか。

　それは、図 3-4 に示されるように、サポートを受けることがストレスによる悪影響を緩和する（弱める）効果をもたらすためだと考えることができる。具体的には次の 2 つの過程による。ひとつ目の過程は、ストレスを生じさせそ

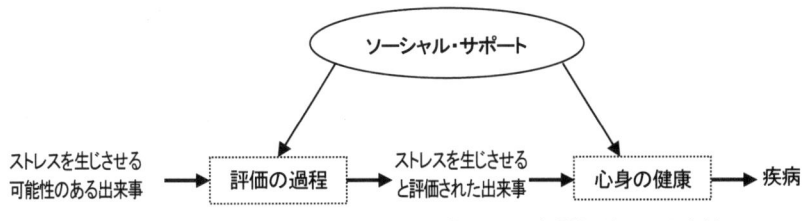

図3-4 ソーシャル・サポートが心身の健康をもたらす過程 (浦, 1992を改変)

うな出来事に遭遇した際、サポートを得られると思えれば（知覚できれば）「大した問題ではない、何とか解決できそうだ」と評価できるようになるというものである。そのように問題を自分で解決できそうだと思えれば、そもそもその問題が「ストレスをもたらすもの」とは思われなくなるためサポートは人を健康な状態に導くのである。もしこの過程で解決できそうだと思えずに、出来事をストレスフルなものだと評価したとしても、もうひとつの過程により、サポートはストレスによる悪影響を緩和する。それは、いったんストレスフルだと判断したもののサポートを得られると思うことで生じた出来事を「何とか解決できそうだ」と再評価できたり、具体的に問題を解決するのに有用な諸資源が提供されたりすることで心身の健康が保たれるという過程である。提供されたサポートを活用して、出来事をうまく乗り切れればストレスによって病気（疾病）になる可能性は低まるのである。

　このように、サポートを得られることは概してその受け手の健康を促進する効果をもつといえるが、より効果をもつにはひとつの条件がある。その条件とは、どのようなサポートを受けられるかというサポートの内容とそれを誰から受けられるのかというサポートの送り手の特徴とがうまくマッチしているということである。

　サポートの内容は大きく分けると2つある。ひとつは、励ましや受容といったもので、受け手の自尊心や情緒へ働きかけることから**情緒的サポート**と呼ばれる。もうひとつは、問題解決への手助けや情報といったもので、受け手が問題を解決するのに必要な資源や道具として機能することから**道具的サポート**と呼ばれる（浦, 1992）。上に示唆した通り、これらの個々のサポートはそれが誰

から与えられても同じように効果をもつわけではない (Dakof & Taylor, 1990)。道具的なサポートは、それが**専門性**（詳しくは第8章参照）をもった相手から送られてこそ効果をもつ。たとえば、受験すべき大学や就職先について悩んでいる場合、それに関する専門知識をもった進路担当の教員や就職係の職員から情報を得ることは悩みを解決するのに役立つだろうが、それらの専門性をもたない者からいくら情報を与えられてもかえって混乱は増すばかりだろう。同様に、情緒的なサポートはそれが親密な関係の相手から送られてこそ効果をもつ。たとえば、大学や会社に入ってはみたものの自分はやっていけないのではないかと強い不安をもつ場合、恋人や親友が話を聞いて受容し共感してくれれば徐々に落ち着きを取り戻すことができるだろうが、もしさほど親密でない相手に同じことをしてもらったとしても大した効果は得られないだろう。このように、サポートを受けることが効果的であるためには、その内容と送り手の特徴とがマッチしていなければならないのである。

　以上のことから、親密な関係は、より効果的な情緒的サポートをもたらすという点で個人にとって肯定的な影響をもつといえる。お互いに、慰めや励まし、受容や共感を与え合うことによって、双方の健康が維持されるのである。

　このように親密な関係のもつ機能は情緒的サポートの源という観点から理解できる一方、愛着という観点からもその機能を理解することができる。第2章の第2節で述べられたように、愛着という枠組みから考えると、恋愛関係と親子関係とは機能的に類似している。Feeney (2004) はこの点に着目し、恋愛関係の相手から与えられるサポートに、親子関係でみられるのと同様の2つの機能があることを示した。それは「**安全基地としての機能**」(secure base) と「**安全な避難所としての機能**」(safe heaven) である。前者の安全基地としての機能とは、サポートが与えられることによって関係外での活動が促進されることを指す。つまり、そのサポートを受けることで周囲にあるさまざまな課題や問題に積極的に注意を払うようになり、さらに、それらを自分の力で解決しようとするようになるという。そして、その活動の結果、ストレスが個人の健康を阻害しそうになると、後者の「安全な避難所」としてのサポートが効果をもつ。つまり、恋人や配偶者から「安全な避難所」のサポートを受けることができれ

ばストレスによって傷ついた情緒が癒され自己評価が回復するというのである。Feeney (2004) は、これらの2つのサポートが機能する過程を循環的なものと考えているが、現実にはいずれか一方のサポートだけを与え合う関係があるかもしれない。とりわけ、「安全な避難所」の機能をもつサポートだけを与え合う関係があるとすると、その関係は単に現実逃避するためだけの場所となっている可能性がある。その場合、親密な関係をもつことで、仕事や学業への取り組みが消極的なものとなり、社会的な適応を阻害してしまっている危険性があるだろう（たとえば、西村ら, 1999）。

こう考えると、親密な関係は必ずしも個人にとって肯定的に影響するだけでなく、関係をもつことが逆に否定的な影響をもたらすこともあるといえる。そこで、次節ではこの親密な関係のもつ否定的な側面に焦点をあててみていこう。

第4節　親密な関係に潜む影

前節では主に、親密な関係において相手との距離が縮まり親しさが増すほどそこから安らぎや受容を感じられるようになることを説明した。このことを拡大的に解釈すると、そのように親しさの増した関係では対立や葛藤といった問題があまり生じないように思われるかもしれない。だが、これまでの研究を見るかぎり現実の関係はむしろ逆である (Braiker & Kelley, 1979)。つまり、関係が親密なものになればなるほど、時としてそれが激しい対立の場となる可能性も高まるようである。

本節では、そのように親密な関係が本人たちに影を落とす危険性に注目し、それが具体的にどのようなものであり、問題が深刻化しやすいのはなぜなのかを説明する。

1. 親密な関係で生じる対立や葛藤

親密な関係がもつ影の側面として、そこで生じる対立や**葛藤**を挙げることができる。親密な関係はその相互作用の多さから、サポート源にもなる一方で、葛藤の源にもなるのである。たとえば、ホームズとラエ (Holmes & Rabe, 1967)

の有名なストレス研究では、配偶者との口論が他の親族や職場の上司とのトラブルよりもストレスフルな出来事だと評価されている。

　これらの対人的な葛藤には、相手に何らかの期待をもったのにそれが裏切られるという場合と、相手に何かを期待したわけではないが相手の言動によって情緒的に傷つけられたり自分の行動が制限されたりする場合とがある。

　前者の問題は**期待はずれ**の現象として検討がなされている（中村・浦, 2000；下斗米, 2000）。前節でも紹介したように、一般に親密な関係の相手は重要なサポート源である。人は、恋人や友人に対して、自分が問題に直面した時にはきっと味方になってくれるはずだと期待する。そして、実際に問題に直面した時に助けてくれると思えれば（知覚できれば）ストレスによる悪影響を免れることができるのである。だが、実際のところ、相手が期待した通りの行動をとってくれないこともしばしば生じる。わたしが苦しい時にはいつでも相談にのってくれて励ましてくれるはずだと期待していたのに、実際には励ましてくれるどころか話すらほとんど聞いてくれないという場合である。このような状況におかれると、人はサポートが得られないためだけでなく、その期待はずれが生じたことによってさらに不健康な状態に陥りやすくなる（中村・浦, 2000）。親密な関係の相手に大きな期待をもったがゆえに、その期待が裏切られて深く傷ついてしまうということがあるのである。

2．暴力の温床となる親密な関係

　上記のような期待はずれとは違って、とくに何の期待があるわけでもないのに、親密な相手からの言動によって、いわば直接的に心身の健康が傷つけられてしまうことがある。たとえば、自分の性格についてうじうじと小言を言われ続けたり、話をしているうちに口論となり激しくののしられたり、ひどい場合には物を投げつけられたり殴打されたりすることがある。

　とりわけ一緒に過ごす時間の長い夫婦関係においては、それらの攻撃が一方的で長期的なものとなることがある。いわゆる、ドメスティック・バイオレンス（Domestic Violence；DV）である。DV防止法（配偶者からの暴力の防止及び被害者の保護に関する法律）のなかでは、それは「身体に対する暴力又はこれに準ず

る心身に有害な影響を及ぼす言動」と定義されており、身体的な暴力だけでなく心理的な暴力も含まれている。この定義をみると、対象として想定される夫婦関係では絶えず暴力がふるわれているかのようにイメージされるかもしれないが、実際のところはそうではない。むしろ、そうではないからこそ暴力の被害者は激しく傷つきながらも逃げることなく関係にとどまってしまっている可能性がある。この可能性は、**暴力のサイクル理論**（Walker, 1979）として指摘されている。

　ウォーカー（Walker, 1979）によると、暴力がふるわれる関係では、実際に暴力をふるわれる段階も含めた3つの段階が循環的にくり返されているという。緊張期では、加害者となる側が何らかの理由から怒りや不安などの心理的な緊張を高める。この段階では、その緊張を背景として相手に小言をくり返すなどの否定的な言動がみられるものの、直接的に相手の身体を傷つけることは少ない。この緊張が徐々に蓄積され、激しく暴力をふるうようになるのが**爆発期**である。まるで抑制がきかなくなったかのように、相手を激しく殴ったりけったりする。ところが、しばらくすると一転して暴力をふるわなくなり、それどころか加害者は自身がふるった暴力について謝罪し悔い改める姿勢をみせるようになる。その優しく穏やかな様子からハネムーン期といわれるこの段階は、そう長くは続かない。加害者は再び、緊張を高め暴力をふるうようになるのである。このように上記の3つの段階が際限なくくり返されるのがドメスティック・バイオレンス関係の特徴だといえる。そして、ハネムーン期にみせる相手の優しい態度によって被害者はついつい相手に同情し、ともすれば相手の暴力を正当化してしまうことすらある。そのため被害者は断続的に暴力をふるわれながらも自ら関係にとどまろうとすることが多いのだという（Walker, 1979）。もちろん、これ以外にも、関係から逃れようとしない理由はいくつか挙げられ、心理的なものとしては「何をしてもまた殴られるに違いない」とあきらめてしまうという**学習性無力感**が生じてしまっているためだという見方もある。

　また、いうまでもなく、相手がどれだけ一時的に優しい態度をとったとしても、そうでない多くの時間に、絶えず相手の一挙手一投足に脅えていたり時に相手からののしられたり殴打されたりすることによって、暴力の被害者の健康

は著しく損なわれる（小西, 2000）。したがって、すでに暴力が恒常化してしまっている関係においては、被害者もその周囲にいる者も速やかにその関係の終結に向けた行動をとることが賢明であるといえる。先ほど述べたように、いったん、暴力のサイクルが始まってしまえば、一時的に暴力が止んだとしても再度くり返し暴力をふるわれる可能性が高いためである。まず何よりも被害者の安全や健康を確保するように行動すべきだといえよう。DV防止法の制定もあり、十分とはいえないもののDVに関する支援体制は整備されつつある。よって、必要であればそのような公的機関による相談窓口や民間組織による支援窓口やシェルター（着の身着のまま避難することができる場所）を活用することも視野にいれて行動すべきである。

第5節　光あふれる関係のための条件

　前節では、親密な関係がしばしば葛藤の源として心身の健康を阻害してしまう危険性を指摘した。では、われわれはこのような親密な関係に潜む影を踏まずにいることはできないのだろうか。親密な関係のもつリスクを回避することはできないのだろうか。

　本節では、最後にこの問題について答えることを通じて本章のまとめとする。

1．問題が深刻になる前に——予防的な葛藤対処——

　親密な関係で暴力が生起したり長期化したりしないためにはどうすればよいだろうか。この問題については葛藤対処という観点から考えることが有効である。

　先ほどのサイクル理論でも示された通り、親密な関係において相手がいきなり暴力をふるうようになるケースは少ない。むしろ、緊張期から爆発期への移行にみられるように、はじめは小言などの否定的言動が続いて、それがエスカレートして暴力がふるわれるようになることが多いのである。こう考えると、早期のうちに、すなわち小言などを言われる段階で相手の否定的な言動を抑制するよう働きかけることができれば、暴力をふるわれる段階にまで至らない可

能性がある。つまり、相手が自分に対して理不尽な言動をとったとしても、そのつどきっちりと反論や批判を返すといった対処をとっておけば、その後相手がそれ以上ひどい仕打ちをしてこなくなると考えられるのである。このように、相手の否定的な言動への対応も含めて葛藤に対する働きかけ全般を**葛藤対処行動**という。そして、上記のように、相手が自分に何か嫌なことをしてきた場合にきっちりと反論や批判を返すようにすることを、相馬（2005）は**非協調的志向性**と定義して、非協調的な行動をとることが実際に相手からの暴力を抑制する効果があることを示している。つまり、図3-5にある ④ のマイナスの矢印が示すように、第1回調査時点で非協調的な志向性が高ければ、およそ5ヶ月後に行われた第2回調査時までの間に恋人や夫あるいは妻から暴力をふるわれることが少なかったのである。この調査の対象者は、20歳代から70歳代までの主に夫婦関係にある人々であったことから、非協調的なふるまいが相手からの暴力的ふるまいを抑制するという効果は、年代や関係の長さの違いを超え広く認められるものだといえるだろう。

したがって、親密な関係で暴力が生起したり長期化したりしないためには、暴力の恒常化にまだ至っていない段階で、相手の否定的な言動に対して適切に対処し、そのつど、反論や批判を与えることが重要だといえる。普段から、適切な対処行動をとっておくことが、関係に潜む影の側面が立ち現れることを予防するのである。もちろん、ことあるごとに反論ばかりしていたのでは相手を怒らせてしまいかえって暴力をあおることになりかねない。そうならないた

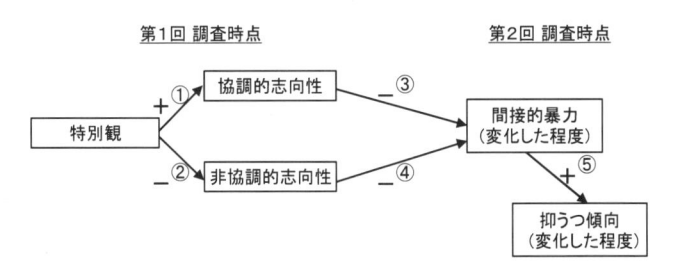

図3-5 親密な関係での特別観が暴力の程度を左右する過程（相馬, 2005を改変）
＊図中の符号が＋であることは一方が高まれば他方も高まる（あるいは一方が低まれば他方も低まる）ことを、−であることは一方が高まれば他方も低まる（あるいは一方が低まれば他方も高まる）ことを意味する

には、非協調的志向性だけなく、相手が自分に何か良いことをしてくれた場合には謝意を示すといった**協調的志向性**も同時に高くもつことが必要である。図3-5の③のマイナスの矢印にみられるように、協調的志向性を高くもつことも相手からの暴力被害を抑制する効果をもつのである。

2．「2人きりの世界」は幸せをもたらさない

　これまでの議論から、親密な関係では、協調的な行動だけでなく、相手が嫌なことをしてきた場合には、そのつど反論するという非協調的な行動も合わせてとることが、関係内で暴力を生起させないための条件だといえる。なお、第5節の1では、恋人や夫婦といったきわめて親密な間柄での問題を扱っていたが、友人関係で生じるいじめや家族のなかで生じる虐待の防止に普段の生活での主張性が有効であるという報告（たとえば、Browne & Herbert, 1997）をふまえれば、それは決して恋愛や夫婦関係にかぎられたものだとはいえないだろう。つまり、関係内で協調的な行動と非協調的な行動をとることは、親密であるどのような関係にも潜む否定的側面を予防するのに有効である可能性がある。

　よって、筆者としては読者のみなさんに「ぜひ親密な関係で協調的な行動と非協調的な行動のいずれもをとるよう心がけて欲しい」、こう言って話をしめくくりたいところだが、問題はそう単純ではない。もう一度、図3-5を見てほしい。図の左に特別観とあり、これが高いほど非協調的な志向性が低下することが②のマイナスの矢印に示されている。この特別観とは第1節で述べた所有意識の強さを表しており、恋人や夫あるいは妻との関係をかけがえのないものだと考える傾向を意味する。すなわち、「2人きりの世界」を望む強さともいえるだろう。そして、先のマイナスの関連性は、そのように相手との関係はかけがえのないものだと思えば思うほど、部外者からサポートを得ようとしなくなり、結果としてもとの関係で問題が生じたとしても適切に反論したり批判したりすることができなくなるという過程を反映している（相馬, 2005）。わかりやすくいえば、「2人きりの世界」を望むほどその関係で非協調的な行動がとれなくなり、結果として2人の関係が否定的なものになってしまう可能性があるということである。

それでは、どうすればよいのだろうか。単純に考えれば、ある関係をどれだけ特別だと思ったとしてもその関係の外にいる友人や知り合いとのつきあいも大切にすることである。誰とサポートをやりとりするのか、誰が自分の味方となってくれるかという点で「２人きりの世界」を作らないようにすることが、結局は２人の関係を光あふれるものにするのである。もちろんこういったからといって、多くの人が意識してそうできるならはじめから大して問題にはならない。したがって、本人の意識や努力に頼らない解決策についても考える必要がある。そうなると、次には、関係の周囲にいる人々からの働きかけによって親密な２人が「２人きりの世界」を作らずにいられる可能性に目を向ける必要がある。

　先に親密な関係にある人たちは外部からサポートを求めなくなりがちだという話をしたが、実は、例外のあることがわかっている。それは、外部にいる人から**特定性**の低いサポート、すなわち「誰に対しても与えられる」サポートが得られる場合である。「自分たちの関係はかけがえのないものだから」と外部の他者からサポートを得がたいと感じるカップルがいたとしても、「あの人は誰に対してもサポートする人だ」と思える人からならば彼らはサポートを求められるということである。よって、親密な関係の周囲にいる人々は、親密な２人にサポートを与えようとする場合、それが決してその本人たちに対してだけ与えられるものではなく、誰に対しても与えられる、特定性の低いものであることを強調することが重要である。そうすることで、親密な２人は「２人きりの世界」を作ろうとせず、風通しのよい関係を続けることができるのである。

　これまで述べてきたように、親密な関係が否定的なものとならないためには、何よりも本人たちが関係の中で遠慮なく"NO"といえる環境を整えることである。そのため、本人も周囲にいる人々も親密な関係が風通しのよいものであるよう配慮する必要がある。その配慮によってこそ、わたしたちは親密な関係に潜む影をみることなく光あふれる関係を継続させることができるのである。

　最後に、読者のみなさんのもつ親密な関係が影のない光あふれるものであり、そのために本章で述べたことが少しでも役に立てば幸いである。

（相馬　敏彦）

コラム：「2人の味方」はあなたの味方？

　親密な関係では、しばしば自分の友人を相手に紹介したり、相手の友人を紹介してもらったりして共通の友人をもつようになることがある（第6章のネットワークの推移性を参照）。一般に友人は重要なサポート源のひとつとなることをふまえれば、そのような共通の友人は「2人の味方」といえるだろう。では、その「2人の味方」は親密な関係を維持する上でどのような影響をもつだろうか。

　従来のいくつかの研究では、親密な2人の間に共通する友人が多いほど、親密な関係内での親しさが高まることがわかっている。たとえば、夫婦で共通の友人を多くもつほど、夫や妻はお互いに対してより情緒的なサポートを求め、また相手との一体感をより強く感じることが示されている。

　このように、「2人の味方」をもつことはもともとの関係をより密接なものにする効果を期待できる一方で、それがもともとの関係での非協調的志向性（相手が自分に嫌なことをしてきた場合にきっちりと反論や批判を返すようにすること）を低める背景になることが示されている（相馬・浦, 2003）。彼らによると、親密な関係が進展した場合、関係の外部にいる独自の（共通してない）友人が自身にサポートを与えてくれれば親密な関係での非協調的志向性は低下しないが、共通する友人がサポートを与えてくれたとしても非協調的志向性は低まってしまうという。先に説明したように、親密な関係において非協調的志向性をもつことは関係の否定的な側面を緩和するために欠かせない条件である。それは、相手から嫌なことをされた場合に適切に反論をしておくことが後の相手からのひどい仕打ちを防ぐことになるからである。このことに基づいて上述した結果を考えると、親密な相手と共通の友人を多くもつことは、必ずしも親密な関係にいる本人たちのためにはならないことがわかる。つまり、あなたが今恋人や配偶者と共通した友人をもつならば、そのような「2人の味方」は一概に（いちがい）あなたの味方とはいえないのである。

第Ⅱ部　親密な人から社会へ

"わたし"には、親密な人たちがいる。親やきょうだい、友だちや恋人…。しかしながら、そのようなわたしと親しい人たちだけによって、社会や世界は形を成しているわけではない。むしろ、わたしにとって見ず知らずの人たちの方が圧倒的に多い。それでは、わたしと関わり合いのない人たちは、わたしにとって単なる視界を横切っていくだけのモノなのだろうか。そんなことはあるはずもない。街の道行くなかで偶然目が合ってしまったあの人も、またわたしと同じように、親密な人たちとの関係を築きながら、日々を暮らしているのである。そして、その人はわたしの友だちの知り合いだったのかもしれないし、もしかしたら、いつの日かお互い気づかぬままに運命の出会いを果たし、劇的な恋をしてしまう相手なのかもしれない。そうであれば、人と人とのつながりは網の目のように世界中を駆け巡る。何の関わりもないと思われていた"わたし"と"わたし"によって集団は作られ、社会は構成されていく。第Ⅱ部では、わたしと親密な人との関係を飛び出し、社会のなかの人たちとのつながりや関わり合いについて目を向けてみることにしよう。

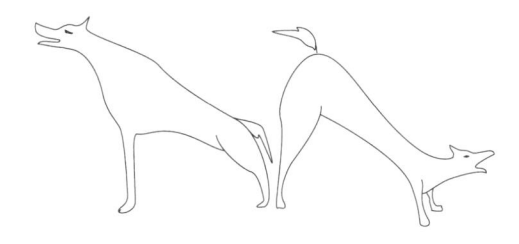

Chapter 4 他者に思いを伝える、他者の思いを感じとる
——対人コミュニケーション——

＊　＊　＊　＊　＊　＊　＊

　わたしたちは、毎日たくさんの人と関わりながら生活している。家族や友だち、恋人はもちろん、近所の人と挨拶や世間話をしたり、時には見ず知らずの人と何かのきっかけで言葉を交わしたりする。このように誰かと関わる時、わたしたちは相手の言葉や表情、身振りなどから何かしらのメッセージを読みとり、また、自分からも何かしらのメッセージを伝えようとしている。他者との関わりのなかで、自分の思いを伝え、相手の思いを感じとることは、当たり前で簡単な行為と思われるかもしれないが、いつもうまくいくとはかぎらない。おそらくは、「どうやって伝えたらいいだろう」、「どうしてわたしの気持ちをわかってくれないのだろう」、「相手はいったい何を考えているのだろう」と思い悩んだ経験を誰しもがもっているのではないだろうか。こうしたコミュニケーションの問題が深刻化し、友だちや恋人との関係が悪化してしまったり、これから仲良くなりたいと思っていた相手とうまく関係を築けなかったりしたこともあるかもしれない。関係がうまくいっている時には気にもとめないかもしれないが、自分の思いを伝え、相手の思いを感じとることによって人間関係は支えられている。本章では、こうした人と人とのコミュニケーション、すなわち対人コミュニケーションについて、心理学の知見をもとに考えてみよう。

＊　＊　＊　＊　＊　＊　＊

第1節　対人コミュニケーションとは何か？

　コミュニケーションという言葉は、普段の生活のなかでもよく耳にするが、

心理学では、人々のあいだで情報やメッセージを伝えたり交換したりする過程を総称する用語として用いられている。情報やメッセージのやりとりは、テレビやラジオなどのマス・メディアを媒介して行われることもあれば、世間話や相談事のような二者間あるいは少人数の人々のあいだで行われることもある。前者のようにマス・メディアを媒介して不特定多数に情報を送るコミュニケーションはマス・コミュニケーションと呼ばれ、後者のような個人のレベルで行われるコミュニケーションは**対人コミュニケーション**と呼ばれる。

1．対人コミュニケーションのモデル

コミュニケーションは、一般的に、情報の**送り手**、その送り手からの情報が表現された**メッセージ**、メッセージの伝達通路あるいは伝達媒体である**チャネル**、情報の**受け手**から成り立つとされている。チャネルとは、たとえば、電話であれば電話通信網、電子メールであればコンピュータネットワークといった、送り手からのメッセージを受け手まで運ぶ通信経路のことである。こうしたコミュニケーションの基本的な枠組みとしては、シャノンとウィーバー（Shannon & Weaver, 1949）のモデルが著名である（図4-1）。図4-1は、送り手が伝えたいメッセージを伝達可能な信号に**記号化**し、伝達通路であるチャネルに載せ、受け手が送られてきた信号を受信して**解読**し、メッセージを受け取る、という一連のコミュニケーションの過程を表している。身近な例を挙げるとすれば、携帯メールもこのモデルによくあてはまる。情報源である送り手が送信機（送り手の携帯電話）を用いてメッセージを文字にする。このメッセージは、送信信号（電気信号）に変換され、チャネル（携帯電話から接続されたインターネット）

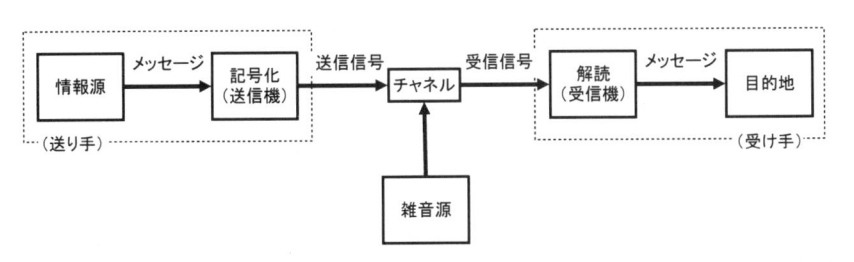

図4-1　シャノンとウィーバーのコミュニケーション・モデル（Shannon & Weaver, 1949を改変）

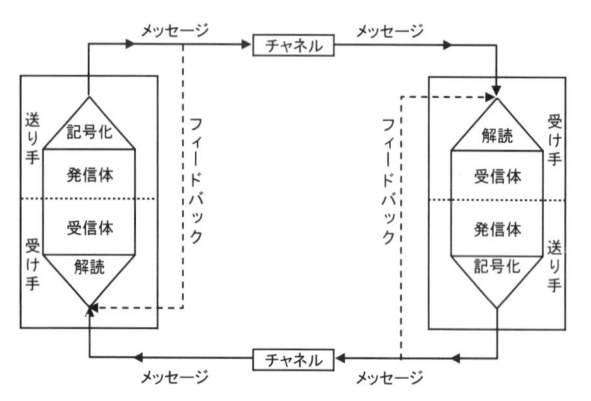

図4-2 竹内のコミュニケーション・モデル (竹内, 1973)

を通って受け手のところに受信信号として送られ、受信機（受け手の携帯電話）によって文字としてのメッセージに復元され、目的地（受け手）に届く。

シャノンとウィーバーのモデルを実際の対人コミュニケーションと照らし合わせた場合、最も大きく異なる点は、彼らのモデルでは情報の流れ方が一方向的である点である。現実の対人コミュニケーションでは、ある個人はメッセージの送り手であると同時に受け手でもあり、相互にメッセージのやりとりが行われている。こうした双方向的な情報のやりとりをふまえたコミュニケーションのモデルが竹内（1973）によって提出されている（図4-2）。このモデルの特徴は、メッセージの送り手が同時に受け手をも担っており、頭のなかで思い浮かべた伝えたい内容を音声や文字などに変換する「記号化」のプロセスと、逆に相手から届いた音声や文字から情報内容を「解読」するプロセスとを、コミュニケーションに関わる両者がもっている点にある。また、自分が発したメッセージを自分自身でも受け取ってモニターするフィードバックの回路が含まれている点もこのモデルの特徴のひとつである。

わたしたちは、普段相手に何かを伝える時に、伝えたい内容を言葉やジェスチャーなど何らかのかたちで相手に示すと同時に、自分が発した言葉が意図した通りの内容であるかどうかを確認し、もし修正が必要であれば別の言葉やジェスチャーをさらに発する。また、相手が何らかの言葉やジェスチャーを発した時は、それらを見聞きして、相手が伝えようとしているメッセージを読みとっている。このくり返しによって、対人コミュニケーションは成り立っているのである。

2．対人コミュニケーションのチャネル

　誰かに何らかのメッセージを伝える時、わたしたちはどのようなかたちで伝えているのであろうか。ここで真っ先に思いつく方法は、言葉にして伝えるということであろう。たしかに言語は対人コミュニケーションのなかの主要な側面であるが、対人コミュニケーションには言語以外にも多様な側面が含まれている。たとえば、恋人に好意を伝える場合には、「好き」という言葉のほかに、愛情のこもった眼差しで見つめたり、微笑みかけたり、優しく寄り添ったり、とさまざまな手段がありうる。こうした行動を恋人が自分に向けて行ったとしたら、たとえ「好き」という言葉が伴わなかったとしても、十分に相手からの愛情を感じとれるであろう。このように、わたしたちは、言語にかぎらずさまざまな方法でメッセージのやりとりをしている。

　大坊（1998）は、対人コミュニケーションにおいてメッセージを運ぶ多様なチャネルを整理し、分類している（図4-3）。上述の通り、チャネルとは、もともと送り手からのメッセージを受け手まで運ぶ通信経路を指す言葉であるが、対人コミュニケーションの場合には、送り手と受け手の間でメッセージを運ぶ役割を担うもの、すなわち言葉やジェスチャーなども、チャネルと捉えられる。対人コミュニケーション・チャネルには、言語の内容や意味に関わるチャネル

```
                          音声的 ┌ 1)言語的　（発言の内容・意味）
                                └ 2)近言語的（発言の形式的属性）
                                    a. 音響学的・音声学的属性
                                      （声の高さ、速度、アクセントなど）
                                    b. 発言の時系列的パターン
                                      （間のおき方、発言のタイミング）
対人コミュニケーション
  ・チャネル
                                  ┌ 3)身体動作
                                  │     a. 視線
                                  │     b. ジェスチャー、姿勢、身体接触
                                  │     c. 顔面表情
                          非音声的 ┤ 4)プロクセミックス（空間の行動）
                                  │     対人距離、着席位置など
                                  │ 5)人工物（事物）の使用
                                  │     被服、化粧、アクセサリー、道路標識など
                                  └ 6)物理的環境
                                        家具、照明、温度など
```

図4-3　対人コミュニケーション・チャネルの分類（大坊, 1998）

と、視線や表情や会話相手との距離（対人距離、着席位置）といった言語の内容とは無関係なチャネルとがある。前者のチャネルを用いたコミュニケーションは**言語的コミュニケーション**と呼ばれ、後者のチャネルを用いたコミュニケーションは**非言語的コミュニケーション**と呼ばれている。この分類では、声の高さや抑揚のような発言に関わる音声の形式的属性（図4-3の近言語）も非言語的コミュニケーションのチャネルに含まれる。

　コミュニケーションといえば「言葉」と思う人が多いかもしれないが、図4-3に示す通り、言葉以外にもメッセージを伝えるものは数多くある。次の第2節では、普段意識されにくい言葉によらないコミュニケーション、すなわち非言語的コミュニケーションについて詳しくみていこう。

第2節　非言語的コミュニケーション

　非言語的コミュニケーションの働きについて考えるために、約束を破った友だちが謝る場面を想像してみよう。相手が顔の前で手を合わせながら何度も何度も頭を下げ、真剣な表情で「ごめんなさい」と言ったならば、あなたは誠実な印象を受け、「本当に悪かったと思っているのだな」と判断するかもしれない。しかし、相手が同じように「ごめんなさい」と言いながらも、腕組みをして視線をそらし、眉間に皺をよせていたならば、本当に謝る気があるのかどうか疑わしく感じるのではないだろうか。

　このように言語的なメッセージがまったく同じ内容であっても、それに伴う表情や動作などの非言語的なメッセージによって、伝わる内容や受け手の印象は大きく変わることがある。とくに、非言語的コミュニケーションは行為者自身に自覚されていなかったり、意図的な制御が難しかったりするため、行為者の内面が反映されやすいと理解されている。そのため、相手の言語的なメッセージと非言語的なメッセージとが食い違った場合、たとえば、会話相手が「緊張してないよ」と言いつつ、額に冷や汗を浮かべ視線が定まらず強ばった表情をしているような場合には、わたしたちは非言語的コミュニケーションの方が相手の本心を表していると考えやすい。

図4-3で示したように、非言語的コミュニケーションにはさまざまな種類があるが、本節では近言語、視線、プロクセミックス（空間の行動）を取り上げて、その働きについて詳しく説明する。

1．近言語——パラ・ランゲージ——

近言語（パラ・ランゲージ；準言語、周辺言語とも訳される）とは、声の高さや大きさ、抑揚、沈黙、間のとり方など、発言から言語の意味や内容を除いた発話の形式的な性質を指す。わたしたちは、近言語を手がかりとすることによって、円滑に他者と会話をすることができている。たとえば、相手に何か尋ねたい時には、発言の末尾の抑揚を上げて疑問のメッセージであることを伝える。相手の発言を促したい時には、自分の発言の末尾のピッチ（声の高さ）を下げて沈黙を作り、自分の発言が終了したことを示す。相手の発言の語尾が上がっていれば、「これは質問ですよ」と明言されなくとも疑問のメッセージであることを捉えられるであろう。また、会話のなかで「私の話は終わりましたよ」とわざわざ口に出して言うことはほとんどないが、スムーズに話し手の交代ができている。これは、近言語をはじめとする非言語的コミュニケーションの働きによる。

また、吃音（きつおん）や言い誤り、同じ言葉のくり返しなどの発話の乱れは不安や動揺を表すことが知られており（Mahl, 1956）、近言語は一般に発話者の感情状態を表すと考えられている。

2．視　　線

視線行動は、**身体動作**と呼ばれる非言語的コミュニケーションのチャネルの一種である（図4-3参照）。視線行動の機能は、ケンドン（Kendon, 1967）によって3つに整理されている。第1は感情や態度の表出機能、第2は相手の関心を探る情報収集機能、第3は会話のリズムをとったり、話し手（メッセージの送り手）が交代するタイミングなどを見計らったりする会話の調整機能である。

このうち、第1の感情や態度の表出機能は、相手に対する好意や関心を表現する機能であり、好意をもっている相手に対しては視線を向けることが多くな

りやすい。初対面の男女と恋人同士の視線行動を比較した研究では、恋人同士の方が見つめ合う時間が長いという結果が得られている（飯塚, 1992）。また、恋人同士のなかでも、恋愛感情の強いカップルほど互いに見つめ合う時間が長いことが知られている（Rubin, 1973）。さらに、会話中に相手に視線を多く向けることによって、会話相手から好意的な評価が得られることも近年の研究では示されている（磯・木村・大坊, 2005）。つまり、視線には、自分の好意を表出する機能だけでなく、視線を向けた相手からの好意を引き出す機能もある。

ただし、競争的な状況でも相手に向けられる視線が多くなることがある（Exline, 1963）。これは、相手を威嚇したり、敵意の感情を示したりするために、視線行動が増加するものと考えられている。このように、視線は好意と敵意という正反対の感情を示すことがあり、感情表出に関する視線の働きについて理解しがたいかもしれない。しかし、感情の方向性がポジティブかネガティブかにかかわらず、相手に対する感情や相手との関与が非常に強い場合に視線行動が多くなると考えれば、矛盾なく理解できるであろう。

3．空間の行動——プロクセミックス——

プロクセミックスとは、個人の空間認知や空間利用などの空間行動から、対人関係や社会的関係を研究する学問領域であり、**近接学**と訳されている。空間行動には、他者と接する時に相手からどの程度離れた位置に身をおくかという**対人距離**のとり方や、電車のなかや教室といった特定の空間において自分の位置を決める**座席行動**などが含まれる。こうした空間行動によって、わたしたちは自分の欲求や感情を調節したり、伝達したりしている。

表4-1　対人距離の分類 (Hall, 1966)

名称		距離	特徴
①密接距離	近接相	15cm以下	愛撫・格闘・慰め・保護の距離。
	遠方相	15～45cm	手を握ったり、身体に触れたりできる距離。親密な間柄の距離。
②個体距離	近接相	45～75cm	手足を伸ばせば相手に接触できる距離。
	遠方相	75～120cm	個人的な関心を議論できる距離。
③社会距離	近接相	120～210cm	フォーマルな会話、個人的でない用件の会話が行われる距離。
	遠方相	210～360cm	互いに見えないようにできる距離。
④公衆距離	近接相	360～750cm	相手に脅された場合、すぐに逃げられる距離。
	遠方相	750cm以上	講演や演説に使われる距離。

プロクセミックスの提唱者であるホール（Hall, 1966）は、わたしたちが他者と関わる時に、相手との関係性（恋人や友人といった関係の種類）や相互作用の内容に応じてどの程度の距離をとっているかを観察し、対人距離を4つに分類している（表4-1）。第1の密接距離は、相手と密着した状態の距離であり、恋人同士や母親と赤ちゃんのような非常に親密な間柄における距離である。第2の個体距離は、個人的な会話に適した距離であり、友人など比較的親しい間柄における距離である。第3の社会距離は、会議など個人的ではない会話に適した距離であり、仕事上の関係における距離である。第4の公衆距離は、講義や講演、演説などの距離であり、この距離では個人的な関わりは意識されにくい。表4-1からわかるように、わたしたちは相手との親しさの程度や関係性に応じて、最適な距離を使い分けている。ただし、ホールの研究知見は北米の人々の観察に基づく結果であり、日本人では距離の分類はほぼ類似しているが各段階の距離が若干長くなる、といった対人距離の文化差も明らかにされている（西出, 1985）。

　こうした最適な対人距離を無視して他者が近くに寄ってきた場合、わたしたちは不快に感じ、回避や逃避といった防衛的反応によって再び自分にとって最適な距離の確保を試みる。こうした現象を説明するために、わたしたちのまわりには「これ以上、他者に近づいてほしくない」と感じる目に見えない境界が

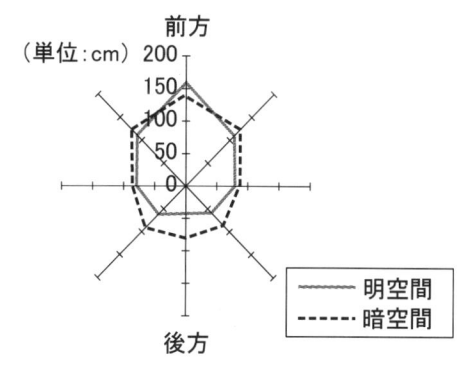

図4-4　パーソナル・スペースの形状（田中, 1973をもとに作成）

＊各方向から他者に接近された時のパーソナル・スペースの距離。灰色の実線は明るい空間、黒色の破線は暗い空間の条件をそれぞれ示す。個人空間は前方に大きい卵形であり、周囲が暗いと前方が小さくなり、後方が大きくなる。

あると考えられており、この境界で囲まれた空間を**パーソナル・スペース**という。たとえば、比較的空いている電車のなかで、ほかにも多くの空席があるにもかかわらず見ず知らずの人があなたのすぐ横に座ったとしたら、あまり気分が良くないであろうし、場合によっては席を移動するかもしれない。これらはすべてパーソナル・スペースが侵されたことに起因する反応なのである。このパーソナル・スペースは、自分の身体を中心とした同心円状ではなく、身体の前方に大きく、後方には小さい左右対称の卵形を成している（田中, 1973；図4－4）。パーソナル・スペースの大きさは、関わる相手との親密さや周囲の状況だけでなく、個人の性格特性によっても異なることが知られている。内向的な人や親和欲求が低い人、不安傾向の強い人、権威主義的（権威への服従傾向や伝統・慣習等を盲目的に重んじる傾向が強い性格特性）で自己評価（自己価値や能力などに関する自分自身の評価）が低い人は、パーソナル・スペースが大きいとされている（渋谷, 1986）。

　上述したように、電車や教室などの空間のなかで座席を選択する座席行動もプロクセミックスの研究対象のひとつであり、同じ空間にいる他者との関係やその空間の利用目的によって影響を受ける。ソマー（Sommer, 1969）は、座席行動と空間の利用目的との関係を調べるために、2人で同じテーブルを囲みながら会話や協力、競争といった異なる行動を行う際に、それぞれどの位置に座るかを観察して集計した。表4－2はソマーの研究結果の一部である。表4－2から、会話を行う場合には、テーブルの角を挟んだ90度の位置か、対面の位置が選ばれやすく、協力して作業を行う場合には、隣同士の位置が選ばれやすいことがわかる。また、競争する場合にも対面の位置が選ばれやすい。その一方で、対角線上の両端の位置はどの場面でも選ばれることが少ないことから、この位置はお互いに何らかの関係がある場合には適さない位置関係、すなわち、お互いに深く関わろうという意思がないことを示す位置と考えられる。

　空間の利用目的のほかに座席行動に影響する要因としては、空間内のメンバーの地位関係が挙げられる。地位が高い者やリーダーは、テーブルの中央の席や長方形のテーブルの短辺にあたる席（いわゆる「上座」と呼ばれる席）につくことが多い。あえて地位関係を考慮せず、対等な関係を強調する必要がある場合

表4-2 座席の位置と空間の利用目的との関係
(Sommer, 1969をもとに作成)

座席の位置関係	会話場面	協力場面	競争場面
90度の位置	42%	19%	7%
隣同士の位置	11%	51%	8%
対面の位置	46%	25%	41%
対角線上の両端の位置	1%	5%	20%

には、特定の場所を作らないように円卓が用いられる。円卓が昨今の国際会議でよく用いられるのもこのためである。このように、座席の位置を見るだけで、その空間がどのような目的のために利用されているのか、あるいは、その空間にいる人々がどんな関係であるのかがわかる。また、何気なく席についたようでも、実は自分の目的に合わせて座席を決めており、座った本人が空間をどのように捉えているかがわかるのである。

第3節　日常のコミュニケーション

　ここまでは、対人コミュニケーションの側面を細かく分けて個別に説明してきたが、日常のコミュニケーションにおいて、わたしたちは言語的コミュニケーションと非言語的コミュニケーションとを同時に使って、会話をしたり、自分の意見や感情を表明したりしている。本節では、言語、非言語といった区別によらず、わたしたちが普段よく体験するコミュニケーションに関する研究を紹介していこう。

1. 会　　話

　わたしたちが普段最もよく体験する対人コミュニケーションといえば、会話であろう。会話では、言語と非言語の両方を駆使してメッセージのやりとりがなされている。言語内容をそのまま受けとめればコミュニケーションが成立する場合もあれば、言語内容だけではメッセージの正確な内容や相手の本心が理解できず、直接言葉としては表現されていない隠された意味を推測しなければならない場合もある。メッセージを正確に処理するためには、言葉に表現されていないメッセージがあるかどうかを判断しなければならない。相手の言葉をそのまま受けとめるべきか、それとも、言葉には表現されていないことを読みとるべきかといった判断を、わたしたちはどのように行っているのであろうか。グライス（Grice, 1975）は、受け手が、伝達された言葉を表現された通りにそのまま解釈する条件として、表4-3に示す4つの公理を挙げている。

　この公理が成り立つ条件は、話し手と受け手がお互いに共同し合って、その場にふさわしい会話を行うということである。つまり、話し手は、受け手に対してわざと誤解を与えるような発言はしないということを前提としている。この前提の上で、表4-3に示す**会話の公理**に違反した発言があった場合、その発言には、直接言葉としては表現されていない隠された意味があることになる。たとえば、誰かが窓を開けた後、同じ部屋にいる人が「寒い、寒い」と同じ発言を何度もくり返すという量の公理に違反する行動を示したとする。この場合、「寒い、寒い」という言葉のくり返しには「窓を閉めてください」という暗黙の依頼が込められていると推測できるであろう。また、「試験どうだった？」と尋ねられた後に、突然「お腹すいたなぁー」と答えるといったように、相手の発言とは無関係なことを言い、関係の公理に違反した場合、相手が尋ねた内容について答えたくないという合図と受け取られるかもしれない。このように会話には暗黙の規則（会話の公理）が存在し、これによってわたしたちの会話は円滑かつ正確に

表4-3　会話の公理（Grice, 1975）

量の公理	必要とされている情報をすべて与える 不必要な情報は与えない
質の公理	真実でないことは言わない 十分な証拠がないことは言わない
関係の公理	的外れのことは言わない
様式の公理	不明確な表現は避ける あいまいな言い方は避ける 簡潔に言う よく整理して話す

処理されているのである。

　グライスの会話の公理のほかにも、会話の一般的な規則を検討した研究がある。桑原ら (1989) は、会話を行うために必要な行為を収集し、会話の規則を6つに整理している。第1は「相手を退屈させない」、「相手の気持ちを引きつける」といった情緒指向的表現規則、第2は「相手の話を真剣に聞く」、「相手の感情を的確に理解する」といった対話者規則、第3は「早とちりをしない」、「相手の理解度に合わせて話をする」といった発話遂行規則、第4は「言葉づかいが適切である」、「スムーズな受け答えをする」といった理解指向的表現規則、第5は「独自の意見を言う」、「自分の思っていることを言う」といった発話意図規則、第6は「相手の意見を尊重する」といった受容規則である。こうした会話の規則を守っている発話者は、規則をあまり守らない者よりも、相手から好意的に評価されることが示されている（西田, 1992）。

2．自己開示

　日常生活のなかで、わたしたちはしばしば自分の感情や意見を言葉によって他者に伝えようとしている。こうしたコミュニケーションは**自己開示**と呼ばれており、心理学で多くの研究がなされてきた。

　自己開示は、研究上、図4‐5に示すような内容別に捉えられることが多く、それぞれの内容を他者（たとえば、父親、母親、親しい友人など）に対してどの程度話しているかによって、自己開示の個人差が測定される。榎本 (1987) は、大学生を対象に、図4‐5に示した側面のうち「趣味」、「意見」、「うわさ話」を除いた11側面を取り上げ、日常生活において誰に対してどの程度自己開示を行っているかを調査している。その結果、最もよく開示されている内容は、精神的自己の「知的側面」と「志向的側面」であり、次いでよく開示されている内容は「物質的自己」であった。すなわち、大学生では、自分の知的能力に関わる内容（精神的自己の知的側面）や、将来の目標や興味をもっている仕事などの将来に関わる内容（精神的自己の志向的側面）のほかに、こづかいの使いみちや服装の好み（物質的自己）などが、多く話されていたのである。一方、最も開示される程度が低かった内容は、身体的自己の「性的側面」であり、性に対する

```
┌ 精神的自己 ┬ 知的側面 ················ 知的能力に対する自信あるいは不安
│       ├ 情緒的側面 ·············· 心をひどく傷つけられた経験
│       └ 志向的側面 ·············· 現在もっている目標
├ 身体的自己 ┬ 外見的側面 ·············· 容姿・容貌の長所や短所
│       ├ 機能・体質的側面 ········ 体質的な問題
│       └ 性的側面 ················ 性に対する関心や悩み事
├ 社会的自己 ┬ 私的人間関係の側面 ┬ 同性関係 ···· 友人関係における悩み事
│       │           └ 異性関係 ···· 異性関係における悩み事
│       └ 公的役割関係の側面 ······ 興味をもっている業種や職種
├ 物質的自己 ························ こづかいの使いみち
├ 血縁的自己 ························ 親に対する不満や要望
├ 実存的自己 ························ 生きがいや充実感に関すること
├ 趣味 ······························ 趣味としていること
├ 意見 ······························ 最近の大きな事件に関する意見
└ うわさ話 ·························· 友達のうわさ話
```
〈自己開示の下位分類〉　　　　　　　　　　〈代表項目〉

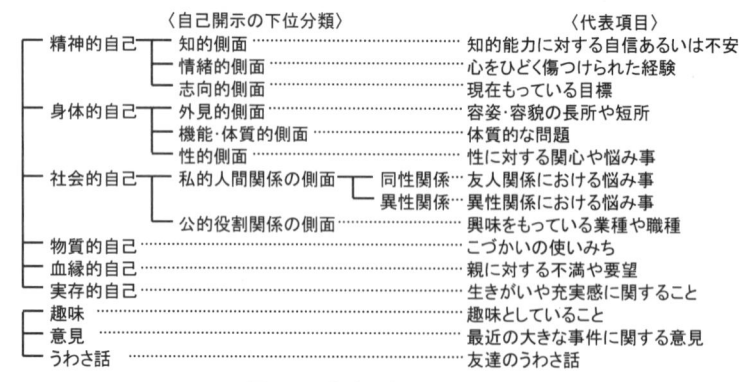

図 4-5　榎本の自己開示の分類

＊特定の開示相手（父親、母親、最も親しい同性の友人、最も親しい異性の友人など）に対して、上記の各項目についてどの程度話しているかを段階法（「1．まったく話したことがない」、「2．あまり話したことがない」、「3．どちらともいえない」、「4．かなりよく話してきた」、「5．十分に話してきた」など）で評定する。

関心や悩みは、他者にほとんど開示されていなかった。また、調査されたすべての開示内容に関して、女性は男性よりも、全般的に多く開示を行っていた。開示相手別にみると、男女ともに同性の友人に対する開示が最も多く、女性では母親に対する開示も同性の友人とほぼ同程度に多かった。女性の方が男性よりも身近な相手に対して自己開示を頻繁に行い、さらに同性の友人に対する開示が最も多いという結果は、ほかの多くの研究においても報告されている（Hargie et al., 2001；広沢，1990など）。

　自己開示に関する研究は、心理臨床活動の実践のなかで自己開示の重要性に注目したジェラード（Jourard）によって始められ、精神的健康を左右する重要な要因として捉えられてきた。そのため、精神的健康を表すと考えられるさまざまな特性と自己開示との関連を検討する研究が、数多く行われている。これらのうち多くの研究の結果では、自己開示は、精神的健康度の高さを表すと考えられる自己評価とは正の相関関係（相関関係については第3章を参照）を、精神的健康度の低さを表すと考えられる孤独感とは負の相関関係を、それぞれ示すことが明らかにされている（榎本・清水，1992；Ichiyama et al., 1993など）。つまり、自己開示を多く行う人ほど、自己評価が高く自分に自信をもっており、「自分は独りぼっちで孤独である」と感じる程度が低いことが示されている。これら

の結果から、自己開示をする人ほど、すなわち、自分のことについて他者に話すことが多い人ほど、一般的に精神的健康度が高いといえる。さらに、最近の自己開示研究では、精神的健康のなかでもとくに心理的な**外傷**（**トラウマ**）からの回復と自己開示との関連が注目され、多くの研究がなされている（外傷体験の開示が心身の健康に及ぼす影響については、コラムを参照）。

また、自己開示は上述したような個人の精神的健康度を高める個人的な機能だけでなく、対人的な機能ももっている（安藤，1986）。代表的な対人的機能としては、二者関係の発展につながる報酬機能が挙げられる。自己開示は、受け手に対する開示者からの好意や信頼を意味するため、対人関係における報酬として働く。自己開示の受け手は、報酬を受け取ったことによって、開示者に対する好意や信頼を深めたり、受け取った報酬に見合うようにお返しをしなければならないと考えたり（返報性の規範）するために、受け手からもさらに自己開示が行われる。すなわち、自己開示の報酬機能によって互いの自己開示が促進され、その結果として二者関係の親密化や発展がもたらされるのである。このほかにも、自己開示には、開示内容を取捨選択することによって二者関係の性質を調整する社会的コントロール機能や、話題の内面性の程度を調整して適切な親密度が保たれるようにする親密感の調整機能などの対人的機能がある。

3．コミュニケーションの抑制

わたしたちは、他者と関わる時に頭のなかに思い浮かべたことをすべて話すわけではなく、話さない方がいいと判断したり、何らかの理由でどうしても話すことができなかったりすることがある。こうした自分の気持ちや考えについて表出を控える行動を、畑中（2003）は**発言抑制行動**と呼び、会話中の気持ちや精神的健康との関連を検討している。

検討にあたって、発言抑制行動の多様な理由が着目されている。たとえば、会話をしている相手が傷つかないようにという思いやりの気持ちから発言が抑制される場合もあれば、自分の表現力の乏しさのためにやむをえず発言が抑制されてしまう場合もある。前者の場合は、「相手を傷つけずにすんだ」という満足感が生じるが、後者の場合は、「どうして言えなかったのか」と後悔が生

表4-4 発言抑制行動の理由に関する分類結果 (畑中, 2003)

カテゴリー	回答例
相手志向	・相手のために言わなかった ・相手を傷つけてしまうだろうと思った ・相手に悪いなと思った
自分志向	・自分のために言わなかった ・言ったことを否定されたり、拒否されるのが恐い ・言うと自分の評価が下がるかもしれない
関係距離確保	・相手との関与を避けるために言わなかった ・深い話をしたい相手ではない ・相手に踏み込まれたくなかった
規範・状況	・規範や状況を考慮して言わなかった ・自分が言う立場ではない ・言うべき状況ではないと思った
スキル不足	・どう言えば伝わるかわからない ・本当は言いたいのに、きっぱりと言うことができない ・不本意ながら、うまく言葉にできなかった

じるかもしれない。このように、発言抑制行動は、発言を抑制する理由によって会話中の気持ちや精神状態に及ぼす影響が異なると考えられる。こうした考えに基づいて、畑中 (2003) は、会話中に生じる発言抑制行動を行動理由の観点から整理し、分類している。具体的には、大学生に対して、調査時点から振り返って1、2週間以内に経験した発言抑制行動について、発言を抑制した理由やその時の気持ちについて自由記述形式（質問に対する回答を、回答者が文章で自由に記述する形式）で回答を求めて、得られた内容を分類した。

その結果、発言抑制行動は5つの側面に分類されることが明らかになった (表4-4)。「相手志向」側面は相手に対する配慮や思いやりから相手のために行われる抑制のことを、「自分志向」側面は自分にとって都合の悪い結果を避けるための抑制のことを指す。また、「関係距離確保」側面は相手との関与を避けるための抑制を、「規範・状況」側面は規範やその場の状況に合わせるために行われる抑制を、それぞれ意味する。さらに、「スキル不足」側面は、言いたいのにうまく言葉にすることができず、不本意ながら行った抑制を示す。この分類から、発言を控えるという行動には、表現能力の不足のためにやむをえず黙ってしまう場合だけでなく、何らかの目的のために積極的に行われる場合もあることがわかる。また、発言抑制行動は、自分にふりかかる悪い結果を避けるためといった利己的な目的だけでなく、相手のことを思いやったり、周囲の状況を考慮したりといった利他的な目的に基づいて行われる場合もある。

畑中 (2003) は、表4-4に示す5つの側面に分類された発言抑制行動と、会話中や会話後に悔しい気持ちになったり不満感を抱いたりする頻度（図4-6中

〈発言抑制行動〉

| 相手志向 | 自分志向 | 関係距離確保 | 規範・状況 | スキル不足 |

↓ 会話不満感 ↓ 精神的不健康

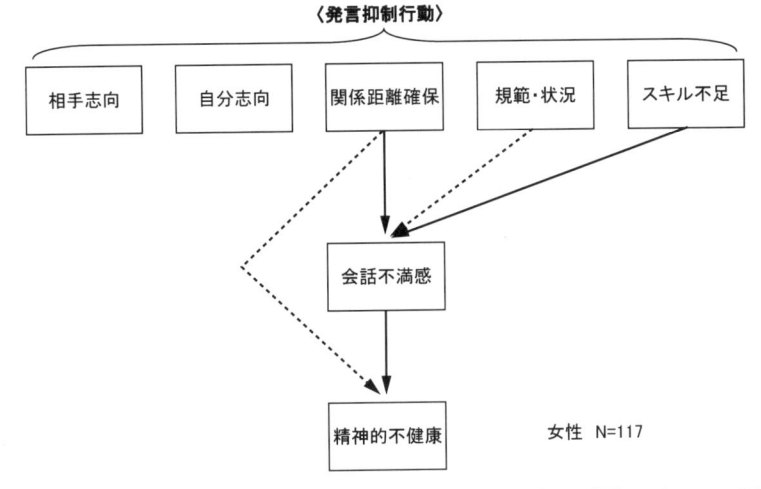

女性 N=117

図4-6 会話場面における発言抑制行動と精神的健康との関連：女性の結果（畑中, 2003を改変）

＊表4-4に示す側面ごとに発言抑制行動の頻度を尋ね、会話不満感（会話中、あるいは会話後に不満を感じる頻度）と精神的健康との関連を検討した。
　図中の矢印は変数間の影響関係を表し、実線の矢印は正の影響（一方の変数が増加するほど、他方の変数も増加する関係）を、破線の矢印は負の影響（一方の変数が増加するほど、他方の変数が減少する関係）を、それぞれ表す。

の「会話不満感」）や、気分の落ち込みと不安定さなどから測定される精神的な健康状態（図4-6中の「精神的不健康」）との関連を、男女別に検討している。図4-6には女性の結果のみを提示したが、研究全体の結果から、男女ともに、「自分にはうまく話す力がない」と思っているために言いたいことを我慢してしまう人（スキル不足側面）は、会話に対して不満を感じる頻度が高く、精神的に不健康であることが示された。女性では、規範や周囲の状況を考慮して発言を控える人（規範・状況側面）は、会話不満感が低く、精神的健康状態が良好であった。また、同様の検討を行った畑中（2005）では、男性においても、規範や状況を考慮した発言抑制行動（規範・状況側面）が会話不満感を解消し、精神的健康を促進することが確認されている。このように、発言抑制行動をどのように行うかによって、話し手の精神的健康の状態が左右されることが明らかになっている。また、発言抑制行動が会話不満感や精神的健康に及ぼす影響は、男性よりも、女性の方が全体的に強いことも示されている。この性差は、会話

をする機会が男性よりも女性において多いことや、対話相手への思いやりと人間関係の維持に重きをおいた会話が女性に強く期待されているという社会の性役割期待を反映しているものと考えられる。

　会話中に、言いたいにもかかわらず、不本意ながら黙ってしまうことは望ましくないが、周囲の状況や自分の立場を考慮して発言を控えることは、会話に対する不満感を解消し（満足感を高め）、精神的健康を促進するという意味で、望ましく重要な行動と考えられる。

第4節　うまくコミュニケーションをとるために

　誰もがコミュニケーションでつまずいた経験をもっているであろうが、コミュニケーションを比較的うまくできる人と、あまりうまくできない人とがいるのも事実であろう。この違いはどこから生まれてくるのであろうか。コミュニケーションがあまりうまくできない人のなかには、「どうせうまく話せるはずがない」といったあきらめの気持ちを抱いている人もいるかもしれないが、コミュニケーションの問題は、本当に解消できない問題なのであろうか。本節では、コミュニケーションのうまさやへたさについて、**社会的スキル**の観点から検討し、コミュニケーションにおける問題の解消方法を探ってみよう。

1．社会的スキルとは

　対人コミュニケーションのとり方には大きな個人差がある。こうした個人差は、多くの場合、個人の性格特性の違いとして考えられることが多い。たとえば、「彼女は社交的だから誰とでもよく話す」、「彼は引っ込み思案だから、あまり他者とコミュニケーションをとらない」といった考え方である。コミュニケーションがうまくできるかどうかといった個人差も、「彼女は社交的だからコミュニケーションが上手にできる」、「彼は引っ込み思案だからコミュニケーションがへただ」というように個人の性格特性の観点から考えることもできる。しかし、こうした考え方をした場合、個人の性格特性は比較的変化しにくいものであるため、コミュニケーションがうまくできない人は、性格が変わらない

かぎり、いつまでたってもコミュニケーションがへたなままということになる。

これに対して、コミュニケーションのとり方は個人の技能（スキル）によって決まり、この技能は訓練によって向上させることができると考える立場がある。他者とのコミュニケーションに関わる訓練可能な技能が社会的スキルと呼ばれるものである。社会的スキルの具体的な内容を示すために、社会的スキルの測定尺度の1例を表4-5に示す。

表4-5 基本スキル尺度（ENDE2）（堀毛、1994a）

1. 自分の気持ちを正確に伝える（記号化）
2. 相手のしぐさから気持ちを読みとる（解読）
3. 自分の気持ちや感情をコントロールしながらつきあう（統制）
4. 会話をうまくすすめる（記号化）
5. 話をしている相手の気持ちのちょっとした変化を感じとる（解読）
6. 自分を抑えて相手にあわせる（統制）
7. 感情を素直にあらわす（記号化）
8. 言葉がなくても相手の言いたいことがなんとなくわかる（解読）
9. 気持ちを隠そうとしても表にあらわれる（統制）※
10. 身振りや手振りをうまく使って表現する（記号化）
11. 嘘をつかれても見破ることができる（解読）
12. 言わないつもりでいることをつい口に出す（統制）※
13. 自分の気持ちを表情や目に現す（記号化）
14. 相手が自分をどう思っているか読みとる（解読）
15. 相手の言うことが気に入らなくてもそれを態度に出さない（統制）

（評定方法）
いろいろな人との付き合いのなかで、これらの行動を行っている程度を5段階で評定する。評定後、記号化、解読、統制のスキル別に評定値を加算して得点を算出する。
ただし、※印の項目（9番と12番）は逆転項目であるため、この項目にあたる行動をよく行っているほど得点が低くなるように評定する。

表4-5は、社会的スキルを測定する尺度のひとつであり、基本スキル尺度（堀毛、1994a）と呼ばれている。この尺度で測定される基本スキルは、状況を超えた対人コミュニケーション全般に関わる能力（スキル）を指し、記号化スキル、解読スキル、統制スキルの3要素から成り立つと考えられている。記号化スキルは自分の意図や感情を相手に正確に伝えるスキル、解読スキルは相手の意図や感情を正確に読みとるスキル、統制スキルは自分の感情や欲求をコントロールするスキルである。このうち、統制スキルは、過度の怒りや自分勝手な欲求など、直接的に表出されることが望ましくない内的な状態を、記号化スキルを用いて表出する前に適宜調整する役割を担っている（堀毛、1994b）。円滑なコミュニケーションのためには、これらの3つのスキルが十分に機能していることが必要である。

コミュニケーションがうまくいかない時は、記号化、解読、統制の3つのス

キルのうちのいずれかが十分機能していない可能性がある。現在コミュニケーションの問題を抱えている人は、表4-5の尺度を使い、自分の社会的スキルの状態を確認すると、コミュニケーションにおける問題の原因がみえてくるかもしれない。

2．社会的スキルのトレーニング

　社会的スキルは、一般的に訓練によって向上すると考えられており、実際にさまざまなトレーニングが展開されている。ここでは、**社会的スキルトレーニング**の実践的な研究をひとつ取り上げ、トレーニングの具体的な内容についてみてみよう。

　表4-6は、大坊・後藤（2005）によって構成された、大学生用の社会的スキルトレーニングのプログラムである。全9回のプログラム内容は、各回のトレーニング対象に基づいて3部に大別されている。第1部は、「自己と他者についての認識・理解」が目標である（プログラムの1～3回）。1対1のコミュニケーションにおいて互いの第一印象を述べ合ったり、グループ内で互いの価値観について発表し合ったりする実習が行われる。第2部は、「1対1でのふるまい方」がトレーニングの対象となる（プログラムの4、5回）。ペア単位で視線を合わせたり、相手の表情から相手の感情を推測したりする実習により、非言語的なチャネルを用いたコミュニケーションについて理解を深めることを目標とする。第3部は「集団でのふるまい方」がトレーニングの対象となる（プログラムの6～9回）。さまざまなグループワークを通して集団内で自分が主張すべき

表4-6　社会的スキルトレーニングのプログラム（大坊・後藤, 2005）

施行回	プログラム名	関連する社会的スキルの要素	構成
1	自己紹介/第一印象	話す、関係調整、他者理解、対人認知	自己と他者についての認識・理解
2	同一性の確認（自己概念とは）	自己概念の見直し、他者との比較	
3	価値のランキング	他者理解、主張・抑制、説得	
4	Trust Walk（目隠し探索）	信頼、他者への責任、他者視点への気づき	1対1でのふるまい方
5	アイコンタクト/表情の解読	非言語行動の表出・解読、チャネルの機能	
6	町の地図づくり	主張・抑制、リーダーシップ、計画、競争	集団でのふるまい方
7	グループ・パズル	非言語行動の応用、葛藤、一体感	
7	人間関係マップ	自己概念の確認・見直し	
8	3者間の行動分析	主張・抑制、傾聴、対人認知、統合的スキル	
9	誰が生き残るべきか？	説得、リーダーシップ、関係調整の維持	

時と抑制すべき時があることを意識し、リーダーシップの発揮や、他者との協力の必要性に気づくことを目標とする。

　こうした社会的スキルのトレーニングプログラムによって実際に社会的スキルが向上しているかどうかについて検討することは、これからの社会的スキル研究における大きな課題であろう。たとえば、トレーニングを受けた本人が社会的スキルの向上を報告しても、他者から見て向上が認められない場合も十分に考えられる。それゆえ、トレーニングプログラムの効果の検討のためには、本人からの報告だけでなく、ほかの人からはどう見えるのかといった幅広い視点で社会的スキルを捉え、測定する必要があろう。また、トレーニングされたスキルが、実生活におけるさまざまなコミュニケーション場面で適切に利用できるようになっているか、その効果はどの程度持続するのか、といった検討も必要であり、難しい課題が残されている現状である。

第5節　コミュニケーションで困った時に

　本章では、対人コミュニケーションについて、心理学の知見をもとに、改めて捉え直し、説明してきた。文章として読むと難しく感じるかもしれないが、ここで説明してきたことの大半は、わたしたちが日常生活のなかで何気なく行っていることであり、当たり前のように経験的に理解し、習得してきたことである。もしかしたら、本章を読んで、「改めて説明されるほどのことでもない」と感じた人もいるかもしれない。たしかにそうかもしれない。しかし、いつも当たり前のようにやっていることが何かの拍子にうまくいかなくなった時、普段は気にもとめなかったことのひとつひとつが大きな課題や問題となることがある。

　誰かとコミュニケーションがうまくとれない場合、それは、「わたし」だけの問題でも相手だけの問題でもない。なぜなら、本章の冒頭で述べた通り、コミュニケーションはいつも送り手と受け手、すなわち「わたし」と相手とで成り立っているものだからである。言いたいことがうまく伝わらないのは、「わたし」の記号化の問題であり、相手の解読の問題でもある。また、相手の言っ

ていることがよくわからないのは、「わたし」の解読の問題であり、相手の記号化の問題でもある。どちらか一方に原因を求めるよりも、コミュニケーションの過程のどこがうまくいっていないのか考える方が解決につながりやすいかもしれない。また、「わたしはコミュニケーションがへただから仕方ないのだ」とあきらめる必要がないことは、社会的スキルの箇所で説明した通りである。

　本章で述べた内容が、いつかどこかでコミュニケーションにつまずいた時に、不必要な自己嫌悪の防止と問題解決の一助となれば幸いである。

（畑中　美穂）

コラム：外傷体験の開示の効果

　体験した人に非常に強い心的な衝撃を与え、その体験が過ぎ去った後も体験が記憶のなかに残り、精神的な影響を与え続けるような後遺症を**トラウマ（外傷）**という。ペネベーカー（Pennebaker, 1989）は、こうしたトラウマをもたらす体験（外傷体験）の開示が心身の健康に及ぼす影響を検討している。

　ペネベーカーは、調査協力者に対して、これまでの人生において外傷的な体験があったかなかったか、また、外傷的な体験がある場合には、体験について誰かに開示したことがあるかないかについて、尋ねた。この回答をもとに、回答者は、「外傷体験がない人々（外傷体験なし群）」と「外傷体験があり、開示をしたことがある人々（外傷体験・開示群）」と「外傷体験があり、開示をしたことがない人々（外傷体験・非開示群）」の3群に分けられ、これらの群間で心身の健康状態が比較された。

　比較の結果（図）、最も健康状態が良かった群は、「外傷体験なし群」であった。「外傷体験・開示群」と「外傷体験・非開示群」とを比べると、「外傷体験・開示群」の方が「外傷体験・非開示群」よりも健康状態が良好であった。すなわち、同じように外傷体験があっても、体験について誰かに話したことがある者は、誰にも話したことがない者よりも、より健康であった。話すことがためらわれるようなつらい体験であっても、誰かに打ち明けることは、心身の健康によい影響をもたらすようである。

　こうした研究を受け、外傷体験の開示の効果が注目されるようになり、現在も外傷体験の開示が心身の健康を増進するメカニズムが探究されている。

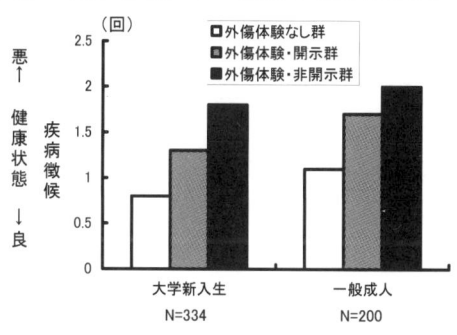

図　外傷体験の開示と疾病徴候との関連
(Pennebaker, 1989)

疾病徴候に関して、大学生のデータは、アンケート記入後4ヶ月間に大学の診療センターに訪問した回数を、一般成人のデータは、アンケート記入前の1年間に重傷・軽傷疾患に罹患した回数を、それぞれ示す。

Chapter 5 他者に見せるわたし

* * * * * * *

　1987年から1994年までフジテレビ系列で「ねるとん紅鯨団」という番組が放映されていた。この番組は「とんねるず」の進行のもとに複数の男女がいわゆる集団お見合いをする。プログラムは「ご対面」→「第一印象チェック」→「フリータイム」→「告白タイム」と進行する。参加者の男女は意中の相手に自分のことを気に入ってもらおうとあの手この手で自分が魅力的であることをアピールする。また、現在も人気番組として放映されている「あいのり」では、複数の男女が「ラブワゴン」に乗って世界中を旅するなかで、好意を抱いた異性に告白する。この「ねるとん」や「あいのり」は非日常的なイベントであるが、わたしたちが他者と毎日行っているコミュニケーションは「ねるとん」や「あいのり」的要素を多分に含んでいる。わたしたちは他者との関わりのなかで、相手がどんな人なのかを知ろうとする一方で、相手もわたしたちのことを知ろうとしている。そして、わたしたちはそのことをよく知っており、自分のことを相手に「このように思って欲しい」という期待を抱き、自分のことをアピールしているのである。本章では、このような他者に対して行う自分自身についてのアピール（自己呈示）について説明したい。

* * * * * * *

第1節　自己呈示とはなにか？

　わたしたちは、自分のまわりのさまざまな人に対して同じような関係を望むわけではない。もっと仲良くなりたいなぁ、あまり自分に関わって欲しくないなぁ、対等な関係でいたいなぁ、自分の方が主導権を握りたいなぁ、などさまざまな関係を望むだろう。そして、望むような関係になるために自分がどうい

図5-1 自己呈示のイメージ

う人間であるか、あるいは自分が今、何を考え、何を感じているのかを相手に伝えようとする。このように自分自身が他者にどのように思われているかに注意を払い、それをコントロールして、望ましいイメージを他者に伝えようとする行動を**自己呈示**という（図5-1参照）。

本節では、このような自己呈示を何のためにするのか、自己呈示をしたいという気持ちが強いのはどのような時か、そして自己呈示にはどのような種類があるのか、またどのような自己呈示をするのかの決め手となるものは何か、について説明していこう（図5-2参照）。

```
1. 自己呈示の機能
   ・報酬の獲得と損失の回避
   ・自尊心の高揚と維持
   ・アイデンティティの確立
2. 自己呈示への動機づけを高める要因
   ・目標達成への関連性の高さ
   ・目標の価値の高さ
   ・望ましいイメージと現実のイメージの不一致
3. 自己呈示の種類
   ・取り入り    ・威嚇
   ・自己宣伝    ・示範    ・哀願
4. 自己呈示するイメージに影響する要因
   ・自己概念       ・理想の自己像
   ・役割や規範    ・他者の価値づけ
   ・自分に対する他者の現在のイメージ
```

図5-2 自己呈示とは何か？

1．何のために自己呈示をするのか？
——自己呈示の機能——

わたしたちは何を求めて自己呈示をするのだろうか？ つまり、自己呈示を

することで何を得ることができるのだろうか。安藤（1994）は自己呈示には3つの機能があると説明している。

1つ目は、**報酬の獲得と損失の回避**である。つまり、他者に自分自身の適切なイメージを示すことでさまざまな報酬を得ることができ、また、損失を受けそうな時に自己呈示をすることによってそれを防ぐことができるということである。たとえば、就職活動やアルバイトなどの面接試験の時に、自分が有能であることや、好ましい人格であることを面接官に示すことができれば、内定や採用という報酬を得ることができるし、テストで悪い点を取った時にお母さんにうまい言いわけをすることができれば怒られるという損失を避けることができるというわけである。

2つ目は、**自尊心の高揚と維持**である。一般に、わたしたちが健康に生活をしていくには自分に誇りや自信をもっていること、つまり自尊心が高いことが必要であるとされている。そして、どれくらい自尊心をもつことができるかは、他者からどのような評価を受けているかに左右される。リアリーが提唱する**ソシオメーター理論**（詳しくは第1章参照）では、自尊心は自分と他者との関係を監視するシステムであり、他者からの受容の程度を示す計器であると説明している（Leary, 1999）。つまり、他者から高い評価を得て、受け入れられていると思えば、自尊心が高まる。そのため、他者から高い評価を得ようと自己呈示を行うのである。

3つ目は、**アイデンティティの確立**である。わたしたちは、自分は△△な人間であると思っているにもかかわらず、まわりの友だちからは〇〇な人間であると思われているようだという、自己認知（第1章参照）と他者からの評価の食い違いを経験することがある。たとえば、自分では活発で主張的な女性であると思っているのに、まわりの友だちにはおとなしくて控えめな女性であると思われているような場合である。そのような時に、リーダーシップを発揮したり、率先して場を盛り上げたりすることによって、自分は「活発な」女性であることをまわりの友だちに示すという自己呈示を行うと、まわりの友だちから活発な女性であることを認めてもらい、改めて自分自身でも活発な女性であることを確認できる。つまり、自分は「活発な」女性であるというアイデンティティ

を確かなものにできるのである。

2．どのような時に自己呈示をするのか？
――自己呈示への動機づけを高める要因――

　わたしたちは常に他者に自分がどう思われているかが気になり、自分の印象をコントロールしようという気持ちが強いというわけではないだろう。それでは、どのような場合に自己呈示への動機づけは高くなるのだろうか？　これに関して、リアリーとコワルスキー（Leary & Kowalski, 1990）は、3つの要因を挙げている。

　まず1つ目は、**目標達成への関連性の高さ**である。つまり、他者に適切なイメージを示すことが、自己呈示の目的にどれくらいつながると思うかということである。たとえば、大学の入学試験で面接を行っている先生に対しては自分を良く見せようという気持ちは強くなるが、大学入学後にその面接官だった先生が講義を行っている際には、あまり自分を良く見せようとは思わないだろう。これは、面接の時は面接官の先生に良いイメージを示すことが入学試験に合格することに直接つながるが、講義中に先生に対して良いイメージを示すことはその授業の評価にあまり影響しないと思っているからである（授業態度を評価に加えている先生も多いが、受講している学生はあまりそのことを気にしていないようである）。

　2つ目は、**目標の価値の高さ**である。つまり、自己呈示の目的が自分にとってどれくらい価値があると思っているかということである。たとえば、大学の入学試験や就職活動での面接試験では、その大学や企業が第一志望であり、どうしても行きたいならば、自己呈示への動機づけは高まるだろう。しかし、滑り止めに受験している大学や面接慣れしようと受けてみた企業の面接では、それほど自己呈示への動機づけは高くないだろう。ザンナとパック（Zanna & Pack, 1975）の行った実験では、魅力的な男性と後で対面すると説明された女性は、その魅力的な男性の好みに合わせて自分のことを紹介したが、魅力的とはいえない男性と対面すると言われた女性は相手の好みに合わせようとはしなかった。また、男性も魅力的な女性に対しては同様の行動をとることが別の研

究で示されている (Morrier & Seroy, 1994)。つまり、相手が魅力的であればあるほど、その人と特別な関係になることへの価値が高くなり、自己呈示への動機づけは高まったのである。

3つ目は、**望ましいイメージと現実のイメージの不一致**である。つまり、相手に自分のことをこのように思って欲しいというイメージと、実際に相手が自分に対して抱いていると思われるイメージがずれていると認識した場合に自己呈示への動機づけは高まる。たとえば、面接試験でリーダーシップがあることをアピールしようとしているのに、面接官に「あなたは控えめな性格ですね」と言われた時には、高校時代に部活動の主将を務めていたことや、アルバイト先でリーダーを任されていることなどを熱っぽく語るというような場合である。

3．どのように自己呈示をするのか？——自己呈示の種類——

自分自身はこういう人間であると他者に示すといっても、その示し方にはさまざまな種類がある。自己呈示にはどのような種類があるかに関して、これまでにいくつかの研究で自己呈示の分類が試みられてきた。ここでは、そのうちのひとつであるジョーンズとピットマン (Jones & Pittman, 1982) の分類を紹介したい。

ジョーンズとピットマンは、自己呈示を① 取り入り、② 威嚇、③ 自己宣伝、④ 示範、⑤ 哀願の5つに分類している。彼らは、他者に自分のことを「どのように」思って欲しくて自己呈示を行うのかに焦点をあてて分類を行っ

表 5-1　主張的自己呈示の 5 つの分類

(Jones & Pittman, 1982；訳出は安藤，1994を参考にした)

	求める評価	失敗した場合の評価	相手に喚起される感情	典型的な行為
取り入り	好感がもてる	追従者 卑屈な	好意	自己描写、意見同調 親切な行為、お世辞
自己宣伝	能力ある	自惚れな 不誠実	尊敬	パフォーマンスの主張 パフォーマンスの説明
示範	価値ある 立派な	偽善者 信心ぶった	罪悪感 恥	自己否定、援助 献身的努力
威嚇	危険な	うるさい 無能な	恐怖	脅し 怒り
哀願	かわいそう 不幸な	なまけ者 要求者	養育・介護	自己非難 援助の懇願

ている（表5-1参照）。

　取り入りでは、自分が好感のもてる人物であることを他者に示す。たとえば、部活動の先輩の手伝いを進んでしたり、一緒に遊びに行ったりして気に入られておけば、先輩からしごかれることも少なくなり、いろいろアドバイスをしてもらえるようになるかもしれない。

　また、**自己宣伝**では、能力があることを他者に示す。たとえば、企業の面接試験を受けている学生は自分の能力が高いことをアピールすることで、企業側に自分が戦力になる人材であると思わせることができるだろう。つまり、うまく自己宣伝を行うことができれば、企業から内定を得る可能性が高くなるわけである。

　示範を行う人は、自己犠牲的行動や献身的な努力によって他者に「範（＝手本）」を示し、価値のある人物、あるいは道徳的であると他者に思わせようとする。たとえば、自分が所属している野球部のキャプテンが毎朝、誰よりも早く来てグランドの整備をしていたら、下級生はキャプテンの言葉に積極的に耳を傾け、指示にも忠実に従い、チームはまとまるだろう。また、示範が成功した場合には、他者は自分がそのような行為を実践していないことに対して罪悪感や恥といった感情を感じて、示範を行った人と同じ行為を行う傾向が強まる。つまり、野球部の下級生たちは、「キャプテンが朝早くからグランド整備をしているのに、自分たちは何をやっているのだろう。俺たちも明日からキャプテンよりも早く来てグランド整備しようぜ！」となるわけである。

　次に、**威嚇**とは、自分が危険な人物であることを他者に示すことである。たとえば、部活動で後輩に強い口調で注意したり、力が強いことを実際に見せつけたりして、後輩を「おそれさせる」ことができれば、自分の指示に従わせやすくなるわけである。

　哀願を行う人は、自分自身の弱さや能力のなさ、他者に依存していることを示し、自分のことを他者に「かわいそう」と思わせようとする。たとえば、友だちとの待ち合わせ時間に遅れてしまった場合に、「昨日から体調が悪くて、なかなか起きることができなかった」と言えば、友だちも遅刻したことを許してくれるかもしれない。しかし、「ついつい二度寝してしまった」と言えば、友だちは怒ってなかなか許してくれないだろう。

4．どのような自分を見せようとするのかの決め手となるものは？
——自己呈示するイメージに影響する要因——

　ここまで、なぜ、どのような時に、そしてどんなふうに自己呈示をするのかを説明してきた。それでは、わたしたちは自己呈示をする際にどのようなことに影響を受けて、他者に見せる自分自身のイメージを決めているのだろうか？これについてリアリーとコワルスキー（Leary & Kowalski, 1990）は、5つの要因を挙げている。それは、① 自己概念、② 理想の自己像、③ 役割や規範、④ 他者の価値づけ、⑤ 自分に対する他者の現在のイメージ、の5つである。

　どのような自分の姿を相手に見せようとするのかを決める上で、まず重要な要因となってくるのはやはり自分のことを自分自身がどのように見ているのかという**自己概念**（詳しくは第1章参照）であろう。自分のことを明るい人間であると思っていれば、友だちの前で明るくふるまうだろうし、おとなしい性格であると思っていれば、あまり積極的に他者に話しかけたりしないだろう。自己概念に基づいた自己呈示は、第1章で説明された**自己確証動機**（Swann, 1990）の働きで説明できる。つまり、自分のことを「明るい」と思っていれば、そのようなイメージを他者に示すことで、他者から「明るい」人間であるというフィードバックを引き出し、自己概念を確認しようとするというわけである。

　ただし、現実の自己像（自己概念）だけでなく、どのような自分でありたいかという**理想の自己像**も、他者に見せる自分のイメージを決める上で重要な要因となる。たとえば、自分はシャイであまり積極的に他者に話しかけられないが、できればシャイな性格を克服して他者に気軽に話しかけられるような人になりたいと思っていれば、初対面の他者に対して積極的に話しかけようとするかもしれない。自己概念に導かれた自己呈示が**自己確証動機**に基づくのに対し、望ましい自己像に導かれた自己呈示は**自己高揚動機**（詳しくは第1章参照）に基づくといえる。つまり、「積極的である」ことが自分にとって望ましいと考えていれば、そのようなイメージを他者に示すことで、他者から積極的であるという評価を引き出し、自分自身のことも積極的であると思うようになるというわけである。

　以上のように自己概念や理想の自己像など自分自身に関することはどのよう

な自己呈示を行うのかを決める上で重要な要因となるが、もちろんそれだけではない。社会的に自分がどういう立場にいるか、どういう役割を担っているかといった**役割や規範**もどのような自分の姿を見せるのかに制限を加える。たとえば、ある先生が家ではだらしない父親であったとしても、生徒の前に立てば、てきぱきとして威厳のあるふるまいをするのがその例である。

また、他者がどういう価値観や好みをもっているのか、あるいは自分にどのようなことを期待していると思うのかという**他者の価値づけ**もわたしたちの自己呈示に影響する。たとえば、就職活動で、ある企業の面接を受ける前にその企業が「グローバルな考え方ができる人材」を求めていることをホームページの企業紹介ページなどで知ったとしたら、あなたは、面接において「ボランティア活動や地域貢献活動などを積極的に行っており、幅広い視野で物事を捉えている」といったようなことを言うのではないだろうか。わたしたちが他者の価値観や期待に合わせて、他者に自分の姿を見せようとすることは多くの研究でも示されている。たとえば、フォン-ベイヤーらの研究（von Baeyer *et al.*, 1981）では、男性の面接官が伝統的性役割ステレオタイプをもっていると説明されると、女性の実験参加者は女性らしくふるまったり、化粧やアクセサリーなど外見も女らしくするようになることが示されている。

他者が現在、自分のことをどのように見ているのかという**自分に対する他者の現在のイメージ**も自己呈示に影響する。たとえば、自分のことを母親は「おとなしい」子どもであると思っているとする。そのような場合に、いくら自分が友だちの前では活動的であり、自分のことをおとなしいとは思っていなかったとしても、母親の前ではおとなしいふるまいをするのではないだろうか。

以上のように、どのような自分の姿を他者に見せるのかを決める上で影響を及ぼす5つの要因について説明した。しかし、これら5つの要因の影響を受けて他者に示そうとする自分の姿がいつも同じわけではない。リアリー（Leary, 1995）は、5つの要因のうちいくつかがそれぞれ違った自分の姿を示すように働きかける状況を**自己呈示者のジレンマ**と呼んでいる。たとえば、合コンで魅力的な女性がおり、メールの交換をしたいと思っていたとする。その女性に自分のことを気に入ってもらおうと、自分が野球部で頑張っていることをアピー

ルしようとしていると、その女性が「体育会系の人は苦手なの。知的で文化系の趣味がある人が好みかな」と言っているのを聞くと困ってしまうだろう。ここで、野球部であることを隠して、「読書が趣味かな」と言ってみたりするのもひとつの手ではある。ただ、その時はおそらく女性は自分に興味をもってくれるかもしれないが、もし仲良くなっていってもいつか野球部であることはばれてしまうだろうし、女性に見せている自分の姿と自分自身に対する認知とがずれてしまうために、先述の自己確証動機を満たすことができず、本人は不快感を感じるだろう。逆に、女性の好みに反して自分が体育会系であることをアピールすれば、女性は「この人は自分の好みではないわ」と思い、自分に興味をもってくれる可能性は減ることが予想される。なんとも悩ましい場面だが、谷口（2001）はこのようなジレンマ状況において問題となる自己概念の領域がどの程度本人にとって重要であるかどうかが、その時にどのような自己呈示を行うのかを決定するのに影響することを示している。谷口（2001）の実験では、後で対面することになっている女性に対して自分のことを説明するように求められた男性は、女性に気に入られようとして、自分にとってあまり重要ではない領域よりも、重要であると考えている領域において、女性の好みに近いイメージを示そうとしたという結果が得られている。

第2節　自尊心維持のための自己呈示

　ここまで説明してきたように、自分自身はこういう人間ですよ、と他者に示すと一口に言っても、その示し方はさまざまであり、示したい気持ちが強くなる場合もあれば弱くなる場合もある。また、いざ他者にアピールしようとしてもその裏でさまざまな要因が影響して他者に示す自分自身の姿は決められている。このように考えると、わたしたちの日常的なあらゆる行動に自己呈示は見受けられるといえよう。

　第2節では、第1節で説明した自己呈示の3つの機能のうちのひとつである**自尊心の維持**と**高揚**に関わる具体的な2つの現象、**セルフ・ハンディキャッピング**と**栄光浴現象**を紹介する。これらはともに、普段の生活のなかで頻繁にみ

られる現象である。

1．セルフ・ハンディキャッピング

　皆さんのまわりの友だちには、テスト前になると身体の不調を訴えたり、「全然勉強していないよ」と言ったりするような人はいないだろうか。そういう訴えや話を聞いている時は「ふーん、かわいそうだなあ」と思うぐらいだろう。聞いている方にとっても別にどうってことはないことである。しかしながら、このような訴えの効果はテスト後に現れてくる。しかも、訴えを聞いた側は影響を受けていることに気づかない場合が多い。どういうことかというと、テストが終わり、身体の不調を訴えていた人や勉強していないと言っていた人の成績が仮に悪かったとしても、ほかの人は、その人の成績が悪かった原因を自然と「体調が悪かったから」あるいは「勉強していなかったから」だと思い、成績が悪かったのは「その人の能力が低かったからだ」とは思わないだろう。実はそのように思うことは、テスト前に身体の不調や勉強をしていないことを訴えた人の策略にはまっているといえなくもない。言い方を換えれば、その人は身体の不調や勉強をしていないことを訴えることで、テストでもし失敗した場合に能力が低いと思われてしまうのを未然に防いでいたのである。そして、この策略の優れているところは、テストの成績が良かった場合にもポジティブな評価を得られることにある。つまり、体調が悪かった、あるいは勉強をしなかったにも"かかわらず"、その人は成績が良かったと思われ、自分の能力について他者から高い評価をもらえるのである。

　このように、パフォーマンス（行為）を実際に行う前に、それを妨害するハンディキャップを自ら作り出したり、ハンディキャップがあることを他者に主張しておくことを**セルフ・ハンディキャッピング**という。このセルフ・ハンディキャッピングは、他者が自分に対して行う**原因帰属**（詳しくは第9章を参照）に影響を及ぼそうとする巧妙な手法である。一般的に**帰属**とは、「会社への帰属意識が高い」というように組織や集団に所属していることをいうが、心理学では、自分や他者の行動やその結果の原因を推論することをいう。つまり、セルフ・ハンディキャッピングでは、自らの行う行為にハンディキャップが存在

していることを他者に知らせておくことで、失敗した場合に、他者にその原因を本人の能力が低かったからではなく、ハンディキャップがあったからだと推論させるわけである。

パフォーマンスを行う前にハンディキャップがあることを主張しても、それが実際のパフォーマンスを妨害することはない。それどころか、失敗しても「能力が低い」とは思われないと感じることによって、かえってリラックスすることができて、パフォーマンスが良くなるかもしれない。しかし、わたしたちは、時として、ハンディキャップがあることを主張するだけでなく、それを自ら作り出す場合もある。つまり、「努力していない」と主張するだけでなく、"実際に"努力しないということである。たとえば、大事な試験の前に勉強をしなかったり、重要な大会の前に練習をしなかったりなどがその例である。もちろん、そのようなことをするとまわりの他者は「努力しない人」というネガティブな評価を下す。しかし、そのようなネガティブな評価を受けてまで自分の「能力が低い」とは思われたくないのである。一生懸命に勉強したのに試験の成績が悪かったり、必死に練習したのに試合に負けてしまえば、能力が低いとまわりに思われてしまう。しかも、まわりの人以上に自分自身が能力が低いことを認めざるをえなくなってしまう。そのような事態は回避したいという思いが働いて、努力を差し控えてしまうわけである。

フランケルとスナイダー（Frankel & Snyder, 1978）の実験では、このような努力を差し控える傾向が示されている。この実験の参加者はまず、事前に解答不能な課題を行って、それに失敗することで、不安な気分にさせられる。そして、次の別の課題を行う前に参加者には、その課題が「それほど難しくはない課題である」、あるいは「非常に難しい課題である」というどちらかの説明がなされた。その後、実験参加者は課題に取り組むのだが、課題が「それほど難しくない」と説明された方が「非常に難しい」と言われた場合よりも正解数が少なく、解答に多くの時間を要したことが明らかになった。つまり、それほど難しくないと説明された実験参加者は努力を差し控えたのである。この実験結果が示すことは次の通りである。「非常に難しい」と言われた場合ならもし課題に失敗したとしてもその原因は「課題の難しさ」であるとまわりの他者も自

分も思うことができる。しかし、「それほど難しくない」と説明された場合に失敗してしまうと、失敗の原因を課題の難しさに求めるわけにはいかず、自らの「能力の低さ」にあるということになってしまう。そう思われないために、また自分がそう思いたくないために、課題に対する努力を差し控えたというわけである。

　以上のように、セルフ・ハンディキャッピングは「能力が低い」とまわりの他者に思われる、あるいは自分で思ってしまうのを避けるために行われる戦略で、有用な場合もあるが、実はその弊害も多い。他者に「努力をしていない」とハンディキャップを主張するだけであればそれほど弊害も大きくないが、努力を差し控えるなど自ら不利な条件を作り出す場合、問題は深刻なものとなる。1度くらいならまだしも、そういったことが毎回続けば、「努力をしない人」、「信頼できない人」などと否定的な評価を受けることになり、まわりの他者から遠ざけられてしまう（安藤, 1994）。また、いつも自らの能力があからさまになるのを避けてばかりいれば、自らに対する客観的な評価や認識をもつことができず、また自らの欠点も修正しなくなるため、結果的に自己成長の機会を失ってしまうのである。

2．栄光浴現象

　筆者が大学生の頃（今から10年以上も前）の話である。大阪・梅田の書店で立ち読みをしていたら、その横で背が高く体格も良い若者が大きなスポーツバッグを肩にかけてバスケットボールの本を立ち読みしていた。当時流行っていたバスケットボール選手のような服装と高価そうな時計がどこかアンバランスなのが気になり、ちらちら顔を見ると、なんとイチロー選手（現：シアトル・マリナーズ所属）だった。彼はその1年前に初の首位打者を獲得しており、すでにスター選手の仲間入りをしていた。驚いた筆者は声をかけることも、握手を求めることもできず、ちらちら隣で様子を窺うことしかできなかった。程なくして彼は立ち去り、結局、接触することはなかったが、筆者はそれから1ヶ月ほど会う人会う人にしつこいぐらいに、このイチロー選手を見かけた話をした。こういう話は自慢話の類に入るだろう。しかし、普通、自慢話は自分自身が

「すごい」ことをした場合にするものである。イチロー選手を見かけた話の場合、「すごい」のはイチロー選手であり、筆者ではない。つまり、筆者は「すごい」イチロー選手とつながりをもてたことを自慢しているわけである（しかも、たかだか数分間である）。乱暴な言い方をすれば、「すごい」のはイチロー選手なのに、あたかも筆者自身が「すごい」かのようにまわりに説明するわけである。「虎の威を借る狐」ならぬ「イチローの威を借る……」である。このような経験をしたことがあるのは筆者だけではないだろう。このように、有名人などポジティブな特性をもつ他者や集団との結びつきの強さを強調することで、間接的に自分を好意的な印象で見てもらおうとする現象を**栄光浴**という（Cialdini et al., 1976）。

　この栄光浴現象に関しては、チャルディーニら（1976）が興味深い実験を行っている。実験者たちは、まず、大学生に電話をかけて6つの質問を行い、大学生が行った回答の正否とは関係なく、半数の大学生には「5問正解」と告げ（自己評価高揚条件）、残りの半数の大学生には「1問正解」と伝える（自己評価低下条件）。つまり、「1問正解」と告げられた人は、一時的に自分に自信がなくなったと同時に、実験者に成績が悪いことを知られ、否定的なイメージをもたれてしまったと思うわけである。そして、ここで研究の本当の目的である質問をする。それは、数日前に行われた、回答者である大学生が所属する大学のアメリカンフットボールの試合の結果を尋ねるというものである。ただ、実験者は試合結果を知っているが、あたかも知らないようなふりをして質問を行う。また、半数の大学生には勝った試合の結果を尋ね、残りの半数の大学生には負けた試合の結果について尋ねた。さて、ここで実験者は何を知りたかったかというと、回答者が試合結果を答える時に、所属大学のアメリカンフットボールチームのことを"わたしたち(we)"と呼ぶかどうかである。つまり、「先日の試合に"わたしたち"は勝利した」と答えるのか、それとも「先日の試合に、"彼ら"は勝利した」と答

表5-2　チャルディーニら（1976）の実験結果

事前課題の成績		自分の大学のフットボールの試合結果	
		勝ち	負け
	良い（5問正解）	24%	22%
	悪い（1問正解）	40%	14%

＊数字は"わたしたち(we)"を使った人の割合

えるのかを調べるわけである。なぜそのようなことを調べるかというと、所属大学のチームのことを"わたしたち"と呼ぶことは、自分と所属大学のチームとの結びつきを強調し、自己高揚を図るための表現であると実験者たちは考えたからである。さて結果（表5-2参照）であるが、事前課題の質問で「5問正解」と告げられた成績の良かった人は、勝ち試合の結果については24％の人が、負け試合の結果については22％の人が"わたしたち"を使って答えており、その使用率はほとんど同じだった。ところが、事前課題で「1問正解」と告げられた成績の悪かった人は、負け試合の結果については14％の人しか"わたしたち"を使ってなかったのに対して、勝ち試合の結果については40％の人が"わたしたち"を使って答えていた。つまり、事前課題での成績が悪く、実験者に対して悪いイメージを与えてしまったと感じた人は、数日前の試合に勝利した自分の大学のアメリカンフットボールチームとの結びつきを強調することで、自らのイメージを回復しようとしたと考えられるのである。

　さて、この栄光浴現象であるがいつでも生じるわけではない。つまり、わたしたちが有名な人や成功している人との結びつきを強調したくない時もある。たとえば、あなたが大学の陸上部に所属しており、100メートルの選手だったとしよう。あなたには同じ陸上部で100メートルの選手である友だちがいる。あなたと友だちとは4年間の大学生活で苦楽をともにしたかけがえのない仲間である。あなたは学生生活最後の大会に出場し、自己ベストを更新する満足なレースをするが、惜しくも全国大会出場を逃してしまう。ところが、友だちは見事な走りで全国大会出場を決めたとする。さて、あなたはどのような気持ちを感じるだろうか。友だちの快挙にもちろん喜ぶと思うが、それだけではなく、何ともいえない胸の痛み、すっきりしない気持ち、いわゆる嫉妬を感じるのではないだろうか。そして、別の友だちに「あなたの友だち、すごいね！」と言われるとつらくなるだろう。しかし、同じく、友だちが陸上の100メートルで全国大会出場を決めたとして、もし、あなたが陸上とは何の関係もなく、軽音楽部でロックに青春を注いでいたとしたら、純粋に嬉しいのではないだろうか。いろんな人に友だちの自慢話をして、どれだけ自分がその人と仲が良いのかを説明するだろう。つまり栄光浴現象が生じるわけである。このように、栄光浴

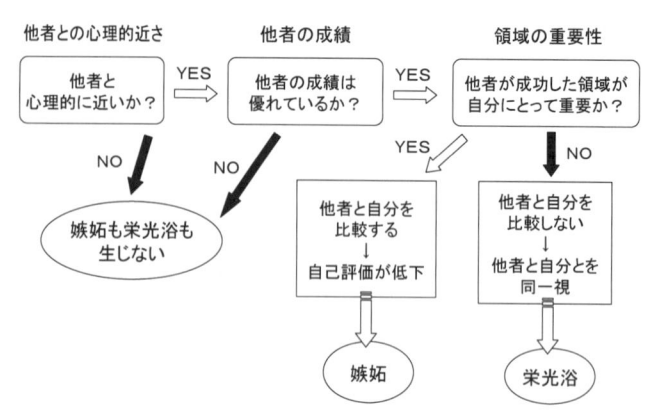

図5-3 他者の成功に対する嫉妬感情と栄光浴現象の生起についての自己評価維持モデルからの予測（Tesser, 1988）

現象が生じる場合と生じない場合の違いはいったい何なのだろうか。

テッサー（Tesser, 1988）が提唱する**自己評価維持モデル**（SEMモデル）では、栄光浴現象が生じるか生じないかは、他者が成功した領域が自分にとってどれくらい重要であるかどうかによると説明している（図5-3参照）。自己評価維持モデルでは、**領域の重要性**に加え、**他者の成績**、**他者との心理的近さ**という3つの中心的概念をもとにさまざまな予測を行う。他者との結びつきを強調する栄光浴現象も、反対に他者の成功に嫉妬してしまう現象もともに、他者の成績が優れていて、他者が心理的に近い場合に生じる。先ほどの100メートルの選手の例でいえば、友だちの成績が悪くて全国大会に進むことができていなければ、友だちのことを誇ることもないし嫉妬することもない。また、何のつながりもない他者が全国大会に進んでも、自分とは関わりのないことだから、やはり誇りも嫉妬も生まれないわけである。ところが、自分と心理的に近い存在の他者が、自分にとって重要な領域で優れた成績を収めた場合には、自分と他者とを比較してしまう。そして、他者の方が自分よりも優れていることから、自己評価が低下して、嫉妬という不快な感情を感じるわけである。しかし、心理的に近い他者が自分にとってあまり重要ではない領域で優れた成績を収めた場合には、自分とその他者を比較することはなく、自己評価が低下することはない。それどころか、自分と他者との結びつきを強調することで、自分と他者と

を同一視し、他者の成功をあたかも自分のもののようにすることで自己評価が高まるわけである。

第3節　親密な他者に対する自己呈示
　　　――親密になると自己呈示をしなくなるのか？――

　わたしたちは、お互いによく知っていたり、仲が良い人よりも、初対面の人やよく知らない人に対して、自分がどのようなイメージをもたれているのかを気にしたり、そのイメージをコントロールしようとする傾向がある。つまり、お互いのことをよく知るようになり、親密になるにつれて、自己呈示への動機づけは低下するということである。

　「釣った魚には餌をやらない」という言葉を聞いたことはないだろうか。「結婚する前は記念日には必ずプレゼントをくれたり、とても優しかったのに、結婚した途端に冷たくなった」とか、「彼はつきあい始めた頃はおしゃれな格好をしていたのに、今ではいつもジャージである」というのがそれである。しかし、現実の親密な関係において人は、本当に「釣った魚には餌をやらない」ものなのだろうか。

　本節では、他者と親密になることが自己呈示への動機づけにどのような影響を与えるのかについて説明する。

1．親密であることが自己呈示を抑制する理由と促進する理由

　リアリーとミラー（Leary & Miller, 2000）は、他者と親密になることはわたしたちの自己呈示をしようという気持ちを弱める要因であると同時に、強める要因でもあるとして、それぞれの理由について説明している。

　他者と親密になるにつれて、自分のイメージをコントロールしようという気持ちが弱くなってしまうのには数多くの理由があるが、ここでは、そのうち2つを挙げる。1つ目は、親密になるにつれて、相手が自分のことを知るようになると、自己呈示の効果が弱くなることが挙げられる。第1節で述べたように、どのような自己呈示を行うかは、他者が自分のことを実際にどう思っているか

に影響を受ける。つまり、親密な他者には自分について多くのことを知られているために、それに縛られてしまい、自己呈示を行いにくいわけである。2つ目は、親密になると自分のイメージに注意を払ったり、コントロールすることが単純に面倒くさくなることが挙げられる。たとえば、自分の好きな異性と特別な関係になりたいと思っている頃は、普段は行かないような高級なレストランを予約してみたり、着慣れないおしゃれな服を着てみたりするかもしれないが、どちらも労力のいることである。交際するようになったり、結婚してしまえば、面倒なことをしなくても、相手は自分のことを好きでいてくれるであろうという安心感が生じ、自己呈示という"努力"をしなくなるわけである。

このように親密になると他者の目に映る自分自身のイメージをコントロールしようとしなくなる理由はいくつかあるわけだが、まったく逆に、親密になることによって自己呈示への動機づけが高まる理由もある。それは、まだ出会ったばかりの親密にはなっていない他者からの評価よりも、親密な関係にある自分にとって重要な他者からの評価の方が、価値が高いためである。このことは、わたしたちが自分はどういう人間であるかを考える場合に、とくに親友や両親、恋人など親密な他者から受けた評価に影響を受けやすいことからもわかる。親密な他者からの評価の方が自己評価に大きな影響を及ぼし、親密な他者からポジティブな評価を得ることは自尊心の高揚や維持へとつながる。そのため、親密な他者からの"価値の高い"評価を求めて自己呈示動機は高まると考えられるのである。また、親密な他者からポジティブな評価を得ることは、その人との関係をうまく維持することにもつながるであろう。親密な関係はそうでない関係よりも重要であり、関係が崩壊してしまうことは甚大な損害である。つまり、"重要である"親密な関係を維持しようとして自己呈示動機は高まるといえるわけである。

2. 親密さと自己呈示

親密な関係における自己呈示について検討した研究はこれまであまり多くは行われていないが、ここでいくつかの研究を紹介しよう。

リアリーら (Leary et al., 1994) は、実験参加者に1週間のあいだ、日常生活

において自分のまわりの人々と行ったコミュニケーションのひとつひとつを日記に書いてもらって、それらの人々との親密さと自己呈示への動機づけとの関連を調べている。その結果、異性に対しては、その人と親密であるほど「好感のもてる」、「有能である」、「道徳的である」、「外見的に魅力的である」といったイメージを相手に示したいという動機づけが強くなっていた。しかし、同性の友人に対しては、その人と親密であるかどうかによって自己呈示への動機づけはほとんど変わらなかった。このような結果が得られた理由としてリアリーらは、異性との親密な関係は同性との関係よりも「不確実で不安定である」ことを挙げている。つまり、親密な同性との友人関係に比べ、親密な異性との関係は不確実で不安定であるため、自己呈示をしなくてもいいという安心感をなかなか感じることができず、積極的に自己呈示をすることで関係を維持させなければならないという気持ちが強くなると考えられるのである。

また、谷口と大坊（2005）は、上に述べたリアリーらの研究をふまえて異性と親密になるほど自己呈示への動機づけが高まるのかを詳細に検討している。その結果、異性の友人に対してよりも恋人に対して、外見的魅力や有能さ（「能力がある」など）、社会的望ましさ（「道徳的である」など）、個人的親しみやすさ（「親しみやすい」など）、それぞれのイメージを相手に示したいという動機づけが高くなっていた（図5-4参照）。また、恋人に対しても異性の友人に対しても、その異性と親密であるほど、社会的望ましさや個人的親しみやすさのイメージを示そうという動機づけが高くなっていた。リアリーらの研究と谷口と大坊の研究を合わせて考えると、少

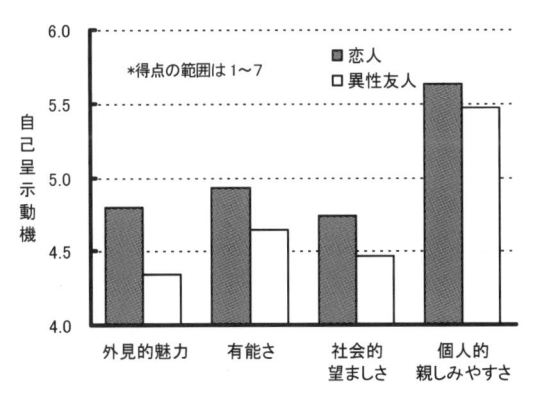

図5-4 恋人と異性友人に対する自己呈示への動機づけの相違
（谷口・大坊, 2005を改変）
＊4領域すべてにおいて、恋人と異性友人のあいだに有意差（$p<.05$）がみられた。

なくとも異性に対しては親密になるほど自己呈示への動機づけは高まるようである。

3．親密な他者には本当の自分を知って欲しい？
それともできるだけポジティブに自分のことを見て欲しい？

　先に、わたしたちは親密な異性に対しても自分のイメージをコントロールしようとすることを説明したが、それでは、そのような親密な異性にはどのようなイメージを示そうとするのか？
　第1節で、自分で自分のことをどのように見ているのかという現実の自己像と、こういう自分でありたいという理想の自己像の両方が、相手にどんな自分の姿を見せるのかに影響することを説明した。これらは親密な他者に対して自己呈示を行う場合にも同様に影響すると考えられる。たとえば、自分のことを「消極的でシャイである」と思っているが、理想としては恋人や親友に「積極的で気さくな人」と思って欲しい人がいたとする。その人は、恋人や親友に対して「消極的な」現実の自分を理解してもらおうとするのか、それとも「積極的な人」という理想の評価を得たいのか、どちらであろうか。これは、なかなかに悩ましい問題であるが、日常生活においてわたしたちはそれほど悩まずにこの問題を解決しているようである。どのように解決しているのかについては、スワンら（Swann *et al.*, 2002）が**戦略的自己確証モデル**を提案して説明を試みている。このモデルによると、わたしたちは親密な他者との関係を維持する上で重要であると思う領域においては現実の自己像よりもポジティブな評価を望むが、関係を維持する上であまり重要であるとは思わない領域においては現実の自己像と一致した評価を望む。また、一般に、わたしたちは、あまり親密でない人よりも親密な他者は自分のことをポジティブに評価してくれるはずだと考えている。そのため、たとえ恋人や親友から現実の自己像よりもポジティブな評価を受けていたとしても、その評価を誤った評価とはみなさず、正確な評価であると認識しているという。
　スワンらはこれらの説明が妥当であるのかを確かめるためにいくつかの研究を行っている。彼らは、この研究を行うに際して、恋人関係を維持するために

とくに重要な領域を**外見的魅力**であると考えた。最初の研究では、自分が思っているイメージ（自己認知）は、外見的魅力もそれ以外の領域（知的能力、社会的スキルなど）もそれほど違いはなかったが、恋人からは、外見的魅力にかぎって、それ以外の領域よりもポジティブな評価を求めることが明らかになった（図5-5参照）。また、次の研究では、恋人から自分の求めるような評価を得た場合にそれを「正確であると思うか」

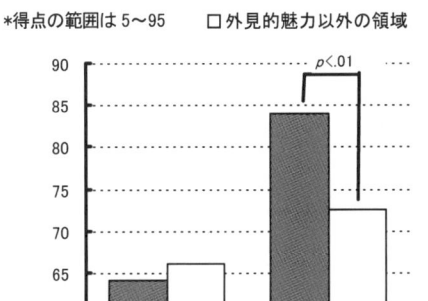

図5-5　外見的魅力とそれ以外の領域についての自己認知と恋人から求める評価

(Swann et al., 2002, study 1を改変)

について調べられたが、外見的魅力とそれ以外の領域で正確さの評定は変わらなかった。上に述べたように、実験参加者は、外見的魅力においてそれ以外の領域よりもポジティブな評価を恋人に求めていたにもかかわらずである。つまり、自分の外見的魅力について恋人から自分が思っているよりもポジティブな評価を得たとしても、それを正確であるとみなすということなのである。

このように、恋人をはじめ、親密な他者には、自分自身が思っている以上に自分自身のことをポジティブに評価して欲しいと望み、また、そのようなイメージを相手に示すと考えられる。そして、本人は、そのようにして他者に示した自分自身のことを、現実の自己像とかけ離れたものとは考えていないのである。ボッソンとスワン（Bosson & Swann, 2001）はこのような現象を、**誠実なカメレオン効果**と呼んでいる。つまり、わたしたちはカメレオンのように相手によって、見せる自分自身の姿を変化させるが、それぞれの姿を本当の自分が反映されたものであると考えているということである。

第4節　自己呈示の社会的意味

本章では、自分自身がどういう人間であるのかを他者に示そうとする自己呈

示を取り上げて説明を試みてきた。さて、皆さんはここまで読んでこられて、自己呈示が日常的に頻繁に行われる行動であることを理解していただけたと思う。しかし、その上で自己呈示に対してあまり良くないイメージをもってはいないだろうか？　つまり、自分が他者にどう思われているのかをいつも気にすることは神経質であるし、自分自身のことをアピールすることは、"取り繕った"偽りの自分を他者に見せようとしているようで好きになれないというわけである。一般的には、「他者にどのように思われるかを気にせずに、"本当の自分"を見せること」が望ましいとされている。このような言葉は、大事な試合や面接試験を前にしてプレッシャーで押し潰されそうになっている人にかけてあげるものとしては効果的であろう。しかし、いつもそのような心構えで生きていたら大変なことになる。なぜなら、先の言葉には2つの無理があるからである。

　ひとつは、「どのように思われるかを気にせずに」他者と接していると、円滑な人間関係は営めないということである。たしかに、他者の評価を気にしすぎることは、対人不安やひどい場合は対人恐怖症にもつながり健康的とはいえない。しかし、それは過剰な場合である。自分自身の他者に対するふるまい、言動、表情など、自己呈示を他者はどのように受け止めたのかを的確に捉え、それをふまえて修正を加え、再び自己呈示を行う。そのようなくり返しが人間関係を円滑なものにすると考えられる。人間関係がうまくいかないという悩みは大きなストレスとなる。そして、うまくいかない原因のひとつとして、このような自己呈示→他者からの評価→修正→自己呈示というループが正常に機能していないことが挙げられるのではないだろうか。「他者にどのように思われるかを気にしながら」他者と接することは良好な人間関係を築くために必要不可欠なものであろう。

　2つ目は、「本当の自分を見せる」という場合の"本当の自分"とは何であるのかということである。「目には見えない、しかも自分もまだ知らない"自分"というものが存在しており、それが本当の自分である」と言う人もいるかもしれない。しかし、そんな神秘的なものをはたして見つけることができるのだろうか。仮に見つけたとしても、それが本当の自分であるという証拠はどこ

にもないだろう。それでは、「自分がこうであると思っている"自分"が本当の自分である」というのはどうか。本章でも取り上げた自己認知というものである。しかし、自分で"本当の自分"であると思っている自分の姿とは、単なる思い込みかもしれない（このあたりは第2章を参照されたい）。本当の自分とは何なのか、そもそも本当の自分はあるのかないのか、については多くの哲学者や識者がさまざまな説明を試みている。それをここで取り上げることは本書の範囲を逸脱するため述べないが、当たり前のように存在すると思っていた"本当の自分"について考えてみると、かなり怪しいものであることがわかるのではないか。ここで誤解をしないで欲しいのは、「自分の信念をもつな」と言っているわけではない。ただ、あるのかないのか怪しい"本当の自分"に固執、執着してしまい、「今のは本当の自分ではない」、「本当の自分を見せないといけない」と考えることは、他者の評価から目をそらし、円滑な人間関係を阻み、さらに自分自身の成長をも妨げてしまうのではないかということである。解剖学者の養老孟司は、『無思想の発見』（2005）のなかで、あらかじめ"自分がある"わけではなく、後から"自分ができてくる"のであり、「自分とは『創る』ものであって、『探す』ものではない」（p.54）と述べている。他者に自分とはどういう人間であるのかを示すことによって、他者からの評価を受け取り、その評価に影響を受けて自己認知も変化し、再び他者に自分とはどういう人間であるのかを示す。このような一連の自己呈示のプロセスのなかで絶え間なく"本当の自分"は創り出されていくのだと考えてみてもよいのではないだろうか。

（谷口　淳一）

コラム：電車のなかで化粧をしている女性：自己呈示をしないことの意味

　朝の通勤電車に乗っていると、車両に飛び乗ってきた女性が座席に座るなり、化粧を始める姿をよく目にする。その変貌ぶりには驚くばかりであるが、女性のこのような行動に不快感を覚える人も多いのではないか。ただ、電車で化粧をしてはいけないというルールや法律はないし、マナーが悪いともいえるが、たばこのポイ捨てや並んでいる列への割り込みなどに比べたら大したことはなく、他人に迷惑をかけているわけでもない。では、なぜ見ている人を不快な気分にさせるのだろうか。化粧行動は、他者に自らの外見を好ましく見てもらおうとする自己呈示である。そして、ここで問題なのは、電車のなかで化粧をしている女性は誰にアピールしようとしているのかということである。女性がデートに行く途中であれば、デートの相手の男性であるだろうし、会社に向かっているのであれば職場の同僚かもしれない。少なくとも電車のなかで化粧をしている女性を眺めているその人は、女性の自己呈示のターゲットではないのである。つまり、車両内という同じ空間を共有しているのに、まるで自分が存在していないかのように扱われているように感じて、不快になるのではないだろうか。これと同じ現象は長年連れ添った夫婦にもみられる。ほかの奥さんと出かける時にはばっちり化粧をしていくのに、自分と一緒にいる時はまったく化粧をしない。それを見た夫は、妻の目に自分が映っていないと思えて、悲しくなるのである。

　このような事例は非常に興味深いことを含んでいる。つまり、自己呈示はそれを行う本人だけでなく、自己呈示のターゲットとなる他者にとっても大切なものであるということである。相手からの自己呈示を受け取ることで、自分がその相手の目に映っている重要な人物であることを認識できるのである。逆に自己呈示を行わないことは、本人の意図とは反して「わたしはあなたと関わるつもりはありませんよ」という否定的なメッセージを相手に伝えてしまう。このようにわたしたちは自己呈示をすることの意味だけでなく、自己呈示をしないことの意味についても考える必要があるのではないだろうか。

Chapter 6 集団に所属することと他者とのつながり

* * * * * * * *

　わたしたちは家族という集団に生まれ育ち、一定の年齢に達すると学校に通い始め、クラスという集団での生活を送るようになる。大人になってからも職場という集団で働いたり、結婚してあらたに家族という集団を築いたりもする。このように、わたしたちにとって他者との関わりのまったくない社会生活が考えられないのと同じく、まったく集団に所属しないで過ごす生活というものは考えられないといえる。ただし集団内で生活するには、自分ひとりで勝手気ままに過ごす時とは違って、一定のルールに従わなければならないし、集団内の人間関係に息が詰まる思いをしたりすることがある。それにもかかわらず、わたしたちは集団に参加するし、時には仲の良い数名が自然に集まって、あるいは同じ目的をもつもの同士が集まって、集団を形成したりもする。では、いったいどういった理由から、私たちはそういった集団に参加し所属し続けるのだろうか。また、集団に所属することは、わたしたち個人の心理状態や行動にどういう影響を与えるのだろうか。また、わたしたちは普段所属する集団内の狭い人間関係のなかで生活しているのであるが、当然、その狭い人間関係は、それを越えた、さらに広い世界ともつながりをもつものである。わたしたちの直接の人間関係の範囲は、限られたものかもしれないが、それをたどっていけばはたしてどのような広がりをもつ世界が広がっているものなのだろうか。そういった点も含めて、本章では、人々が集団内であるいは集団外で他者とつながることに関わる問題について考えていく。

* * * * * * * *

第1節　集団に所属すること

　先に述べたように、わたしたちは多くの場合、何らかの集団に所属して生活しているが、わたしたちが集団に参加するのはなぜなのであろうか。また集団に所属することによって、わたしたちの考え方や行動にどのような影響があるのだろうか。ここではこれらの集団に関する基本的な問題について、具体的な研究を紹介しながら考えていく。

1．集団への参加理由と集団としてのまとまり

　わたしたちが、あらたに集団に参加したり、現在所属している集団にとどまったりするのは、一般的に次のような理由によってであることが指摘されている（吉森, 1995）。① 集団活動が魅力的である。② 集団の成員（メンバー）になることが魅力的である。③ 集団成員との人間関係が魅力的である。④ 集団が個人の目標達成の手段になっている。

　これらの理由について、サッカー部という集団への所属という例で考えてみると、① 集団の活動が魅力的であるということは、サッカーという競技自体が好きであるという場合にあてはまる理由である。② 集団の成員であることが魅力的であるというのは、たとえば、それが全国大会で優勝したことがあるほどの伝統のあるクラブであって、そこに所属していることだけで他人から高く評価をされたり、尊敬を受けることができ、自分としても誇りを感じられるといった場合にあてはまる理由である。③ 集団成員との人間関係が魅力的であるというのは、チームメイトの性格が好ましく、友好的であり、そこで仲間と一緒の時間を過ごすことが楽しいというような場合である。④ 集団が個人の目標達成の手段になっているというのは、たとえば、インターハイ出場という自分の目標が集団の目標と一致しており、なおかつ集団へ所属しないとその目的が達せられないというような場合である。

　もちろん、わたしたちは現実にはそれら4つの理由のうちのどれか1つだけの理由から集団に参加しているわけではなく、これらのいくつかが入り混じった理由から集団に参加している。そして、このことは同じ集団に所属していて

も、個々人の集団への参加理由が異なるという状態を引き起こす。すなわち、ある人はサッカー自体を楽しむことを主な目的としてクラブに参加しているが、また別の人は良い競技成績をあげることを目的に参加しているといったように、である。そして、個人が集団に参加する理由がバラバラであると、集団のまとまり具合が悪くなることもある。

この場合の集団のまとまり具合のことを、心理学では、**集団凝集性**と呼ぶ。集団凝集性は、成員を集団に引きつけ、そのなかにとどまらせようとする心理学的力の総量と定義されるが (Festinger et al., 1950)、これは成員を集団にとどめておくように働く力と成員を集団から離れさせようとする力との差し引きによって決定される、つまりは集団の"魅力"と考えてよい。この集団凝集性(集団の魅力)を高める要因としては、代表的には次の3つがあるとされる。まず第1番目は、**集団目標の明瞭度**である。成員のあいだで、ひとつの具体的なはっきりした目標を共有できれば比較的容易にそれに向かって集団としてまとまることができる。サッカー部の例でいうならば、インターハイ出場という最終目標を明確に掲げれば集団はまとまるのである。しかし一方では、この目標を明確化することはサッカー自体を楽しみたいという人やみんなと楽しくサッカーをやることを主な目的とする人を集団から排除することにもなる。第2に、**集団加入の困難度**による効果がある。その集団に成員として所属するのが困難であるほど、他の条件は一定であっても、その集団に魅力を感じるようになる。たとえば、サッカー部への入部に際して、いろいろとテストされたり、質問されたりして労力や心理的コストを払うと、わたしたちはそれに見合うだけの利益がその集団に所属することによって得られると期待する。そして、もしそこから直接的な利益が得られない場合でも、それだけその集団に所属することには価値があるのだと考えるようになる。つまり、自分の頭のなかで一貫性をもたせ、納得しようとするのである。

第3には、**集団間の競争状況**が凝集性を高めることが実証されている。この要因を取り扱った研究としては、サマーキャンプに参加した少年たちを対象にして、シェリフら (Sherif et al., 1961) が行った有名な実験がある。その実験では、まずキャンプに参加した少年たちをランダムに分けて、2つの集団のどち

らかに所属させる。つまり、少年たちはキャンプのあいだ、その集団の一員として共同生活を送るのである。そして、実験の途中で、綱引きなどの対抗試合を行ってそれら2つの集団間に対立関係をもたらすと、少年たちは各自が所属している集団に強い忠誠心をもつようになり、課題達成への関心も強まった。つまり、集団としての凝集性が高まったのである。ただしその一方で、お互いに対立関係にある集団を敵とみなし始め、相手集団とのコミュニケーションも減少し、さらには相手についての偏見をも、もつようになった。このような集団間の対立を解消するためにはどうすればよいのであろうか。最終的には実験では、食料を運ぶ途中で故障して動かなくなったトラックを協力して動かすなど、2つの集団が協力しなければ解決できないように設定された**上位目標**を達成することで、集団間の対立が解消に向かったのである。

2．他者から影響を受けること

お昼休みに、友人数人と連れだって昼食をとりにレストランに入った時、あなたをのぞく全員が先にランチセットを頼んだとしよう。そんな場合、あなたが本当はそれとは違うものを食べたいと思っていても、なんとなく言い出しづらく、ついつい「私もランチセット」といって、他人に合わせる行動をとってしまうことがあるだろう。このように、多数者の意見などの社会的な圧力によって、個人が意見や行動を変化させる現象は**同調**と呼ばれ、研究が行われている。

同調という現象は、他者からの影響を受けることによって生じるのであるが、その影響の受け方には、主に2つの種類があるといわれている。すなわち、判断そのものの正しさを追求するために、他者の意見や判断を参考にする**情報的影響**と、他の集団メンバーや集団からの期待に添おうとして、自分の判断に対して影響を受ける**規範的影響**との2種類である (Deutsch & Gerard, 1955)。

まず情報的影響については、シェリフ (Sherif, 1936) が次のような自動運動現象を用いた古典的な実験によって示している。自動運動現象とは、暗闇にポツンと光点が存在していると、あたかもそれが動いているように錯覚する現象である。しかしそれはあくまで錯覚であるので、光点がどれぐらい動いたかを

客観的に判断する基準を実験参加者はもち合わせていない。したがって、このように刺激状況があいまいな場合、まず個人は他者の意見や判断を参考にして判断しようと情報交換を行う。これが典型的な情報的影響である。さらに、シェリフの実験では、光点がどの程度動いたかについて、3人の実験参加者が何度か情報交換を行い、お互いに情報的影響を受け合うなかで、3人の判断は一定の範囲内に収束していった。つまり、情報交換によってある種の集団の規範が形成されたのである。そしてさらに、その形成された規範は、その後の判断の際に参照される基準としても機能し続けることが明らかにされた。

　次に、規範的影響についてであるが、わたしたちが集団メンバーから規範的影響を受けるのは、その規範から逸脱すると罰を与えられる可能性があるからである。先ほどのランチセットの例で、なぜわたしたちが、自分の本当に食べたいものを注文せずに、他者に合わせて同調してしまうのかというと、おそらくは、自分の頼んだメニューだけ余計な時間がかかってしまい、「限られた昼休みを有効に利用するためには、できるだけ早く提供されるメニューを頼むべき」という暗黙のルールを破り、罰を受けることを避けるためであろう。その罰とは、たとえば、その場で直接文句を言われることかもしれないし、後で自分の知らないところで自分勝手な人と噂されることかもしれない。

　この規範的影響の強さについて、アッシュ（Asch, 1956）は次のような巧みな実験によって実証してみせた。実験は集団で行われるのであるが、実験参加者は必ず7人中6番目の席に座らされ、図6-1の標準刺激と同じ長さの線分を比較刺激のなかから選ぶという課題を行う。図から明らかなように、この課題は、それぞれの実験参加者が単独で取り組んだときには、ほとんどの人が線分2と正解し、ほぼ誤答することのない課題である。

　しかし、ここで6番目に座らされた実験参加者は、自分より先に答え

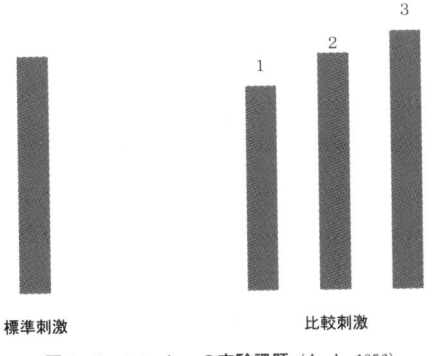

図6-1　アッシュの実験課題（Asch, 1956）

た5人全員が1と誤答するのを聞かされるのである。実はこの誤答する5人は、あらかじめ誤答することを実験者から依頼されていた実験協力者であって、本当の実験参加者ではないのだが、6番目の席に座っている実験参加者はそのことを知らない。このような実験の結果、6番目に答えた実験参加者の30%程度が1と誤答した。先述のように単独でこの課題を行った場合には、ほとんど間違えることのない簡単な課題であるにもかかわらずに、である。したがって、この結果は、たまたま集められた実験参加者同士であっても、個人はそこでの集団規範から逸脱することへの心理的圧力を受け、本当の自分の意見を曲げて表面的には他者の意見に同調していたことを示すものといえよう。

3．他者からの命令に従うこと

先に述べたように、わたしたちは、規範的影響によって、自分のものとは異なる周囲の他者の意見や判断にしぶしぶながらも従おうとすることがある。そして、その規範的影響は、自分から集団で他人と対立せずに調和して生活しようという動機から生じた影響であり、明確に誰かから命令され、強制されたわけではない。それでは、自分よりも立場が上の人、何らかの権威をもつ人から、自分の信念や態度とは異なることを、命令され、強制された場合に、人はどのようにふるまうのだろうか。その場合、「いやなことはいや」とはっきり言って断るのだろうか、それとも、不満や疑問をもちながらも従ってしまうのだろうか。

ミルグラム（Milgram, 1974）は、実験参加者に他者へ電気ショックを与える役割を担当させるという実験において、わたしたちの**権威者への服従**のありようについて明らかにした。その実験では、「学習における罰（電気ショック）の効果」を調べるという名目で、新聞広告等によって一般社会人の実験参加者が集められた。まず、実験参加者は、この実験では、単語の記憶課題を出す教師役とそれについて答える生徒役とに割り当てられることを告げられる。そして権威者である実験者から、教師役には生徒役が課題に誤答するたびに、電気ショックを与え、かつ次に与える電気ショックのレベルを順に上げていくことが求められたのである。

もちろん、この実験の真の目的は、「学習における罰の効果」を調べることではなく、教師役に割り当てられた実験参加者が、実験者の「続けてください」「続けることが必要です」という言葉のみによる命令に服従して、最終的にどのレベルまで生徒役の人に電気ショックを与え続けるのかという点にあった。そうであるから、実際には、すべての実験参加者は教師役に割り当てられるように最初から仕組まれており、また電気ショック自体も生徒役に与えられることはなく、痛みを訴えるなどの行為は生徒役の男性の実験協力者としての演技であった。しかし、心理学実験室や白衣を着た実験者役の男性から生じる科学的な雰囲気、あるいは教師役を務める前に、実験室に設置された大がかりな電気ショック装置から実験協力者へサンプルの電気ショックを与えられるといった一連の手続きによって、実験参加者は実験の名目上の目的について信じ込まされた。

　電気ショック装置には、30個のスイッチがついており、各スイッチには15ボルトから450ボルトまでの電圧が表示されると同時に、4個のスイッチを1グループにして「かすかなショック」、「強いショック」、「はげしいショック」、「危険―すごいショック」というような言語的な表示もつけられていた。そして、最後の2つのスイッチには単に「×××」（非常に危険という意味）と表示してあるだけであった。ミルグラムによるいくつかの実験の結果では、生徒役が苦痛を訴え始めた「強いショック」の時点ですぐに、実験の継続を拒否した実験参加者はほとんどおらず、多くの実験参加者がその後の「痛くてたまらない」という生徒役の苦悶の叫びに対しても、実験者の命令に従って実験を継続したのである。さらに、生徒役が教師役の実験参加者とは別室にいる場合ではなんと65％の人が、また電気ショックを与えるためには生徒役の手をとってショックプレートに手をのせなければならない場合でも、30％の人が、最終の450ボルトまで実験者という権威への服従を続けたのである。このミルグラムの実験は、わたしたちが権威者による命令にいかに服従しやすい傾向をもつのかを示した点で重要な科学的価値をもっている。ただしこの実験の手続きは、教師役の実験参加者に大きな心理的な葛藤を経験させ、それが精神的負担となるため、大きな倫理的な問題をはらんでいるといえよう。

わたしたちが他者から受ける影響の水準は、追従、同一視、内面化という3つのレベルに区別される (Kelman, 1958)。第1の水準の**追従**とは、相手の意見に内面では同意しているわけではないが、相手の勢力・強制力に押されて行動としてはそれに従っている状態である。したがって、相手の目の行き届かない場合には、追従行動は生じない。アッシュの実験の同調はこの追従行動にあたるといえよう。第2の水準の**同一視**とは、その相手と一体化したいという動機やあこがれの気持ちをもち、その相手の考えや行動を自分のものとして受け入れている状況である。たとえば、憧れのミュージシャンやスポーツ選手と一体化したいという動機を満たすために、同じ楽器やシューズをわざわざ並んでまでして購入したりするのである。そして、第3の水準の**内面化**とは、さらに一歩進んで、その相手との関係にはかかわらずその意見を自分のものとして、それを永続的にもつようになった状態である。たとえば、ミュージシャンの矢沢永吉には、「ヤザワ」の生き方を自分の人生を考える際の指針としている熱狂的なファンが多いことで知られているが、それらのファンは矢沢永吉から内面化の水準まで影響を受けているといえる。

第2節　他者とのつながり

人は年齢、性別、パーソナリティといったさまざまな面において個人的な特徴をもつ。しかし、その個人的な特徴以外にも、他者とのつながり方によってその人個人の特徴が形作られるという面があるだろう。他者との関係や状況によって、人の特徴自体も変化しうるのである。ここではそのような他者とのつながり方によって形成される個人の特徴について考えていく。

1．集団内のコミュニケーション・ネットワーク

普通わたしたちは、集団においてはリーダーとなるべき資質をもった人物がリーダーになるというように素朴に考えているが、逆に、「地位が人を作る」ということもよく言われる。この「地位が人を作る」という表現は、一般的には、さまざまな経験を積むなかではじめは頼りなかったリーダーが、その地位

にふさわしく行動できるようになっていくというようなことを意味している。ただしよく考えてみると、そこには単に経験の効果だけではなく、リーダーの地位につくことによって、その人が集団や組織のなかでのコミュニケーション・ネットワークの中心に位置するようになり、そのことが集団の課題解決においてリーダーシップを発揮することを可能にするという側面もあるだろう。

　次のような古典的な実験によって、集団内のコミュニケーション・ネットワークのパターンが、集団内で各メンバーの果たす役割や、集団で課題を処理する時の効率、あるいはメンバーの満足度にどう影響するのかが検討されている（Leavitt, 1951）。まず実験では、図6-2において、個人（図では白丸で表されている）がつながっている相手とのみコミュニケーションが可能となるように制限をすることで、5人集団のコミュニケーション・ネットワークのパターンが設定される。そして、5人集団の各メンバーに1つだけ共通の情報を個別に与えておいた上で、全員に共通するその情報を、コミュニケーション・ネットワーク上での情報交換によって、早く正確に発見させるといった課題を解決させる。

　それぞれのネットワークパターンのもつ構造上の特徴については、実験で設定された図6-2の5人集団の4種のネットワークのうち、サークル型ではすべての集団のメンバーが、等しく他の2人のメンバーとのコミュニケーションのチャンネル（ルート；図では線で表されている）を有しており、その意味で中心の存在しない**分散型**の特徴をもつといえる。それに対して、ホイール型は中心に位置するたった1人のメンバーだけが他のメンバーすべてとのチャンネルを独占する一方で、その他のメンバーはその中心メンバーとのチャンネルしかも

サークル型　　　ホイール型　　　チェーン型　　　Y型

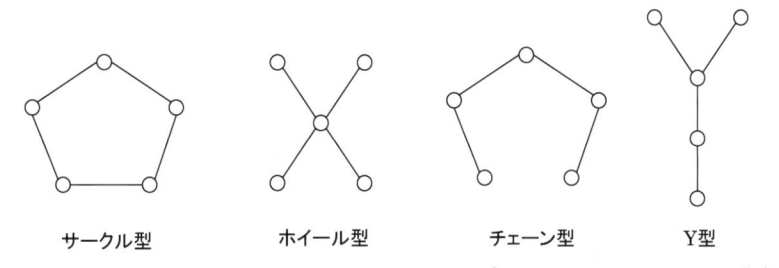

図6-2　5人集団のコミュニケーション・ネットワークのパターン（Lesavitt, 1951をもとに作成）

表6-1 コミュニケーション・ネットワークのパターンの効果 (Leavitt, 1951をもとに作成)

ネットワークの型	ネットワークの特徴	リーダーの出現	課題解決の効率	メンバーの満足度
サークル	分散型	決まらない	効率は低い	全般的に高い
ホイール	集中型	早く決まる	時間短く、誤り少なく、高い効率	全般的に低いが中心は高い
チェーン	部分集中型	中間	中間	中心は高く、周辺は低い
Y	部分集中型	中間	中間	中心は高く、周辺は低い

っていない。つまり、ネットワークの周辺に位置するメンバーにとっては、中心のメンバーを介してしか、他のメンバーとの情報のやりとりができないために、すべての情報が中心のメンバーをいったんは通ることになるという典型的な**集中型**の特徴をもっている。チェーン型とY型もネットワークの中心的なメンバーと周辺的なメンバーとに分かれているが、たった1人のメンバーがすべての情報をコントロールできるのではなく、複数の中心的メンバーが存在することから、**部分集中型**と分類される（表6-1）。

まず課題を遂行しているどの時点でリーダーが出現するかをネットワークごとにみてみると、ホイール型では直ちに中心のメンバーに決まるのに対して、サークル型ではなかなか決まらないことが多い。また、チェーン型とY型はその中間である。次に、課題解決の効率についても、同様のネットワークパターンの効果がみられ、ホイール型が短い時間で誤りの少ない高い効率を上げるのに対し、サークル型では効率は低い。しかしメンバーの満足度に関しては、逆にサークル型で全般的に高く、ホイール型では中心に位置するメンバーの満足度のみが高く、全般的な満足度は低くなる。このように任意に集められた個

人がコミュニケーション・ネットワークのどの位置に配置されるかによって、どういった役割を果たすかが決まり、またコミュニケーション・ネットワーク全体のパターンが課題解決の効率やメンバーの満足感にも影響するのである。

ただしコミュニケーション・ネットワークの諸研究を概観した浦（1990）によると、集中型（ホイール型）のネットワークが課題解決の効率に優れているのは単純な課題においてであって、複雑な課題の遂行では劣っているとされる。つまり常に集中的なネットワークが効率的で良いというわけではなく、課題の複雑さの程度によっては、うまく働かないこともあるのである。

もちろんここで取り上げられたコミュニケーション・ネットワークのパターンは、人工的に設定されたもので、現実のコミュニケーション・ネットワークはもっと複雑なものとなるであろう。また当然ながら、現実のネットワークを構成する個人は誰もが、年齢、性別、パーソナリティというさまざまな属性をもっている。そして、ある属性をもつ人々がネットワークにおいて特別な位置を占めやすい、たとえば社交的な人がネットワークの中心になりやすいといった傾向も存在するであろう。しかしそうであっても、個人の行動や役割はすべてを自分が主体的に決定しているわけではなく、その個人をとりまくネットワークによって形作られ、またネットワークが変化することによって、その個人の行動や役割も変化するのである。

2．集団間のコミュニケーション・ネットワーク

前項では、集団内のコミュニケーション・ネットワーク上の個人の位置とその集団における役割の関連性について説明した。しかし集団は単独で存在するわけではなく、集団と集団とのつながりも当然のことながら存在する。そこで本項では、集団間のコミュニケーション・ネットワークについて考えてみることとする。集団間のコミュニケーション・ネットワークは、図6-3のような4つのネットワーク上の位置のもつ特性（クリーク・ブリッジ・リエゾン・孤立者）によって構成されている（Rogers & Agarwala-Rogers, 1976）。

図中の**クリーク**とは、コミュニケーション・ネットワークにおいてメンバー間で相対的に高い頻度で相互作用を行う下位グループのことであり、比較的独

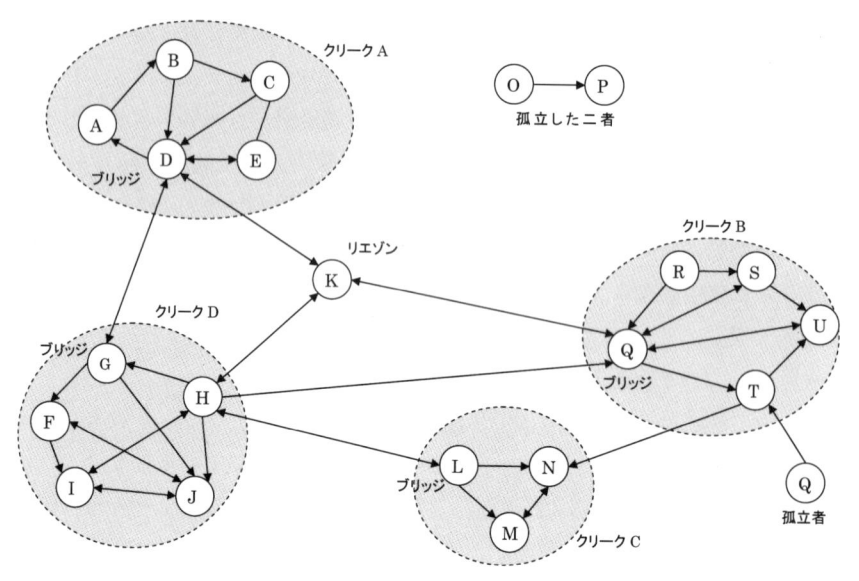

図 6-3 集団間のコミュニケーション・ネットワーク（Rogers & Agarwala-Rogers, 1976を改変）

立したまとまりを形成している仲良しグループと考えるとよい。**ブリッジ**とは、ネットワークにおいてひとつのクリークのメンバーとして2つ以上のクリークを結びつけ、文字通りの橋渡し役となる個人である。たとえば、DやGのように自分の所属する仲良しグループのメンバー以外にも友だちをもつ個人である。**リエゾン**もブリッジと同様に、ネットワークにおいて2つのクリークを結びつける役割を果たすが、それ自身はどのクリークのメンバーでもないという特徴をもつ。たとえば、Kのように特定の仲良しグループには属さないが、いろいろなグループに友人を持つ個人である。**孤立者**は文字通りクリークに属さず孤立している個人である。たとえばQのように、クリークに所属している誰とも「双方向的」な交流のない個人である。

このような集団内のコミュニケーション・ネットワークにおいて、もともと密接な関係によって形成されているクリーク内では**関係の推移性**（自分の仲の良い友だちの友だちとは自分も友だちになりやすい傾向）が働き、AさんとBさんが友人であり、BさんとCさんに友人関係がある場合には、AさんとCさんにも

友人関係が形成されやすいということになる（図6-4参照）。

そのように関係の推移性は、社会的関係の連続性と集団の凝集性の両方に密接に関わっており、関係が推移的であると集団の結合はより強固なものとなる（金光, 2003）。しかしその一方で、関係の推移性の機能にはクリークを閉鎖的にするという側面もある。つまりは、知っているもの同士が友人関係を形成し、他の人を寄せつけないようなグループを形成しやすいのである。そういった互いに密接につながっていて比較的同質性の高い閉鎖的なクリーク内のメンバーに、リエゾンやブリッジは、異質の情報や判断をもち込むという重要な役割を果たす。それゆえ、ブリッジはクリークのほかのメンバーから高く評価される重要な役割であるが、その一方で常に２つのクリーク間の板挟み状態にあるともいえ、ブリッジとして自分のクリークに所属していない他者との関係を維持することは困難である。フランスの銀行員を対象とした調査では、ブリッジは１年以内に９割が消滅するという結果が得られている（Burt, 2002）。そのように現実にはブリッジになるのは困難だとしても、自分が集団内で必要とされるにはネットワーク内で代わりのきかない関係を築くことが重要である。

ネットワーク上でブリッジの果たす機能について、グラノベッター（Granovetter, 1973）は、**弱い紐帯（つながり）の強さ**という逆説的な表現をしている。それはつまり、ブリッジが外部ともつつながりは、クリーク内の密接な関係よりは「弱い関係」であるが、その弱いつながりを通じてこそ、自分の普段のつきあいをもつグループのなかでは手に入らない情報や資源を手に入れることができるという意味で、「強さをもつ」というわけである。常識的に考えると、コミュニケーションが頻繁な相手とのつながりの方が、就職や噂の広がりなどの知識や情報の伝達において助けになると思われるのに、たとえば、恋人のおじさんといったちょっとした知り合いや、たまにしか連絡をとらない人などとの弱いつながりの方が、実際に重要な役割を果たすことを、グラノベッ

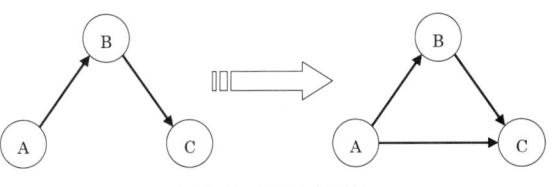

図6-4　関係の推移性

ターは調査を通じて明らかにしている。具体的には、転職した人が日頃どのくらいコンタクトをとる人から転職先の情報を得たかを調査した結果、多くの人がたまに、あるいは滅多に会わない人から転職に関する情報を得ていることが示された。この結果から彼は、親しい友人からの情報よりも普段あまり連絡をとり合わないような知り合いからの情報が転職の決め手になる場合が多い、と結論づけている。ただし、渡辺（1991）の日本における調査結果によると、日本では弱い紐帯の強さの効果は確認されていない。日本では、人々は、弱い紐帯のブリッジ機能よりも強い紐帯を使って、自分と共通の交際範囲・同じ世間に属する人々に接近し、そこからの情報を使って望ましい転職結果を得ているのであろう。

3．小さな世界——世間は狭いか？——

　パーティーや会合などの席でたまたま出会った人と会話をしていると、偶然にも共通の知人がいることがわかり、「世間は狭いですね」とお互いに驚くことがある。こういうように直接自分が知らない人とでも、実は友人・知人をあいだにはさんでつながっているということはどのくらいの確率でありうるのだろうか。また、ある他者とつながるためには、どれくらいの数の人物をあいだに仲介役としてはさまなければならないのだろうか。こういった世界は広いように思われて意外と狭いのではないかという疑問から生じる問題は、ネットワーク研究において**小さな世界問題**と呼ばれるものである。

　この小さな世界問題に対してミルグラム（Milgram, 1967）は、アメリカ中部にあるネブラスカ州最大の都市オハマから東海岸のマサチューセッツ州ボストンまで、人々の情報伝達過程がどのような連鎖（つながり）を通って生じるかを追跡する実験を行い検討した。実験ではまず最終的に情報が伝えられるボストンの目標人物（株式仲買人）が決められた。そして、そこから2000km以上も距離的に離れた（これは日本でいえば北海道の札幌から沖縄県の那覇程度の距離になる）オハマの住人のなかからランダムに実験参加者が選ばれた。実験参加者は目標人物についての情報が名前も含めて知らされた後、目標人物を直接知らない場合には、代わりに自分よりも目標人物についてよく知っていそうな個人的な知

り合いを紹介することが求められた。このように実験参加者は、各自の知人を順々に仲介役として選んでゆき、最終的に決められた目標人物まで手紙が届くようにすることを求められたのである。仲介役となる人物が目標人物を直接知っているようになれば実験は終了である。終了時点でどれくらいの仲介者が必要であったのかを検討した結果、なんとオハマの住人からランダムに選ばれた実験参加者と目標人物が平均約6人の仲介者でつながっていることが明らかになった（図6-5参照）。

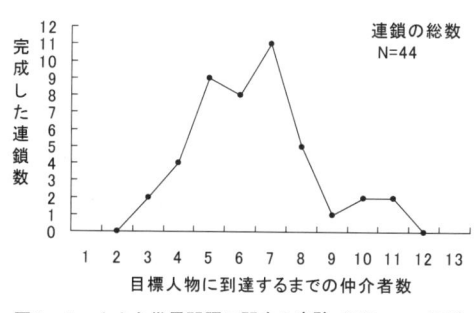

図6-5 小さな世界問題に関する実験 (Milgram, 1967)

実際に完成した最初のオハマの住民から目標人物までの個々の連鎖を詳しく検討してみると、目標人物への最後のステップは、目標人物と同じ町に住む服飾店の店主および会社の2人の同僚からの連鎖が全体の48%を占めていた。つまり自分の認識の及ばないネットワークのつながりが世界全体を通常思われている以上に小さくしているが、自分が日常を過ごしているのはやはり狭い世間であることには違いがないといえるだろう。別の研究からも、自分と他者との交際の程度とその人との間の物理的な距離は逆二乗法則（$Y=1/X^2$）に従うこと、つまり非常に近くにいる人とは頻繁なやりとりが行われるが、距離が少し離れるとたちまちに交流が減少することが明らかとなっている（Latane *et al.*, 1995）。なおこのミルグラムの実験と同様の結果は、日本においても、福岡市の出発点から大阪府下の目標人物までの連鎖を検討する実験（三隅・木下, 1992）によって得られている。

ミルグラムによる優れた実験によって、物理的な世界が一般の予想に反して、人と人とのつながりで考えると短いステップでつながる、小さな世界という特徴をもつことが明らかにされた。しかしそのような特徴がいかなる原因によってもたらされているのかについては長い間大きな謎であった。しかし近年、現実世界の社会ネットワークを単純化したモデルをコンピュータ・シミュレーシ

ョンによって検討する研究が数多く行われるようになって、その原因の一端が明らかになりつつある。ここではそれらの代表的研究である、ワッツ（Watts, 2003）によるネットワークモデル（**ベータモデル**）とバラバシ（Barabasi, 2002）の**スケールフリー・ネットワークモデル**の2つを紹介する。

　ワッツのベータモデルと呼ばれるネットワークモデルのシミュレーションでは、まず図6-6の左図のようにすべての個人（図では点で表されている）が両隣とその1つ隣とのみつながっている完全に均整の取れたネットワークから出発する。次に、ある個人とその個人と時計回りに隣り合う点を順に選び、その点のあいだにあるつながりをある一定の確率で他の個人との関係に架け替えるというネットワーク構成の変更を行う。なおベータモデルという名称は、ネットワーク構成におけるランダムさを示すパラメータをギリシャ文字の β （ベータ）で表現していることに由来する。

　そしてすべての線が1度だけ架け替えのチャンスを得た時点で、各点から別の点への平均的なステップ数（平均距離）と、ある個人と隣の個人との関係の密度が求められる。このモデルでのつながりの架け替えは、シミュレーション上の手段であり、現実の人間関係でも同じことが生じていると主張しているわけではない。しかし、そのシミュレーション結果から、図6-6の右図のように、多少のランダムさがあることで、仲間同士の関係を密に保ちながら、効率的に他者とつながっているスモールワールド（小さな世界）が実現されることが明らかとなった点は重要である。たとえば図6-6では、AとBの間は架け替え前には最短3ステップの距離であったのが、架け替えによって2ステップで

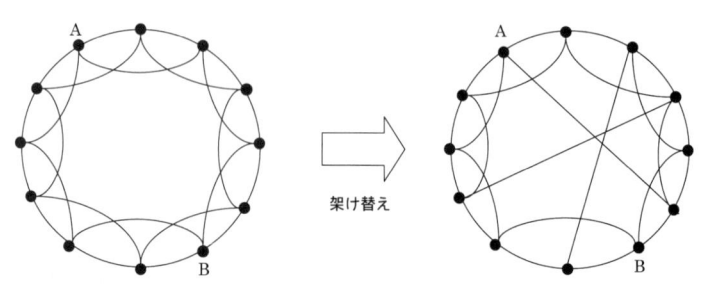

図6-6　ベータモデルの例　（Watts, 2003を改変）

到着可能なルートが形成されている。図6-6のような小規模なネットワークでは、架け替えの距離の短縮化の効果はそれほど大きくないが、現実の社会のような、もっと大規模なネットワークでは、いくつかの長距離間のつながりが重要な近道となり、平均距離を大きく減少させる。こういったコンピュータ・シミュレーションを用いた研究では、いかに単純なモデルで現実の現象の例を示すかが鍵であり、現実に忠実であろうとするあまりに、いたずらにモデルを複雑化し仮定を重ねることは、むしろシミュレーション研究の意義を損ないかねないので注意が必要である（石盛ら，2002）。

一方のバラバシのスケールフリー・ネットワークは、図6-7のように、現実のネットワークにみられる成長という性質をシミュレーションに導入することによって生み出される。このシミュレーションは、最初、図中の白丸で表されている2人のノード（個人）によって構成されるネットワークから出発し、その後、ネットワークにひとつずつノードが追加されていく形で進められていく。なお、図ではわかりやすいようにあらたにつけ加わったノードは白丸で、既存のノードは黒丸で表現されている。そして、このシミュレーションでは、新しく加えられたノードがリンクする相手を決める際には、すでに多くのリンクをもっているノードが優先的に選択されるというルールが導入されている。このルールは、たとえば、人間関係のネットワークにおいても、あらたにそのネットワークに加わった個人は、そのネットワークの中心的な個人とつながり

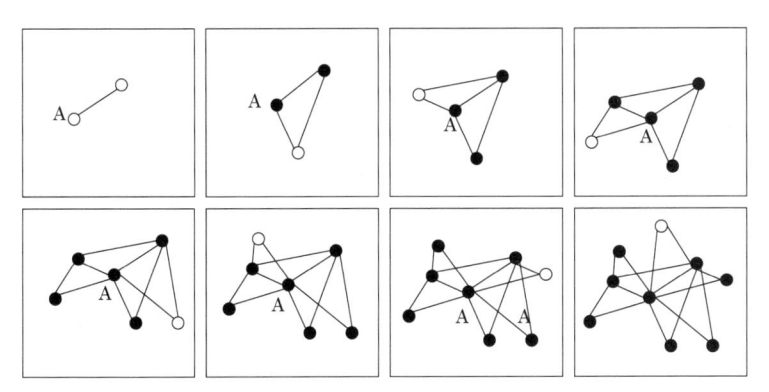

図6-7　スケールネットワークの成長（Barabasi, 2002を改変）

をもとうとするといった傾向を想定して導入されたものである。そして、このルールに従ってシミュレーションが進められると、あるノードがいったんネットワークにおいて重要な位置を占めると、ネットワーク全体のノードの数が増えるほど、そのノードはどんどんリンクを増やしていき、最終的には、圧倒的な多数のリンクを持つハブ（ネットワークの中心）に成長するという状態が生じる。図6-7においても、あらたに追加されたノードがもつ2つのリンクのうちの1つは、同一のノード（個人A）と結ばれることで、個人Aがハブとして成長しつつあることがわかる。なお、スケールフリー・ネットワークという名称は、圧倒的に多数のリンクをもつノードが存在している一方で、数個の限られたリンクしかもたないノードも存在しているように、ノードがもつリンク数に平均的なスケール（尺度）がフリーである（存在しない）ことに由来している。

　以上のように、先に述べたベータモデル（図6-6）の場合、大半のノードはほぼ同数のリンク数をもち、非常に多くのリンクをもつ個人はいないので平等主義的といえるのに対し、スケールフリー・ネットワーク（図6-7）では莫大な数のリンクがごく少数の個人によって占められることから、このネットワークは貴族主義的ともいわれる（Buchanan, 2002）。現実の人間関係では、1日に数万人の人と対面での相互作用を行うことは物理的に不可能であるが、たとえば人気のある個人のHPやブログであれば、1日のアクセス数が数万件というものも存在している。このように、情報コミュニケーション技術の発展によって、一般の個人でも莫大なリンクを持つハブとして機能することが現実に起こっているのである。

4．自分とみんなの利益が対立する状況

　自分個人の利益と集団全体（みんな）の利益がコンフリクト（葛藤）している状況は、N人の囚人のジレンマとして表現される。この**囚人のジレンマ**という呼び名は、当初、検察官が個別に2人の容疑者を取り調べられる例を用いて、この状況が説明されたことに由来している（Rapoport, 1960）。2人の容疑者は共同犯なのであるが、検察官は、容疑者が実際に犯したであろう罪よりも軽い罪で起訴するための証拠しかもっていない。そのため、検察官は容疑者それぞ

れに自白するように誘導させる状況を作り出す。それは具体的には表6-2のような状況となる。そこでは、容疑者はそれぞれ別々に取調べを受けていて相手の出方についてはわからないが、もし相手が裏切れば自分が損をするため、お互いに疑心暗鬼になるような状況におかれている。

表6-2 囚人のジレンマの例 (Rapoport, 1960)

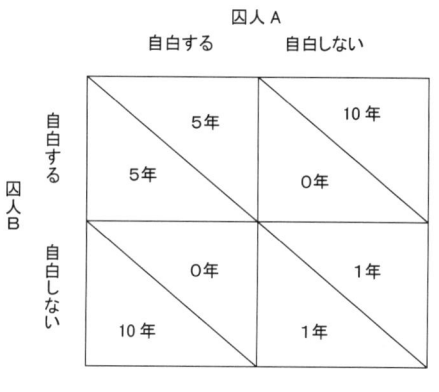

	囚人A 自白する	囚人A 自白しない
囚人B 自白する	5年 / 5年	10年 / 0年
囚人B 自白しない	0年 / 10年	1年 / 1年

詳しく説明すると、もし囚人Aが自白して、囚人Bが自白しない場合、囚人Aは自白による免責が与えられ刑罰は0年となる。また、自白しなかった囚人Bの方は、最も重い罪で10年となる。囚人Aと囚人Bの両方ともが自白した場合には、それぞれが5年という中程度の刑罰を受ける。そしてどちらも自白しない場合には、それぞれが1年という軽い刑罰しか受けない。このような囚人のジレンマ状況に直面した時、わたしたちはどのような選択を行うのであろうか。状況の構造は同一に保ったままで、状況設定を変更して大学生を実験参加者とした多くの実験がこれまで行われてきた。それらの結果（Dawes, 1991）では、相手と1回かぎりの実験を行う場合には、両方の合わせた利益が最大となる（両方ともが「自白しない」で合計の刑罰が最小となる）選択肢を選びとって協力することは少なかった。それよりむしろ相手を裏切って自分から積極的に「自白する」、あるいは相手の裏切りを恐れてそれへの対応策として「自白する」ことを選択し、結局は両方にとってあまり得ではない5年という結果となることが多かった。

N人の囚人ジレンマはこの自己と2人全体との利益が葛藤するという状況を、2人よりももっと多い個人が関与する状況として拡張したものである。ここではより具体的に考えるために、表6-3のように、労働組合の一員となるかどうかを例にして考えてみよう。

労働組合の組織は、規模が大きくなるほど経営側との交渉力が増し、そこから個々人が得る利益は大きくなる。それゆえ表6-3では、組合員である他者

表6-3 N人の囚人のジレンマの例 (Van Lange & De Dreu, 2001)

他者が組合員である割合(％)

	0	25	50	75	100
組合員になる（協力選択）	−25	−15	−5	+5	+15
組合員にならない（離脱選択）	−15	−5	+5	+15	+25

の割合が高くなるほど、表中の数値で表示されている個々人の利益は大きくなっている。具体的には、組合員の割合が25％高くなるに従って、自分が組合員になる場合、組合員にならない場合のいずれにおいても10ポイント分の利得が増加している。ただし個人にとって、組合員になること（全体の利益への**協力選択**）には組合費や組合大会への参加といったコストがかかるため、他者が組合員である割合が同じ場合には、常に組合員になることよりも、組合員にならない（**離脱選択**）ことの方が10ポイント分の得となっている。したがって、個人が自分の利益について合理的な判断をし、全体の利益よりも個人の利益を優先するかぎり（つまり、組合員にならないという選択をするかぎり）、全体としての利益がいつまで経っても得られないというジレンマ状況が生じることになる。

ほかにも、N人の囚人のジレンマの例としては、自家用車で通勤することにもあてはまる。つまり、多くの個人にとっては、自家用車での通勤は、満員電車でギュウギュウ詰めになって通勤することよりも、ずっと快適な選択であり魅力的であるが、個々人が自家用車で仕事に行くことを選択すると、全体としては、交通渋滞や環境汚染を引き起こしてしまい利益が失われる結果となる。これら以外にも、N人の囚人のジレンマ状況は数多く存在しているが、自分個人の利益と集団全体の利益が葛藤しているためにその解決は容易ではない。

第3節　翻弄される存在としての自覚

本章では、集団内で他者に影響されて行動する個人の姿、あるいは自分では

認識すらしていない他者とのつながりから重要な影響を受ける個人の姿について描写してきた。さらには、個人の特徴がその人が埋め込まれた社会的なネットワークによって生じてくるという可能性についても論じた。

わたしたちが何らかの集団に所属し、他者とのつながりをもって生活を送っているかぎり、あらゆることを自分で主体的に判断し、行動できるわけではなく、常に社会的状況からの影響を受け、周囲の他者の意見や行動に流されている。これは、ある意味、社会的な動物である人間の姿としては当然のことともいえるだろう。

しかし、わたしたちがそのように他者や集団に翻弄される存在であるからこそ、わたしたち個々人はそれらの影響について自覚的でなければならない。もちろん、単に自覚するというだけで、たとえば、自分の信念に反する、権威者からの命令を拒否することがただちに可能になるわけではないが、自覚することがそれに対抗するための第一歩であることには違いないであろう。

（石盛　真徳）

コラム：流行はどのようにして生じるのか？

　あらたなサービスや製品の普及、あるいは流行といった多くの人が関わる社会現象も、もともとは、個々人が周囲の人から影響されることによって生じてくる。グラノベッターら（Granovetter & Soong, 1983）は、個々人がもっている周囲からの影響の受けやすさ（閾値）の違いが、そういった社会現象の拡大や収束のプロセスに大きく関わっていることを、閾値モデルを使って説明している。閾値モデルでは、たとえば、図のように個人の閾値の分布を仮定したならば、その社会現象はどのような普及のプロセスをたどるか、ということを考えていく。ここでの個人の閾値は、みんなのうちの何％がその行動を採用すれば、自分も影響されて、その行動を採用するのかという規準を示している。一般に、普及のプロセスは、閾値の分布（図中の実線）と正比例直線（図中の破線）の一致点である限界質量（図では30％）を上回った時点から、閾値を超えた個人がどんどんとその行動やサービスを採用していくことによって拡大する。逆に限界質量を上回らないと、閾値を超えない個人が採用をやめていくことで収束に向かう。このような限界質量を分岐点とした、普及過程のS字型カーブという特徴は、たとえば家庭用VTRやCATVなどの普及曲線にも見出されている（Rogers, 1986）。このことは因果を逆に考えると、たとえば30％の人が使うようになれば、どこででもその機器を使っている人の姿が見られるようになり、あとはとくにそのサービス自体については宣伝しなくても飽和状態になるまで普及するということを意味する。したがって、携帯電話やインターネットのブロードバンドサービスといった新しいサービスを提供する会社では、いかに早くその限界質量まで普及率を高めるかが鍵であり、その限界質量を超えるべく、事業の初期段階に多大なる広告費を投入することになるのである。

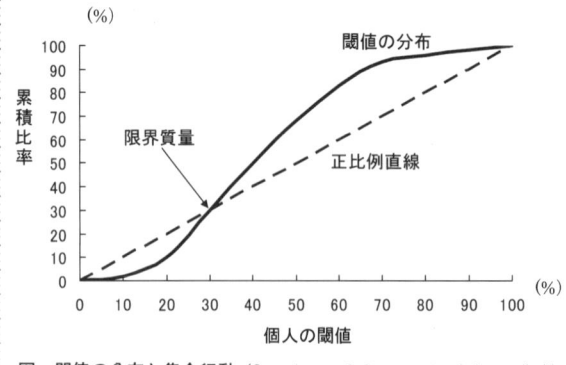

図　閾値の分布と集合行動（Granobetter & Soong, 1983をもとに作成）

第Ⅲ部　社会や文化のなかで生きるわたし

　わたしは、"わたし"だけで生きているわけではない。もしわたしの性格や考え方、行動のパターンなどを個性と呼ぶのであれば、それはわたしによってのみ形作られたものではなく、たしかにまわりの他者からの影響を受けている。わたしは誰にも染められない！　と声高らかに叫ぶことは魅力的なことではあるが、実際は、そう簡単にはいかない。わたしが喋っているこの言葉も、靴を脱いで家に上がるという習慣も、湯船につかって"ほっ"と安堵のため息をもらしてしまう感覚でさえも、わたしがこの社会や文化で生きてきたがために身に付いたものである。それでは、わたしという存在は、しょせんどこへゆくとも知れず社会や文化という風に吹き飛ばされていくだけのタンポポのタネでしかないのか…？　と問われれば、そうではない。わたしは、社会や文化からの影響を受けながらも、同時に、社会や文化に自ら関わり、それらを変えていく存在でもある。最終部となる第Ⅲ部では、社会や文化と関わっていくわたし、そして、今という時代をわたしがいかに生きていくかをテーマに、それらについて少し考えてみることにしよう。

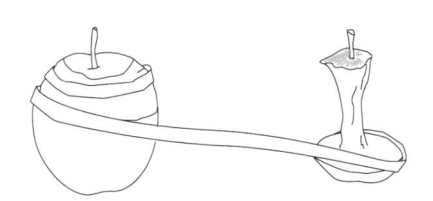

Chapter 7 社会とつながるわたし
――キャリア選択に関する問題――

* * * * * * *

　第7章では、キャリア選択をテーマとして、わたしたちが将来の進路を定め、社会とつながりを築いていくプロセスについて学んでいこう。最近では、キャリア設計、キャリア形成、キャリアアップなど、キャリアという言葉があちこちで使われ、それを題材とした書物も多く見かけるようになった。たとえば、わたしたちが人生の各段階において担う役割の組み合わせ、これこそが"キャリア"だという考え方がある（Super, 1980）。つまり、どのような仕事に携わり、家庭での役割を担い、人々と関わり、社会とのつながりをもつかという人の生き方そのものがキャリアといえる。一方、狭い意味からキャリアを捉えると、職業の経歴や働くことを通した生き方を指す。わたしたちの社会では、この働くことにまつわるキャリア選択が、とても難しい時代になったといわれる。アルバイトやパートを転々とするフリーター、仕事をせず、学校にも行かず、職に就くための活動もしないニート、一度就職しても早いうちに辞めてしまう早期離職。若者のキャリア選択が抱える問題は、個人だけでなく社会全体の問題といえる。しかし、原因はそれだけではなく、本人の意識や考え方などの心理的な要因もこれらの問題に大きな関わりをもつものである。本章では、こうしたキャリア選択にまつわる心理について話をしていこう。

* * * * * * *

第1節　キャリア選択の心理――これまでとこれから――

　キャリアに関する研究は、心理学のなかでは応用的、発展的な領域に入るものである。そのため、これまでの第1～6章において学んできた内容よりもい

く分難しく感じるかもしれない。しかし、わたしたちが一生をかけて営み続けるキャリア選択という行為に、どのような心のカラクリがあるのかを学ぶことは、あなた自身のキャリアについて考えを深める良い機会となるだろう。理論を頭に入れるだけではなく、是非ともあなた自身のこれまでの経験や、これからの展望をあてはめながら読み進めて欲しい。

1．キャリア選択にまつわる心のメカニズム

　人が将来の生き方や働き方を決めるという行為には、どのような心のメカニズムが働くのだろう。こうした疑問に答を見つけるために、キャリアの研究領域では、さまざまな形で心理学の理論が取り入れられてきた。たとえば、自己概念（詳しくは第1章参照）や発達段階の視点を取り入れたスーパー（Super, 1957, 1996）は、自分という人間を理解し、それを職業的なことがらに置き換えて実現していく過程が職業的発達であるとして、① 成長、② 探索、③ 確立、④ 維持、⑤ 下降という5つの段階からなる**職業的発達理論**を提唱した。この理論は、スーパーによってはじめて公表されてから50年あまりを経た今の時代も、キャリアカウンセリングの基礎として広く用いられるキャリア理論のルーツといえる。

　また、キャリアについてパーソナリティ類型論の立場を取り入れたのがホランド（Holland, 1985）の**職業選択理論**である。類型論とは、数多くある性格傾向をいくつかのタイプに分類することで、複雑な人間のパーソナリティを整理しようとする立場を示す。ホランドは、職業に対する人の興味は、現実的、研究的、芸術的、社会的、企業的、慣習的という6つのタイプに、環境もまた、同じように6つのタイプに分類できるとしている。そして、本人の興味のタイプと環境のタイプとをうまく組み合わせることが望ましい職業選択といえる。つまり、研究的な興味をもつ人は、調べたり分析したりという仕事に、社会的な興味をもつ人は、他者を助けたり教えたりという仕事につくことが望ましい選択ということになる。

　そのほかの研究者としては、**意思決定理論**を用いて人の頭のなかで起きているキャリア選択のプロセスをわかりやすく説明したジェラット（Gelatt, 1962）

目的
↓
情報
↓
①予測 ②価値 ③決定

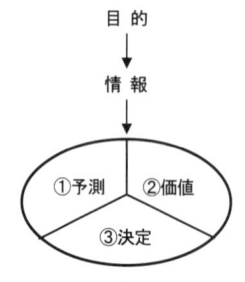

図7-1　意思決定理論の考え方

が挙げられる。この理論によれば、キャリア選択は、さまざまな条件を考慮しながら最も良いと思われる選択肢を選び取るための意思決定のくり返しといえる。すなわち図7-1に示すように、①成功の可能性を予測する、②得られるだろう結果の価値を評価する、③成功する可能性が高く、価値のある結果が得られるだろう選択肢のなかから、目的にかなったものを候補として決定する。このようなプロセスに沿ってキャリアに関する意思決定の流れを説明することができる。こうした意思決定のプロセスでは、手に入れた情報に基づいて成功の可能性を予測したり、得られる結果の望ましさを評価することになるが、その際にできるだけ客観的な情報を収集し、それによって評価判断を下すことが大切なポイントとされている。

一方、**社会的学習理論**の流れをくんだクルンボルツ(Krumbolz, 1979)は、キャリア選択に影響を及ぼす要因として、生得的に備わった資質や能力、環境、学習経験、そして課題解決スキルの4つを挙げている。そのなかでとくに、人が何を学び経験してきたかという学習経験の作用に重きがおかれ、学び続ける人間の主体性がキャリア選択の鍵を握ると考えられている。

こうして、心理学の理論を取り入れながら発展してきたキャリア研究の領域に、最近になって2つの流れが出てきた。ひとつは、キャリア選択の主人公である「個人の主体性」を重視する流れである。この流れにおけるキャリアというのは、環境からの圧力に押されて仕方なく選ぶものではなく、人が能動的に考え行動することで、いろいろな可能性が開かれるものというふうに考えられる。もうひとつは、キャリア選択は人生を通してくり返されるダイナミックなものと考える流れである。すなわち、キャリアというのは、就職や転職の時だけに限った問題ではなく、選択を行う前も、そして選択した後も常に変化し続けるという立場のことをいう。これらの流れを取り入れて考え出されたのが、レントら(Lent et al., 1994)による**社会・認知的進路理論**(Social Cognitive Career Theory：以降より **SCCT**) である。この理論は、今までになかったまった

く新しい発想というよりは、上に紹介したような理論をつなぎ合わせ、修正して作られたものであり、「既存のパーツでつくった新しい理論」と呼ぶことができる。それでは、この SCCT を用いてキャリア選択のメカニズムについて学んでいこう。

2．人、行動、環境の化学反応──三者相互作用の考え方──

　SCCT は、**三者相互作用**という考え方を前提にしている。「三者」とは、キャリア選択を行う**個人**、個人が起こす**行動**、そして**環境**を指しており、「相互作用」とは、これらが互いに作用し合うことを意味している。「人と行動と環境が相互に作用する？」というのは、いまひとつ頭に描きにくいかもしれない。では、三者相互作用の考え方を従来の**マッチング理論**と対比させる形で考えてみよう。

　図 7-2 は、マッチングと三者相互作用の考え方を示したものである。左に示すマッチング理論では、個人と環境が相互に作用した結果として行動が起きると仮定している。すなわち、個人がもつ能力、好み、スキルなどの特性と、仕事環境が求める特性のすり合わせによってキャリア選択が行われるという考え方である。いわゆる「適材適所」の発想で、「丸い釘は丸い穴へ、四角い釘は四角い穴へ」と表現されることもある。

　皆さんは、コンピュータによるキャリアガイダンスを活用したことがあるだろうか。最近、多くの学校が若者のキャリア支援に力を入れるようになり、その一環としてコンピュータによる自己診断形式のシステムを取り入れるところ

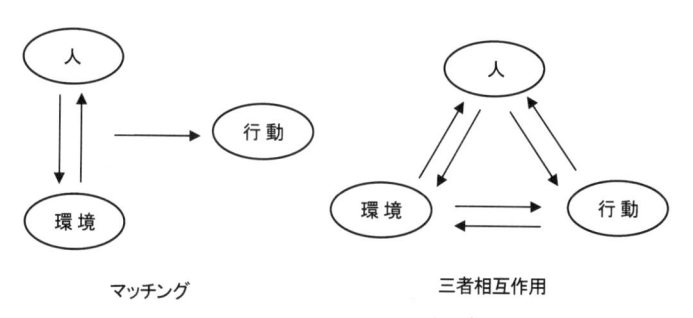

図 7-2　キャリア選択の考え方

が増えてきた。それらの多くは、このマッチング理論の考え方に基づいている。しかし、このマッチング理論は、人や環境の特性を固定的、永続的なものとして捉えており、人や環境が互いに影響を及ぼし合い変化する様子を説明するには不十分である。

　それに対して、三者相互作用の考え方はとてもダイナミックなものといえる。図7-2の右側に示すように、人、行動、環境は、互いに影響したり影響されたりしながら相乗効果を起こすと考える。たとえば、同じ特性をもつ人が、皆同じ仕事を選択するかというと、そうはならない。自分の能力や適性をいかに評価するのか、環境に対してどのように働きかけていくかによって選択行動は違ってくる。また、行動自体を起こすことで選択肢の幅や採用の可能性が広がることもありえる。つまり、同じような人が同じような環境におかれても、本人の考え方や行動によって選択の様相は随分と異なるものになる。一方で、周囲からの反対や厳しい状況のもとでは、希望の職業をあきらめなければならないこともある。このように三者相互作用を前提とするキャリアの選択では、人、行動、環境という3つの要素が互いに影響を及ぼし合い、単なるマッチングにとどまらないキャリア選択プロセスが展開する。

3．社会の側の要因

　わたしたちが暮らす社会において、計画通りのキャリアを実現するのは難しい。生まれ育った環境、教育訓練を受ける機会、能力発揮のチャンス、周囲の意見、採用状況など、いろいろな要因が絡み合って一筋縄にはいかないものである。キャリアの選択には、個人の意思や希望だけでなく、個人を取り巻く環境がさまざまな形で関わってくる。SCCTでは、こうした環境からの影響を、**遠因**と**近因**の2つに分けて考えている。遠因とは、いわば生育環境とでもいえるもので、どのような社会に生まれ育ち、教育を受け、どのような生きる手本を得たかなどが含まれる。これらの影響によって個人は独特のものの見方、考え方を作り上げていく。

　それでは遠因の作用について、キャリア選択における男女の違いを例にして考えてみよう。わたしたちの社会では、女の赤ちゃんが生まれると暖色系、男

の子なら寒色系の産着、女の子には人形やおままごとセット、男の子にはプラモデルの玩具、女の子ならダンスやピアノの習い事、男の子なら球技や武道と、性別に応じて生育環境を整えるものである。また、周囲の大人たちは、女の子ならば女らしい、男の子なら男らしいふるまいに着目して、誉めたり叱ったりをくり返す。こうした生育環境からの刺激によって、個人は男らしさや女らしさ、好み、価値観を形成し、やがては自らが暮らす社会のなかで、それぞれの性別にふさわしいとされるキャリアの選択へとつなげていく。こうした生育環境による影響が遠因の作用である。

一方、近因とは、主に個人がキャリア選択を行動へと移す段階になって影響を及ぼすものである。たとえば、ここ最近の若者のキャリア選択を難しくさせている要因として、労働市場が新卒採用を減らすような動きがあるとされる（玄田, 2001）。こうした社会の要因が、キャリア選択を促したり妨げたり、時には選択の方向性にまで影響を与えることもある。そのほかに、まわりの人が支えてくれるか、経済的な援助が得られるか、また、保護者との意見の対立や経済動向、雇用差別などの社会構造からの影響も近因として考えられる。このように、ともすると個人の内で起こる心理的なプロセスのみに注意を向けがちな心理学において、社会の側の要因を取り入れて、キャリア選択を考えている点がSCCTの新味といえる。

4．個人の認知が主導権を握る──認知的機能主義──

キャリアの選択は、個人が生まれ育った社会や選択を行う背景から有形無形の作用を受けている。この点は先に述べた通りである。しかしキャリア選択は、環境によって一方的に決められるような静的、受動的な営みではなく、環境に対する個人の見方、捉え方が選択の鍵になる場合が多々ある。つまり、自分がどのような環境にいるかではなく、どのような環境にいると個人が認知しているかが大切なのである。このような考え方を**認知的機能主義**という。

たとえば、就職へ向けて動き出そうとする時期に、「今年度の採用はかなり厳しいらしい」との噂が耳に入る。たしかにTVや新聞では、新卒者の就職事情が厳しいと報じているし、先輩のNさんは、卒業が決まっても就職が決ま

らないと嘆いている。こんな時、あなたならどう動くだろう。耳に入った情報をそのまま受け取り、今年は厳しいからやり過ごそうと、就職浪人を決め込むだろうか。それとも、第1志望はあきらめて、第2、第3志望の業界に的を絞ってアプローチするだろうか。あるいは、厳しいといえども就職先がまったくないわけではないと、計画通りに行動するだろうか。このように、厳しいといわれる条件下におかれていても、それを本人がどのように認知するのかによって、その後の活動やそれによって引き起こされる状況は随分と異なるものになる。もし、不利な環境で自分の力によって乗り越えるのが難しいと考えるならば、なかなか次のアクションが起こせないだろう。逆に、あまりにも良い側面だけ見ていても、生産的な行動へつながりにくい。良い面も悪い面も含めて、できるだけ現実世界をありのままに捉える必要がある。

　このような認知的機能主義の立場を取り入れたSCCTでは、環境の認知をできるだけ現実に即したものへ近づけるための工夫をしている。たとえば、ブラウンら（Brown & Lent, 1996）やレント（Lent, 2005）の提案する**バランスシート**（図7-3）という方法がある。そもそもバランスシートは、企業の財務状況

フリーター	
メリット（プラス面）	デメリット（マイナス面）
・自由な時間をつくりやすい ・ひとつの所にとどまらなくて良い ・責任が重くない ・色々な世界を見ることができる ・いくつかの仕事を掛け持ちできる ・自分のペースで働き遊ぶことができる ・	・収入が安定しない ・社会のイメージが良くない ・昇給や昇進がない ・福利厚生が整っていない ・雇用が安定しない ・ ・ ・

コラムでも取り上げているフリーター。フリーターという働き方には、どのようなメリットとデメリットがあるだろう。この図は、フリーターを題材にしたバランスシートの例である。

図7-3　バランスシートの例

をわかりやすく示すために、1枚の紙の左側に資産などのプラス面を、右側に借金などのマイナス面を記して対比させたものだが、この発想を応用してキャリア選択にまつわるバランスシートを作成することができる。つまり、キャリア形成に対してプラスに働くことがらとマイナスに働くことがらを書き出し吟味してみるのである。頭のなかに散らばっている環境要因を改めて書き出し対照することで、何が活用できるか、何が壁になるのかが整理できるだろう。そのうち右側に書かれたマイナス面、すなわちキャリア形成に立ちはだかる壁や障害が何であるのかぼんやりとではあるが見えてくる。そのような障害に直面する可能性はどの程度か？　対処できるだろうか？　どんな準備が必要か？このように、漠然と認識していた状況を書き出し整理することで、現実に即した環境把握と準備的な行動につながりやすくなる。本章のはじめにも述べたように、若者のキャリア選択は、現在これまでになく難しい時代になったといわれている。だからといって、漠然とした不安を抱いているだけでは次の行動へ移れない。不安になる原因は何なのか、どういった点が厳しいのか、対処する方法はあるのかなど、具体的な形で把握するよう努めてみよう。そうすることで、どんなに小さくても将来へとつながる一歩を踏み出すことができるだろう。

第2節　キャリアに対する自己効力

「やればできる！」、「自信をもて！」……人を励ましたり元気づけたりする時に、わたしたちはこんなふうに言葉がけをすることがある。つまり、能力があるのならば、それを正当に評価して、能力に見合った自信をもつのがよいという考え方である。キャリア選択する時にも、この能力に見合った自信というものが重要なキーワードになってくる。それでは、能力に見合った自信をもつことがなぜ重要なのだろうか、また、自信とはどのようにして形成されるのか。第2節はこうした自信にまつわる心の仕組みについて話を進めていこう。

1．うまくできるかな？

人は何か行動を起こす時に、それをうまくできるかどうか、あらかじめ自分

の能力から見積もることがある。これが**自己効力**と呼ばれるもので、レントらはこれを「Can I do this?」と表現している。今から30年ほど前にバンデューラ (Bandura, 1977) により提唱されてから、医療や教育、日常的な生活行動など幅広い領域において、自己効力が高いほどさまざまな物事へのやる気や意欲、行動、粘り強さなどが発揮されることが確かめられている。

こうした自己効力の有用性には、もちろんキャリアを研究する心理学者たちも注目しており、ハケットとベッツ (Hackett & Betz, 1981) が、女性のキャリア発達プロセスについて自己効力の理論を用いて説明したことを発端として、キャリアに対する自己効力の研究がさまざまな形で展開されている。キャリアに対する自己効力は、大きく分けると「選択の内容に関するもの」と「選択の過程に関するもの」がある。前者は、会計士、教師、弁護士などの職業や、それらの具体的な仕事内容、たとえば「会計や税務に関する助言や指導を行う」、「子どもに勉強を教える」、「法律に関するトラブルの相談にのる」等を挙げて、それらに対する自信の程度を問うものである。後者は、キャリア選択を行う時に必要なことがら、すなわち自己理解、情報収集、目標設定、計画立案、課題解決といった活動をうまく行うことに対する自信を問うものである。これまでの研究では、こうしたキャリアに対する自己効力の程度が高い人ほど実際の行動につながりやすいため、「決まらない、決めたくない」といった**キャリア不決断**が抑制されるといわれている。すなわち、キャリア選択に関することがらでも、自分はうまくできるだろうとの自信をもつことが積極的な行動へとつながるのである。

2. 男女の棲み分けはこうして起こる

キャリア選択に男女差がみられるのは、一般的によく知られている。たとえば**水平的職務分離**という言葉を聞いたことがあるだろうか。これは、職業選択における男女の棲み分け、つまり、男性は男性職、女性は女性職とされる特定の職務に集中する傾向のことを指す。具体的な例を挙げると、研究、開発、運転、操縦からは男性的な、保育、看護、介護、事務、美容からは女性的なイメージが浮かぶであろう。前者がいわゆる男性職で後者が女性職といわれるもの

である。わたしたちは、いつの間にか職業選択という行為において、こうした性別による垣根を作っている。

　このような水平的職務分離を自己効力の概念によって説明したのがベッツとハケット（Betz & Hackett, 1981）の研究である。ベッツらは、歯科衛生士、秘書、美術教師などの女性職と、エンジニア、学校長、医師などの男性職のリストを男女の大学生に提示し、それぞれの職業に対する自身の自己効力の程度を尋ねた。結果をみると、男子学生は、男性的な職業にも女性的な職業にも同じ程度の自己効力をもっていた。それに対して女子学生は、女性的職業への自己効力は男性より高いが、男性的職業への自己効力は男性よりも低かったという。すなわち女性は、実際の能力や資質に関係なく職業に性別の垣根を作る傾向にあり、概して男性的な職業に対する自信が低いということになる。また、ベッツらは、自己効力が高いほど職業への興味もわきやすいことや、高い自己効力をもつ職業は、将来進む方向性としての選択肢に残りやすいことも見出しており、自己効力がキャリア選択という活動のキーワードになることがわかる。このように、キャリア選択における男女差は、生物学的な性、すなわち、男性である、女性であるという性別によって直接決まるのではなく、それぞれの性別に応じて身に付けた自己効力から影響を受けていると考えられよう。

3．自己効力を書き換える

　自己効力は、生まれた時から備わっているものではなく、また、自然に身に付くものでもない。バンデューラ（Bandura, 1977, 1986）は、図7-4のように**4つの情報源**、すなわち**個人的達成**、**代理学習**、**言語的説得**、そして**情緒的喚起**を通じて自己効力が獲得されると説明している。「個人的達成」とは、自分で行動を起こし成功を体験することであり、自らの力で何か事を成し遂げた経験は、同じような

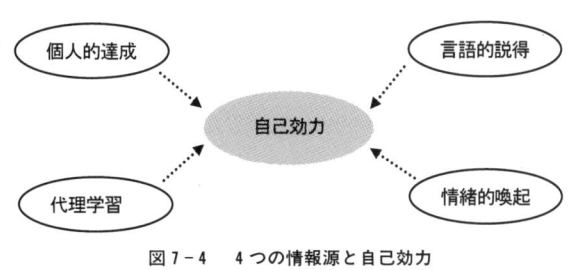

図7-4　4つの情報源と自己効力

課題や状況においてももう一度できるだろうとの期待を膨らませることになる。この個人的達成は、4つのなかで最も強く有効な情報源とされるものである。また、自分で行動しなくても、ほかの人が行うのを見たり聞いたりすることで、自分にもできそうだと自己効力が高まることもある。これが「**代理学習**」の効果といわれるものである。そして、やればできる、ここまでできたという承認や励ましによる作用は「**言語的説得**」と呼ばれる。最後の「**情緒的喚起**」は、自分のなかに起きる生理的な反応の変化を体験することである。緊張によって胸がドキドキしたり、手の平が汗ばむような感覚を意識すると、できない、無理だ、というように、自己効力は低下するだろう。逆に、落ち着いた気分やリラックスした状態を認知することで、これならできそうだ、と自己効力が高まることがある。このように、自分の力で達成する、他者の達成から学ぶ、承認や励ましを受ける、そして、落ち着いた生理状態を認知するという4つの経験が自己効力の形成や変容に関わりをもつのである。

　キャリアに関する領域でも同じような考えにより、4つの情報源からキャリアに対する自己効力が獲得されるといわれている（Betz, 1992）。すなわち、いろいろなことをやってみてうまくできたという経験、身近な人が仕事世界で活躍するのを見聞きすること、努力やチャレンジに対して承認や励ましを受けること、そして、自分のなかに落ち着いた状態を認知できること、これらがキャリアに対する自己効力を高める方向へと働くのである。それとは逆に、達成の機会に恵まれなかったり、度重なる失敗を経験したり、良いお手本が近くにいない、努力の過程を認められない、あるいは活動する時に極度の緊張や居心地の悪さを味わうといった経験は、キャリアに対する自己効力を低める方向へと働くことになる。

　別の観点からみると、これら4つの情報源は、キャリアに対する自己効力を高めるために活用できる。とくに個人的達成の影響は非常に強いもので、さまざまな活動にチャレンジし、成功する経験は、キャリアへの自己効力に対して強いインパクトをもつ。しかし、現実の社会では、何から何まで自ら体験するのは難しい。そうした場合、これまでやってきたことを振り返り解釈し直すことも有効である。過去に成功した経験があるならば、その**原因帰属**を考え直す

こともよいだろう。原因帰属とは、過去に起きたことがらが何によって起きたのかを考えることである（詳しくは第9章参照）。成功が自分の能力や努力によって導かれたと帰属して、そこに原因を見出すならば自己効力は高められ、反対に、運が良かった、簡単だったからと、自分以外のことがらに帰属するなら自己効力には結びつかない。こうした形で、物事の捉え方や解釈を変えることで自己効力が書き換えられることもある。

第3節　キャリアに対する結果期待

　将来、がっぽりお金を稼ぎたい、毎日美味しいものを食べたい、趣味の温泉めぐりをできるような時間のゆとりも欲しい。もし、〇〇になったらそんな希望が叶うかな……？　皆さんは、こんなふうに未来について考えたことがあるだろうか。実はこのような将来についての予測というものが、キャリア選択に関わりをもつとされている。それでは、こうして将来何が得られるかの予測をすることが、いかなるプロセスを経てキャリア選択に関わりをもつのだろうか。また、「捕らぬ狸の皮算用」に終わってしまわないためには、どのような形で将来を予測することが効果的なのだろうか。

1．これをすると何が起こる？

　わたしたちが通常行動を起こす時には、それをうまくできるかどうかを見積もるのと同時に、行動したらどうなるだろう？　と、行動した結果について予測するものである。これが自己効力とともにSCCTを組み立てる主なパーツになる**結果期待**というものである（Bandura, 1986）。すなわち、多くのものを得られるとしても、うまくやっていく自信がなければ、そのキャリアは選ばないだろう。逆に、うまくやる自信があっても、得られるものが少ないと感じるならば、そのキャリアに進む可能性は低くなる。

　何によってキャリアの結果期待を見積もるかは、人によってそれぞれで、金銭、働く条件、達成感、地位や名声などいろいろなものが考えられる。たとえば、野球選手になるというキャリアに必要な活動は誰にとってもほぼ共通して

いるが、野球選手になって手に入るさまざまなことがらのなかから何を重んじて結果期待を形成するかは人によって異なる。大好きな野球をプレーできること、有名になること、もしくは高い報酬が得られることなど、本人の価値観によりそれはさまざまである。もう少し説明を加えると、結果期待は、行動すると望ましい結果が得られるだろうとの期待と、得られるだろう結果が本人にとってどのくらい望ましいかという価値を含んでいる。これは、期待と価値のかけ算によって意欲や行動が起きるというブルーム（Vroom, 1964）による**期待理論**の流れをくむものといえる。つまり野球選手になると有名になれる可能性がどのくらいあるかという期待と、有名になることが本人にとってどのくらい価値あることか、をかけ合わせたもの、これが結果期待なのである。

2．結果期待が作用する時──人生の岐路で行う大きな決断──

キャリア選択に関するこれまでの研究には、自己効力の作用に注目したものが多くみられ、選択をする場合の支援としても、低い自己効力を高める働きかけがさかんに行われている。つまり、能力があっても、それを正しく認識していなければ、なかなか行動を起こせないことに、研究者の主な関心が寄せられてきたのである。だが、逆もまた然りである。自信に溢れていても、望ましい結果が得られるとの見通しがもてなければ、行動にはつながらないだろう。ところが、これまでの研究では、結果期待の働きにあまり目が向けられておらず、自己効力と比較すると結果期待の研究は2歩も3歩も出遅れた感がある。

バンデューラは、パフォーマンスの質と得られる成果との結びつきの強さによって結果期待の影響力が異なると述べている。たとえば、双方の結びつきが強固な状況として受験が挙げられる。高校や大学の受験では、時間内に多くの問題に正答するという質の高いパフォーマンスが合格という成果へ直接的に結びつく。パフォーマンスの質と成果のつながりが非常に強固で明確な状況といえるだろう。このような時は、良いパフォーマンスができるという自己効力が行動の生起に大きく影響することになる。しかし、就職という状況ではどうだろうか。就職活動も、試験や面接によって合否が決まるわけだが、受験とは随分と状況が異なる。就職では、そもそも合否の基準というものが明確にされて

おらず、どのようなパフォーマンスが効果的で、良い成果に結びつくかが不透明である。こうした状況のもとでは、パフォーマンスを行う自己効力だけでなく、それを行うと何が得られるかという結果期待が行動を左右することになる。

また、レントらは、リスクを伴うような大きな決断をする時に人はうまくできるかだけでなく、そこから何が得られるかを予測した上で行動に移すという。皆さんは、日常生活のなかでさまざまなことがらについて選択を行っているであろう。たとえば、何のアルバイトをしようか、どのゼミナールに参加しようか、また、夏休みには何をしようかなど……。そのなかでもリスクを伴わない重要性の低いことがらならば、それを選ぶとどうなるかという結果期待を深刻に考えることはない。しかし、一度決めるとなかなか取り返しがつかず、その後の生き方に関わるようなことでは、選択した結果についてよく考えた上で決断を下すであろう。したがって、就職するか進学するか、どの業界へ進むかなどのキャリア選択では、結果期待の作用が大きくなるのである。

3．結果期待を書き換える

結果期待は、自己効力と同じように**4つの情報源**（個人的達成、代理学習、言語的説得、情緒的覚醒）を通じて獲得される。それはレントら（Lent *et al*., 2005）に従うと、次のように説明できる。過去において何らかの活動に携わり、それに対して好ましい報酬が伴ったという**個人的達成**、ほかの人が活動して望ましい成果を手に入れるのを見聞きする**代理学習**、自分が手にした成果を認め受け入れる**言語的説得**、活動する時に気持ちが高揚したり不安を感じたりと、自分のなかに起こる状態に着目する**情緒的喚起**、この4つである。一方、これまでに望ましい成果を手に入れるような経験が乏しかったり、生み出した結果に報酬が伴わない、良いお手本に出会わないようなことが重なっていくと、行動を起こしても望ましい成果にはつながらないという結果期待が形成され、心理的なキャリア選択の可能性が狭められてしまう。

結果期待が低い時、人は往々にして、行動しても無駄だろう、結果を出しても認められないだろうと行動する前にあきらめてしまうことが多い。低く歪んだ結果期待によって排除された可能性は、たとえその職業が天職であったとし

ても考慮されることはなく、本人もそれに気づきにくい。こうしたことからレントは、正しい情報に基づいて結果期待を見積もることの重要性を説いている。情報化社会を迎えた今の時代に、仕事や働くことについて情報を集めるのは、そう難しいことには思えないかもしれない。あなたは、パソコンの前に座ればクリックひとつでいろいろな世界が見られるように思うだろう。だが、もしあなたが、情報の適切な部分を取り出し、ふるいにかけて活用する力に欠けるならば、不確かな情報に振り回されることになってしまう。とくにキャリアの選択には正解がなく、多様な生き方、働き方が存在する。それゆえ、自分にとって適切な結果期待を得るためには、いろいろな角度から情報を収集し、正しいものを拾い出し関連づけて活用する**キャリア情報リテラシー**とでもいえるものが求められるのである。

第4節　キャリア選択のダイナミズム

　この節では、これまで述べてきたキャリア理論の良い側面を統合して作られた"既存のパーツを用いた新しい理論SCCT"によるキャリア選択のプロセスを学んでいこう。それに加えて、現在のところ解決するのが難しいとされる、キャリア選択に関する理論と実践の間にあるギャップについてもふれてみたい。

1. パフォーマンス、そして、軌道修正

　これまでは、SCCTが前提としている考え方や、その主な要素について話をすすめてきた。いよいよこの節では、それらを用いて具体的なキャリア選択のプロセスを紹介しよう。図7-5は、レントら（1994）が考え出したキャリア選択モデルである。これまで話をしてきた**個人**、**環境**（近因・遠因）、**行動**という3つの要素がモデルに組み込まれているのがわかるだろうか。図に示されている流れを左端から順に見ていくと、まずは、もって生まれた「個人属性」が、「生育環境」と相互に作用しながら、何を達成するか、どのような役割モデルに恵まれるかという「学習経験」を作り出す。学習経験は、個人に特有の「自己効力」と「結果期待」の認知を形成し、キャリアに対する「興味」の喚起へ

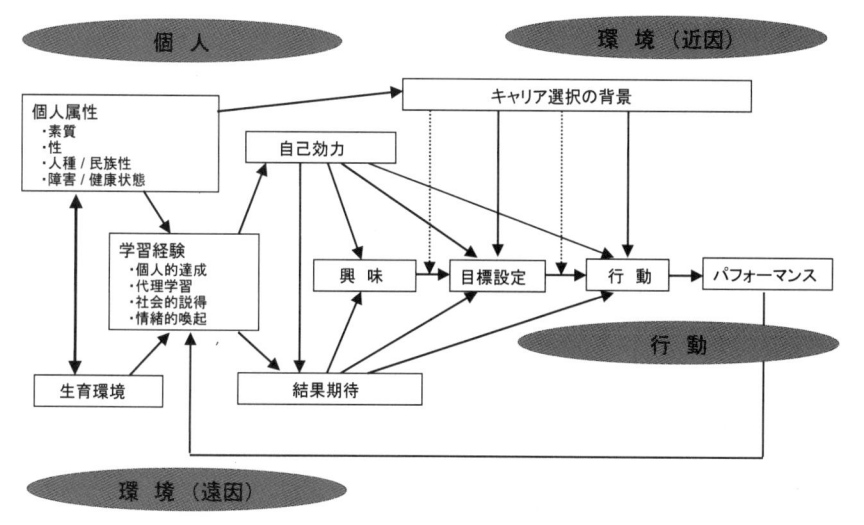

図7-5 キャリア選択モデル (Lent *et al.*, 1994を改変)

とつながる。そして、興味は「目標設定」に、目標設定から具体的な「行動」、行動を起こした結果の「パフォーマンス」へと結びついていく。また、興味から目標設定、そして具体的な行動へとつながるプロセスには、雇用市場の動向や周囲の支援といった「キャリア選択の背景の要因」が影響を及ぼすことになる。

　キャリア選択モデルを左から順番にたどることで、おおよそのプロセスが理解できたと思う。しかしキャリア選択は、これだけでは終わらない。一番右端のパフォーマンスから学習経験へと向かう左方向の矢印に気づいた人はいるだろうか。SCCTでは、自分の得たパフォーマンスがあらたな学習経験となり、自己効力や結果期待を修正、変容させることを表すために**フィードバック**の矢印が設けられている。すなわち、パフォーマンスを達成することがキャリア選択の最終地点ではなく、パフォーマンスは新しい学習経験でもある。それを受けて自己効力や結果期待が書き換えられ、興味や目標設定が変化したり行動が弱められたり強められたりと、その後の方向性が軌道修正される。このようにしてキャリア選択のプロセスは循環するのである。すなわち、キャリア選択は、

人生の岐路に、たった一度だけ行う決断などではなく、ひとつの選択の結果が次の選択へと影響を及ぼす形で生涯を通じてくり返されていく。これが**生涯キャリア発達**の視点なのである。人は、仕事世界に入る前から、そして入った後もキャリアの形成や軌道修正をくり返しながら発達し続ける。

2．キャリア研究と実践──着地点はどこに？──

　SCCT は、キャリアカウンセリングの実践をふまえて作られた理論であり、さまざまな形でキャリア支援に示唆を与えるものである。しかし実際のところは、チャートランド（Chartrand, 1996）が指摘するように、理論的に導き出されたことがらと実際の介入の間にはギャップがある。これまでに報告されているキャリア選択に対する介入事例には、自己効力を高めることや結果期待を好ましい認知に変えていく方向性に着目したものが多くみられる。たしかに、能力があっても自信が伴わず、望ましい成果が得られるとの見通しがもてないと、なかなか前に踏み出せない。だが、自己効力や結果期待の認知は、単にポジティブでありさえすればよいというものではない。

　バンデューラは、自分の能力と同じか、わずかにそれを上回る程度の自己効力をもつことが、適切な目標設定や行動、障害に面した時の粘り強さにつながると述べている。たとえば、自己効力が実際の能力を下回るならば、自信のなさから行動をためらったり、本来ならばクリアできる目標をあきらめてしまうなど、もてる力を発揮することは難しい。それとは逆に、自分の能力や資質をあまりにも高く評価し、現実からかけ離れた自己効力をもつならば、無理な課題に挑んで失敗したり、準備不足のまま行動を起こしたりと、良い結果には結びつかない。つまり、自己効力には良し悪しの絶対的な基準があるのではなく、実際の能力を反映しながらも、やや楽観的なレベルを保つのが望ましいのである。同じように、結果期待も高ければよいというものではなく、あくまで正確な情報に基づいた現状把握が望ましい認知といえる。このように、理論の上で導き出される望ましい自己効力や結果期待を、現実場面でいかに捉えていくかが SCCT によるキャリア研究の課題といえよう。

　ただ、ここで注意しなければならないのは、自己効力や結果期待の認知への

介入が有効に働くのは、実力があるのに自己効力が低い時、もしくは、望ましい見通しがもてる状況なのに結果期待が低いようなケースである。キャリアに関連する領域では、好ましい認知をもつことが、あらゆる症状に効く万能薬であるかのような印象を与える記述が少なくない。しかし、実際はそうではない。認知要因への介入が有効に働くケースとそうでないケースがあることを認識しておくべきなのである。

第5節　変化を受け入れながら歩む
——社会と自分の接点を求めて——

　この章では、キャリア選択にまつわる心理について話をしてきた。自分がこれまでに行ってきた、また、この先に行おうとしているキャリア選択のメカニズムについて理解を深めることができただろうか。締めくくりとなる第5節では、変化の激しい今の時代のキャリア選択に対して提言された3つの考え方を紹介したい。

　最近、人々のキャリアに対する関心の高まりから、キャリアに関する個人の適性を測定するツールがいろいろと開発されている。しかし、それらを用いて得られた結果は、あなたにとって絶対的、普遍的な意味をもつのではない。それらは、ある時点におけるあなたの個性の一部分を切り取ったものにすぎないからである。レントは、キャリアに対する興味、目標、価値、スキルなどは、新しい経験を経て変化し続けるもので、各種ツールを用いて測られた適性などというものは、ある時点におけるスナップショットにすぎないと述べている。

　また、情報のあり方が不透明なこの世のなかでは、正しい情報を集めて合理的な判断を行おうとしても、それが通用しないことが多い。このことについてジェラット (Gelatt, 1989) は**積極的不確実性**という考え方を提唱している。キャリア選択を行う際には、情報収集によって仕事や働き方に関する知識を手にしても、それが絶対に正しいという保証はないであろうし、時間の経過に伴って情報の中身は変化していく。同じように、キャリア選択を行う本人の興味や価値、能力といった特性も、必ずしも永続的なものではなく時間や経験に伴い変

わっていく。積極的不確実性は、こうした不確実さを前向きに受け入れて、主観や直感を活用しながら将来へ向けて動いていこうという考え方である。

　さらに、変化の激しい今の時代、緻密な議論や実証的研究によって導き出された理論だけでは、現実に起こるキャリア選択を説明できないことが多い。最近では、ミッチェルら（Mitchell *et al.*, 1999）が、**計画された偶発性**の理論を提唱している。この理論では、キャリアというものは、計画した通り運ぶものではなく、多くの部分が予期していない出来事に影響を受けるとされている。そして、その偶然を仕方ないものとしてあきらめるのではなく、自分にとって好ましい偶然を生み出すように努力することが、キャリア形成の鍵を握るという見方である。こうした考え方は、科学的に証明することは難しく、確固たるデータや理論に裏打ちされたものではない。しかし、変化し続ける現代社会のなかで、自分らしいキャリアを創造していく皆さんにとって、この考え方は非常に示唆に富むものではないだろうか。

　キャリア選択は、固定的な環境と個人を組み合わせて終わるような静的な営みではなく、環境も個人も、そして双方の関係のあり方も変化しながら続いていく力動的なプロセスである。また、キャリア選択は、仕事や働くことだけに限られたことがらではなく、あなたがこの社会にどのように根づき、周囲とのつながりを築いていくかという生き方そのものをテーマとしたことがらである。皆さんには、偏った情報や限られた情報に縛られたり振り回されたりするのではなく、そうした結果をうまく活用しながら自分らしいキャリアを歩んでいただけることを願いながらこの章を終えることにしよう。

　　　　　　　　　　　　　　　　　　　　　　　　（安達　智子）

コラム：フリーターは誰？：意外と知られていない定義

　厚生労働省の調べによると、フリーターとして働く人の数は2005年の時点で201万人と、ここ10年ほどで倍以上に増加した。もはやフリーターは、ひとつの働き方としてすっかり定着したかのようにみえる。フリーターは定職につかない若者たちというのが一般的なイメージだが、厳密にいうとどのような働き方がフリーターにあてはまるかについては、意外と知られていない。さて、自称フリーターの3人、本当のフリーターは誰だろう？

　◆雑誌の編集・校正のアルバイトをやっています。随分長くやっていて、もう8年目になるかな。（30歳の男性　Ａさん）
　◆去年、結婚して勤めていた会社を辞めました。今は近所のファーストフードで週3日パートをしています。（28歳の女性Ｂさん）
　◆3年前に大学を卒業してから塾講師のアルバイトをしています。1日8時間で週5～6日は出勤しているかな。（25歳の女性　Ｃさん）

厚生労働省では、フリーターを以下のように定義している。
　年齢が15歳～34歳の学生・主婦でない者のうち
　(1)現在就業している者については、勤め先における呼称が「パート」または「アルバイト」である雇用者で、男性については継続就業年数が1～5年未満、女性については未婚で仕事を主にしている者
　(2)現在無業の者については、家事も通学もしておらず「パート、アルバイト」の仕事を希望する者

　そうすると、3人のなかでこの定義にあてはまるのはＣさんのみ。このように、フリーターという言葉は広く流布しているものの、その定義は意外と知られていない。また、フリーターのなかにもいろいろな生き方、働き方をしている人が混在しており、ひとくくりにしてしまうには無理がある。昔は、働く＝正社員のイメージが成立していたが、今の世のなかでは、パート、アルバイト、派遣、契約、在宅など、働き方にも随分と広がりが出てきた。今後は、フリーターの定義や社会におけるその位置づけが変わっていくことも予想される。

Chapter 8 社会のなかの落とし穴

―― 苦情・クレーム行動と悪質商法 ――

* * * * * * *

わたしたちは今、とても便利な時代を生きている。わざわざお店に行かなくたって、いつでもネットでモノが買えるし、お金だって振り込める。ライブや旅行のチケットだって、クリック1つで購入できる。しかし、そうした便利さと引き換えにわたしたちが手放さなければならなかったもの、それは"安全な社会"である。世の中が便利で簡単になればなるほど、「振り込め詐欺（おれおれ詐欺）」や「架空請求詐欺」「ネットオークション詐欺」などさまざまな悪質商法が横行し、わたしたちの生活を脅かす。「これだけ世間で話題になっているのだから、私だけは大丈夫」などといった過信は、確実にあなたの身を滅ぼすだろう。悪質商法は、あなたが考えている以上に早いスピードで増殖し、進化しているのである。

また現代は、商品の種類やサービスが非常に多様化し、"あったらいいな"がまさに叶う時代でもある。しかし、その分、欠陥商品や故障などのトラブルに出くわす機会も増えている。ようやく念願の商品を手に入れたのに、すぐに壊れたり、あるいは初期不良だったりした経験、あなたにもきっとあるだろう。その時どんな気持ちになり、どういった行動をとったであろうか。きちんと企業に交渉し、満足のいく成果が得られたであろうか。本章では、こうした「苦情・クレーム行動」や「悪質商法」といった社会の落とし穴に踏み込み、主に消費心理や社会心理的見地から概説していきたいと思う。

* * * * * * *

第1節 苦情・クレーム行動の背景

1999年、世の中に「クレーム」や「クレーマー」という言葉が浸透するきっ

かけとなったある有名な事件が勃発した。その名も、"東芝クレーム事件"。ある会社員が、東芝製ビデオデッキを購入したところ機能に不具合が生じたため修理・交換を依頼するが、逆に窓口担当者に暴言・罵声を浴びせられることになる。怒った会社員がそのやりとりを音声データとして自らのホームページで公開したことから、絶大な反響を呼んだクレーム史上、いやネット史上に残る大きなトラブルといわれている。最終的に東芝の社長が対応に関する落ち度を認め、会社員に謝罪するという形で終焉を迎えたが、その後、問題のビデオデッキは生産・販売が中止されるに至った。この事件がものがたっているように、現代では消費者によるウェブ上での情報発信というあらたなクレーム行動がとられるようになり、ともすれば一個人が大企業を瞬時に存亡の危機におとしめることも可能となった。こうしたインターネットの躍進は、企業に対しては苦情処理問題の重要性を再認識させるとともに、わたしたち消費者に対してはクレーム行動をより身近なものと捉えさせるのに一役買ったといえよう。

本節では、こうしたクレーム行動に焦点をあて、クレームを引き起こす要因や消費者相談の現状などについて、既存研究の知見や専門機関のデータをもとに概説していきたいと思う。

1．苦情行動とクレーム行動

ところでクレーム行動には、ほかに苦情行動や問い合わせといった類似概念があるが、これらの概念間にはどのような違いがあるのだろうか。たとえば森山（2002）は、「**クレーム**」を消費者や顧客の不満に基づく企業側に対する何らかの要求行為と規定しており、単なる不満の表明に終わる「**苦情**」や商品・サービスの内容などについて確かめる「問い合わせ」とは、厳密には区別して捉える必要があることを主張している。また中森・竹内（1999）もクレームと苦情について、納得のいく問題解決を求めている場合を「クレーム」、不快感や不信感といった負の感情の処理を求めている場合を「苦情」として、消費者がどちらの解決策を要求しているかによって両概念を分類している。そして企業の窓口は、怒っている相手の状況と心情を的確に捉えた上で苦情とクレームのいずれかを判断し、双方に対して対応を変えていくことの必要性を言及してい

表 8-1　苦情・クレーム内容の分類 (中森・竹内, 1999をもとに作成)

分　類	内　容	具体例
①モノ・サービスに関すること	製品の品質やサービスそのものに対すること	・クリーニングで衣服が縮んだ ・買ったばかりなのにすぐ壊れた
②接客に関すること	対応が悪い、不親切など本人の感じ方に関すること	・対応がぶっきらぼうで感じが悪い ・釣銭を間違えたのに謝らなかった
③情報に関すること	提供する情報のスピードや内容・社員の知識に関すること	・問い合わせに対して1週間で連絡するといったのに、まだ返事がこない
④金銭に関すること	修理代や不正価格などに関すること	・量のわりに金額が高い ・修理代がはじめの説明と違う
⑤システムに関すること	受け取り、販売、連絡などのシステムに関すること	・通信販売で一緒に注文したのに、なぜ別送されるのか
⑥法律に関すること	きちんと対応しないと法律的な問題に発展するようなこと	・カードの二重引き落としがあった ・説明書どおりに使用したのにケガをした

る。またクレーム概念の使用は、一般的に賠償・補償の請求といった状況に限定されるが、苦情概念はより広範な状況に適用されるといった見方もある。

　しかし、最近では苦情もクレーム同様、問題解決行為を表す言葉として用いられるようになっており、両者の区別はそれほど注意が払われていないのが現状である。そこで本章では、とくに断りのないかぎり両概念を明確には区別せず、「**苦情・クレーム行動**」として話を進めることにする。

　それでは苦情・クレーム行動にはどのような種類が存在するのであろうか。最も単純な分類は、「直接苦情」と「間接苦情」の2分類であり、前者は企業に対して直接苦情を言うこと、後者は口コミや法的措置をとるなど間接的手法を用いて第三者へ訴えることをいう。インターネットへの書き込みも後者に含まれるといえよう。また、苦情・クレームの具体的な内容に関しては、中森・竹内 (1999) が表8-1に示すような6分類を提唱している。

2．不満後の反応パターン

　苦情・クレーム行動は、おおむね前記のように分類されるが、消費者から苦情として表面化されるものは実はほんの一部であり、その背後には何倍もの潜在的苦情があるという。事実、わたしたちも商品に不具合があったからといって必ずしも苦情を申し立てないであろう。それではいったいどれくらいの人が苦情行動をとるのであろうか。たとえばワーランドら (Warland *et al.*, 1975) が

行った電話調査によると、対象となった1215名のうち、売り場で何らかの不満が生じた際、店舗マネージャーや販売員に苦情を言った人は32％、企業に手紙を書いた人は8％程度であったと報告されている。また池内（2006）は、日本人の学生133名を対象に質問紙調査をしたところ、購入した商品に対して不満が生じても、実際に苦情・クレームを言った人の割合は約20％であり、残りは何の行動もとらなかったという結果を得ている。こうした不満を感じつつも何もしない人たちは、とくに「**サイレント・マジョリティ**」と呼ばれている。

　それではわたしたちは、不満を感じた後、苦情・クレーム行動以外にどのような反応パターンを示すのであろうか。サイレント・マジョリティは、本当に何もしないで"泣き寝入り"をしたままなのだろうか。たとえば、接客の悪かったレストランには二度と足を運ばないであろうし、友人に愚痴ったりすることもあろう。こうした消費者の不満反応としてウィルキー（Wilkie, 1994）は、① 不満を言わずに我慢、② 再購入の拒否、③ 負の口コミの流布、④ 売り手企業への不満の訴え（苦情・クレーム行動）、⑤ ほかの機関への申し立て、といった5分類を提唱している。また佐藤（2001）は、不満足経験後の反応行動として、① 沈黙したまま退出、② 企業や第三者機関への苦情の申し立て（苦情）、③ 何もしないで我慢する（我慢）、の3分類を提唱し、各々の反応パターンがさらなる選択肢をもっている様相を図8-1のように示している。

　こうしたこれまでの研究をみると、苦情・クレーム行動は不満反応のひとつにすぎないことがわかるであろう。とくにウィルキー（Wilkie, 1994）が挙げている"**負の口コミの流布**"については、いくつか興味深い知見が得られている。たとえばブラウンとベルトラミニ（Brown & Beltramini, 1989）は、某アパートのガス供給が停止された時には、ガス会社への不満がどのように表明され、いかに負の口コミが発生

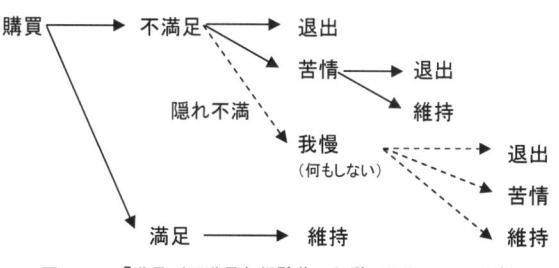

図8-1　「満足／不満足」経験後の行動（佐藤, 2001を改変）

し流布していくのかを、417の居住世帯を対象に調査した。その結果、負の口コミの伝播には、"問題の深刻さ"と"不便さ"が影響を及ぼしていることが見出され、当人がガス供給停止の問題を深刻であるとみなすほど、また不便であると感じるほど、ガス会社に対する悪い噂を積極的に耳にしたり、流したりすることがわかった。さらに、噂を何人に流したかに関しては、前記2つの要因に加えて"ガス会社の過失と認識する程度"が影響していることが見出された。すなわち、当人が問題をより深刻なものとみなし、不便さを感じるほど、さらに問題（原因）がガス会社の過失にあると思うほど、より多くの人に悪い噂を流すことがわかった。

またウェストブルック（Westbrook, 1987）は、購買後の否定的な感情と負の口コミの流布との関連性について、自動車の所有者200名を対象に質問紙調査を、そしてCATVの視聴者154名を対象に面接調査を行った。その結果、否定的なものであれ肯定的なものであれ購買後の感情反応が、その商品（サービス）に対する満足の程度や販売店に直接苦情を言うか否か、また口コミを流すかどうかといった要因に影響を及ぼすことが見出された。とくに購買後に生じた否定的な感情がもととなり、負の口コミが発生しやすくなることが示された。

従来から悪い口コミは良い口コミに比べて消費者の態度や購買行動に大きな影響を及ぼすといわれているが、こうした負の口コミ効果の影響力や発生メカニズムについては、堀内（2001）で詳しく取り上げられているので、そちらを参考にしていただきたい。

3．なぜ人は苦情・クレーム行動を起こすのか

わたしたちの周囲を見わたしてみると、同じような不満が生じても、すぐに苦情・クレームを表明する人もいれば、まったく何も行動しない人もいるであろう。こうした違いはどこから生まれてくるのだろうか。

黒岩（2004）は、苦情・クレーム行動の生起を説明する変数として、"市場特性変数"、"売り手やサービスの特性変数"、"消費者特性変数"の3つに分類している。"市場特性変数"についてはハーシュマン（Hirschman, 1970）が、競争市場に比べて寡占市場（少数の大企業が支配している市場）では、ブランドスイッ

チ（購入するブランドの変更）の起こる可能性が低いため苦情行動が生じやすいと指摘している。また"売り手やサービスの特性変数"については、消費者は品質や苦情対応への評判が高い企業に対して苦情を言う傾向にあることや、商品やサービスが高価であったり、自分で修理することが難しかったりといった問題の重要性が比較的高い時には苦情が生じやすいことなどが指摘されている。この点に関しては池内（2006）の調査結果でも同様の知見が得られており、とくに苦情行動が生じやすい商品としては、パソコン関連商品やAV機器などが見出されている。最後の"消費者特性変数"に関しては、ライフスタイルやパーソナリティ、態度や感情、性別や年齢との関連性について、古くから実にさまざまな研究がなされている。

　たとえばライフェルドら（Liefeld et al., 1975）は、カナダ人を対象に調査した結果、苦情の手紙を書いた経験のある人には、高学歴で収入の高い中年世代が多いことを見出している。また同様にメイソンとハイムス（Mason & Himes, 1973）も、購入した電化製品に不満をもった人を対象に調査したところ、家族が多く、高収入で持ち家、そして中年世代といった特性をもつ人が苦情行動を起こしやすい傾向にあるといった結果を得ている。パーソナリティについては、ボールフィン（Bolfing, 1989）の調査によると自己主張の強い人、自信のある人、また池内（2006）の調査によると完全主義的傾向が強い人ほど苦情を言う傾向にあることが見出されている。

4．なぜ不満を感じるのか

　こうした苦情・クレーム行動の根底にあるのはいうまでもなく**"不満"**である。不満がなければ、誰も苦情を言ったりクレームをつけたりしないであろう。それでは、そもそも不満はなぜ生じるのであろうか。不満の源泉については、オリバー（Oliver, 1980）の理論が有益な示唆を与えてくれる。

　オリバーによると、商品・サービスの品質、性能、補償、アフターサービス、支払い方法などが、消費者が購入前に考えていたものと相違がある場合、その"差（ギャップ）"が不満の発生因になると述べており、これは一般的に「**期待一致モデル（期待不一致モデル）**」と呼ばれている。このモデルによると、消費者

が購入前に抱いていた商品・サービスに対する期待の大きさと、実際に使用・消費することによって得られた成果（パフォーマンス）とを比較した結果、成果が事前の期待を上回っていれば満足につながり、下回っていれば不満足につながることになる。つまり、商品・サービスから得られた成果は同じであっても、事前の期待の大きさによって満足となるか不満足となるかが異なってくるのである。たとえば非常に期待して買ったCDやDVDがつまらなくて腹が立ったり、逆にあまり期待せずに買ったものが思いのほか良くて得した気分になったりした経験、あなたにもあるのではないだろうか。さらに、飲食店やレジャー施設といったサービスの消費においては、経験すればするほど事前の期待は大きくなるため、多くの経験をもつ消費者を満足させることは非常に困難といわれている。旨いラーメン屋として人気を博していた店が、味が少し変わった途端に客足がばったり途絶えてしまうのは、こういった心理が働いているからかもしれない。

5．苦情・クレーム行動の法則

　それでは、あなたが起こした苦情・クレーム行動に、企業が適切な対応をとったとしよう。その場合、あなたはその企業の商品を再び購入するだろうか。逆に何の行動も起こさなかった場合はどうだろうか。こうした苦情行動と再購入との関連性について有益な示唆を与えてくれる、次のような主張がある。

　「消費者苦情の解決に満足した顧客の同一ブランドについての再購入率は、不満を持ちながら苦情を申立てない顧客のそれに比較して極めて高い」（佐藤, 1986）

　これは、調査会社"Technical Assistance Research Programs Inc."（TARP）が、アメリカ合衆国消費者問題局の委託を受けて1979年に実施した「アメリカにおける消費者苦情処理調査」によって発見された法則のひとつである。TARPの社長の名をとって、佐藤（1986）が「**グッドマンの第一法則**」として紹介した。なお、こうした傾向は、低額の商品よりも高額の商品において、より顕著であることなども見出されている。

　図8-2は、消費者の苦情がもたらす企業利益を計量化したものであり、前

記のグッドマン理論が図示されている。具体的には、購入者のうち当該商品に不満をもつ人は約40％、そのなかで企業に苦情をいわない人（サイレント・マジョリティ）は約96％であり、この人たちの再購入率は約10％、それに対し企業に苦情を言ってその対応が迅速だった場合の再購入率は約82％、対応に時間がかかった場合の再購入率は約50％になることなどが示されている。

なお、「グッドマンの第一法則」に続いて「第二法則」といったものも佐藤によって紹介されており、それは「苦情処理に不満を抱いた顧客の非好意的な口コミの影響は、満足した顧客の好意的な口コミの影響に比較して2倍も強く、販売の足を引っ張る」というものである。より具体的には、苦情対応に不満足を抱いた顧客は、その不満を9〜10人の家族・知人・友人に話すのに対し、対応に満足した顧客はその内容を半分の4〜5人にしか話さないという知見が得られている。しかも不満足者のうち、20人以上に不満を話す人の割合は12.3％にものぼっている。これらの知見においても、負の口コミの影響力がいかに絶大であるかが示唆されているといえよう。

さらに、再購入率や負の口コミの生起だけでなく、苦情対応が非常に満足の

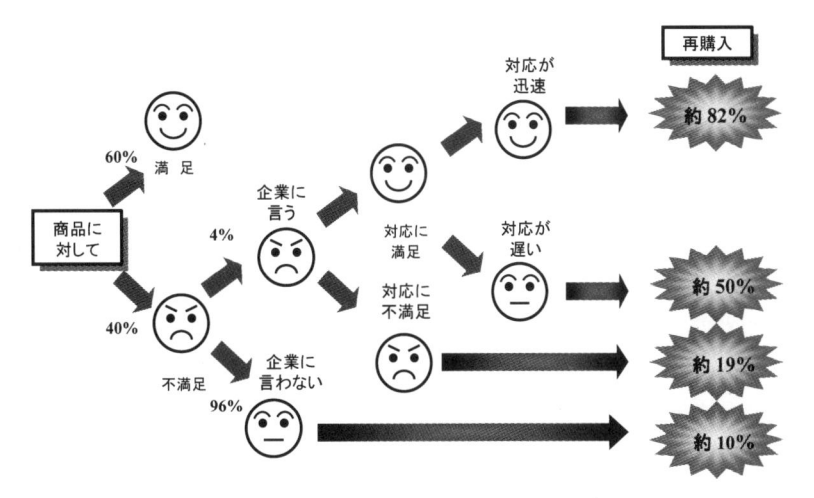

図8-2　グッドマン理論による状況別再購入率
（中森・竹内, 1999；佐藤, 1986をもとに作成）

いくものだった顧客の**ロイヤルティ**（忠誠心、すなわちある特定の商品や企業に対する好意的な態度）は、不満をもたなかった顧客のロイヤルティよりも高くなる場合があることも、これまでの研究によって見出されている（たとえばSpreng et al., 1995など）。苦情を訴えたり問い合わせたりした時に、係員の対応が非常に良かった場合、訴える前よりもその商品や企業が好きになるということは、誰しも経験するところであろう。この矛盾現象は「**リカバリー・パラドックス**」と呼ばれるものであり（黒岩、2005）、苦情対応の世界では非常によく知られている現象である。

　それではなぜリカバリー・パラドックスといった矛盾現象が生じるのであろうか。この点については、「**新近効果**」の観点から説明できる。第2章では、ある人物に対する態度や印象を形成する場合、最初に入手した情報が非常に強い影響力をもつといった「**初頭効果**」の重要性が示されているが、その反対に判断の直前に入手した情報が全体の印象を規定する場合もあり、この現象を新近効果という。たとえばスプレングら（Spreng et al., 1995）は、引越しで苦情を訴えた顧客410名に、引越し後に改めてサービス満足度を調査したところ、苦情処理に対する満足の程度が、サービス全体への満足度に最も強く影響することを見出している。この結果は、最後に直面した苦情への対応といったサービスが、引越しサービス全体の印象形成に最も影響していることを表しており、新近効果が働いている可能性を示している。また新近効果がなぜ生じるかについては、最後に抱いた印象がそのまま短期記憶として残り続けるためと考えられている。

6．消費者相談の現状——ダントツ1位は「悪質商法」！——

　苦情行動については、扱う問題が非常に実際的であるため、行政や実務の世界ではより積極的に検討が進められている。たとえばその代表的な機関として、「国民生活センター」（1970年発足。2003年には独立行政法人へ移行）、地域に密着した「消費生活センター」や「財団法人日本消費者協会」（JCA：1961年発足。詳しくは公式HPを参照のこと。http://www1.sphere.ne.jp/jca-home/2006年6月10日現在）、企業内の消費者問題関連部門担当者で構成されている「社団法人消費者関連専

門家会議」(ACAP：1980年発足。詳しくは公式 HP を参照のこと。http://www.acap.or.jp/2006年6月10日現在) などがある。読者のなかにも、名前くらいは聞いたことのある人も多いのではないだろうか。これらの組織では、消費者からの問い合わせや苦情への直接対応、あるいは企業の相談窓口担当者への指針の提示、消費者問題を解決するための調査研究や各種商品テストなどを行っている。そして、こうした機関への相談件数は、年々増加の一途をたどっている。

たとえば国民生活センター (2005) が発表している「PIO-NET 消費生活相談の年度別相談件数の推移」(図8-3) を見ると、相談件数は1995年度が274,076件であったのに対し、2004年度が1,832,502件となっており、この10年間に約6倍以上もの伸びを示しているのがわかる。とくに2002年度以降の激増は目を見張るものがある。なお「PIO-NET」とは、「全国消費生活情報ネットワーク・システム」の略称であり、国民生活センターと都道府県・政令指定都市の消費生活センターをコンピュータのオンラインネットワークで結び、消費生活相談に関する情報を蓄積したものである。相談内容は、価格・料金や広告・表示から契約・解約に関するものまでと非常に多岐にわたっているが、なかでも"架空請求"に関する相談件数の増加が、2002年度75,749件、2003年度483,304件、2004年度675,516件と、とりわけ顕著となっている (詳細については、国民生活センターの公式 HP 内にある消費生活相談データベースを参照のこと。http://datafile.kokusen.go.jp/wadai/kakuseikyu.html 2006年6月10日現在)。しかし、こうした消費者被害にあった人のなかで、実際に当センター

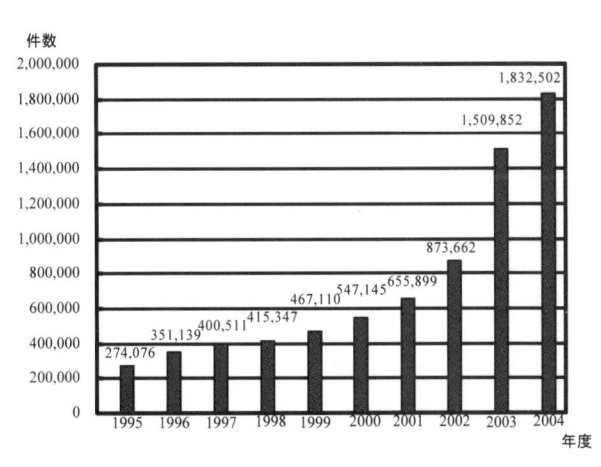

図8-3 消費生活相談の年度別相談件数の推移 (PIO-NET)

(国民生活センター「くらしの豆知識'06」より)
＊データは2005年5月末日までの登録分

などの専門機関に相談する人の数は、総理府や国民生活センターが実施した調査によると、わずか1.5～3.0%程度であると報告されている（村, 2004）。

そのほか、2004年に大阪府消費生活センターで受けつけた相談件数（苦情＋問い合わせ）は過去最高の12,069件（前年度比5.8%増）で、4年連続1万件を突破している。さらに、そのうちの約8割が、マルチ商法やキャッチセールスなどに代表される悪質商法の契約・解約に関する相談であると報告されている（詳しくは、大阪府消費生活センターの公式HP内にある「平成16年度消費生活相談の概要」を参照のこと。http://www.pref.osaka.jp/shouhi/h16soudangaiyou.pdf 2006年6月10日現在）。このように専門機関への苦情や相談内容の主なものとして、いわゆる「**悪質商法**」に関するものが挙げられる。そこで次節では、悪質商法の現状や歴史に焦点をあてて概説していくことにする。

第2節 「悪質商法」の背景

悪質商法の被害者といえば、あなたはどういった人を思い浮かべるだろうか。やはりマスコミでもよく問題となっている高齢者？ それともまだ世間ずれしていない学生？ 本節ではこうした問題に答えるべく、どのような人がどんな悪質商法の被害にあいやすいのか、またそれらの手口はいかなる歴史的背景のなかで生まれてきたのかなどについて概観したいと思う。

1. 悪質商法の現状

近年、規制緩和や情報化社会の進展に伴い、悪質商法の手口はますます多様化かつ巧妙になっている（以下、本節で紹介する悪質商法の手口については199頁のコラム参照）。図8-4は、平成16年度に「大阪市消費者センター」に寄せられた消費生活相談のなかで、とくに相談が多かった手口を示したものである。

図8-4をみると、やはり前記の国民生活センターのデータ同様、架空請求・不当請求に関する相談が突出して多いのがわかる。両手口を合わせた相談件数は16,281件であり、これは同センターの平成16年度の総相談件数41,229件のうち、約40%を占めることになる。また平成15年度の相談件数4,973件と比

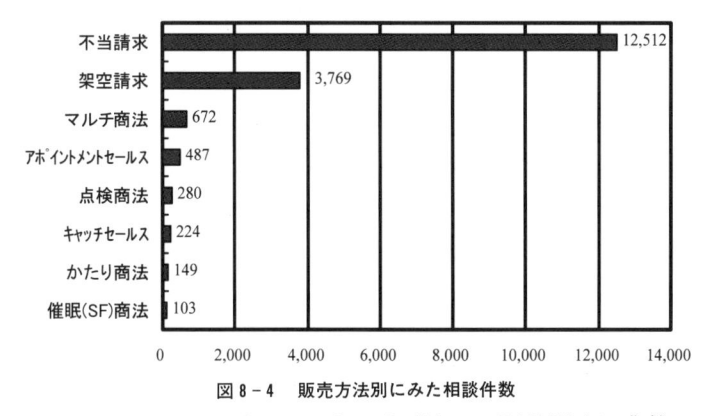

```
不当請求                                      12,512
架空請求         3,769
マルチ商法   672
アポイントメントセールス 487
点検商法   280
キャッチセールス 224
かたり商法  149
催眠(SF)商法 103
        0   2,000  4,000  6,000  8,000 10,000 12,000 14,000
```

図8-4　販売方法別にみた相談件数

(大阪市消費者センター『エル』2005年7月号で報告された調査結果をもとに作成)

べると、実に3倍以上もの増加率を示している。こうした不当請求や架空請求は、ワンクリック詐欺（インターネットのサイトにアクセスして、認証ボタンなどをクリックしただけで入会金や利用料金が請求されるというもの）に代表されるように、最も現代的な悪質商法といえるであろう。

　そのほか、**資格商法**などに多い「二次被害」や**点検商法**でよくみられる「次々販売」などもマスコミでは大きく取り上げられ、最近の悪質商法の特徴といえる。**二次被害**とは、一度被害にあった消費者を狙って、「以前の講座が修了していないので別の講座を受ける必要がある」などと言葉巧みに勧誘し、同じ事業者や別の事業者が再び高額の契約をさせるというものである。これは、被害にあった消費者の名簿が、"カモリスト"として同業他社に流れるために起こるとされている。この二次被害に関する大阪市消費者センターへの平成16年度の相談件数は、352件となっている。一方、**次々販売**とは、点検と称して家庭を訪問し、「このままでは家が壊れる」と消費者の不安をあおりながら屋根や床のリフォーム、シロアリ駆除など、次から次へと契約を結び、高額の料金を請求するものである。これは、判断能力の低下した高齢者を狙う非常に悪質な手口である。点検商法の相談自体は280件とそれほど多くはないが、こうした次々販売へと発展する可能性もあり、1件の被害額が大きく深刻なものが多い。

このように点検商法は、とくに高齢者が被害を受けやすいが、そのほか「**催眠（SF）商法**」や「**かたり商法**」なども高齢者が狙われやすい手口とされている。事実、同センターの催眠（SF）商法、かたり商法に関する相談件数のなかで、高齢者（60歳以上）の占める割合はそれぞれ91.3％、30.9％となっている。

　しかし、悪質商法の被害は何も高齢者だけにとどまらない。とくに若者をターゲットとした代表的な悪質商法に、「キャッチセールス」や「アポイントメントセールス」、「マルチ商法」などが挙げられる。同センターに寄せられた相談件数において、若年層（30歳未満）の占める割合は、順に84.8％、66.5％、58.3％、となっている。また主婦層においては、子どもがいるため外に働きに出られない状況を狙った「**内職商法**」や、余暇を活用して収入を得て少しでも家計の足しにしたいといった主婦の心理につけこむ「マルチ商法」が広がりをみせている（村、2004）。このように悪質商法は、年齢層によって勧誘の手口に特徴があり、被害の内容や状況についてもかなり違いがみられるのである。

2．進化する悪質商法

　近年、悪質商法による被害がしばしばマスコミで取り上げられているため、現代社会特有の問題として捉えられがちであるが、実際ははるか遠い昔から悪質商法なるものは存在していた。たとえば悪質訪問販売の起源ともいえる「押し売り」は、古くは市場がまだ「座」と呼ばれていた戦国時代、すでに「押し買い（無理に買い取ること）」や「乱暴狼藉（荒々しいふるまいで危害を加えること）」とともに、市場の禁止事項として定められていた。これが形を変え、現代では戸別訪問でしつこく不要な物を売りつけたり、勧誘したりする手口全般を悪質訪問販売としている。その典型的なものに前述の「点検商法」や「**デート商法**」、あるいは「消防署のほう（実際は方角を意味する）から来た」と言って消火器を売りつける「かたり商法」などが挙げられる。高度経済成長を迎えた1960年代には、悪質商法の大半がこうした悪質な訪問販売によるものであった。なお、上に紹介した催眠（SF）商法も、この頃に始まったといわれている。

　1960年代後半には、「**ねずみ講**」や「マルチ商法」が生まれた。この両者はよく混同されるが、マルチ商法は法律上の違法性はなく、「無限連鎖講の防止

に関する法律」で禁止されているねずみ講とは、その点で大きく異なる。しかしいずれの手口も商品の購入者が、知人などを次々と勧誘して会員を増やし、ピラミッド型の階層組織を形成していくというシステム自体は共通している。高額な商品を購入し、支払い困難となった消費者が自殺や夜逃げをしたことから、大きな社会問題となった。1970年代になり、列島改造論（日本列島を高速交通網で結び地方の工業化を促進するというもの）が展開され始めると、「**原野商法**」が発生した。これは悪質な不動産販売業者が、「将来、確実に値上がる」などと偽り、ほとんど無価値の原野などを法外な価格で売りつけるものである。バブル期にも横行したが、最近では騙されて購入した被害者が、転売話で釣られ、さらにお金を騙し取られるといった二次被害も問題となっている。1990年代以降は規制緩和時代に突入し、低金利の不況時代が続くなか、高利回りを売物にし「オレンジスーパー定期」や「オレンジ共済掛金」などの名目で約91億円を不当に集めたオレンジ共済事件が勃発する。2000年前後になると、副収入をエサにした「内職商法」や「**資格商法**」などが横行し始める。また、パソコンや携帯電話による商取引が浸透するにつれ、「**不当請求**」や「**架空請求**」、通信販売を悪用した詐欺事件が多発するようになる。

　このように悪質商法は、消費生活や社会情勢の変化に伴い、次から次へと新しいものが出現している。したがって、悪質商法の被害を受けないためには、従来の手口に関する知識だけでは十分とはいえない。常にマスコミの報道や、国民生活センターや消費生活センターなどの専門機関の情報に注意を向ける必要がある。

第3節　「説得」と「承諾」のメカニズム――なぜ人は騙されるのか――

　「残すところ、あと1つ！」、「今をのがすともう二度と手に入らない」などと言われて商品を購入した経験、あなたはないだろうか。また、「いま一番の売れ筋」などと言われると、つい心が動かされたりすることはないだろうか。これらはいずれもよくある販売テクニックであるが、こうした人の心理を巧みに操る技法は、実は悪質商法においても利用されている。本節では、さまざま

な説得技法の具体例を挙げながら、人はなぜ騙されるのか、どのような状況だと騙されやすいのかといった問題について言及する。

1. 承諾の原理

　そもそも悪質商法とは、一般の消費者を狙った詐欺的商行為を意味する。そして「**詐欺**」とは他者を騙して錯誤や混乱におとしいれ、不法の利益を得ることを指す。したがって悪質商法が成立する背景には、騙し、騙される心理が存在しているのである。こうした悪質商法に騙される人というと、わたしたちはつい先入観で社会経験の乏しい若者や主婦、社会的弱者である高齢者を思い浮かべがちであるが、前節でみたように実はそのかぎりではない。とくに、ここ数年被害が増え続けている電話勧誘販売（業者が消費者に電話をかけ、その電話における勧誘により、郵便などで契約を結ぶ販売方法）の主な被害者層は20～30代のサラリーマンとなっている。これは「購買活動がさかんな層は被害も多い」ことを意味しており、消費生活でモノやサービスを購入する人なら誰しも被害者となりうる可能性を示唆している（国民生活センター, 2005）。

　それでは人は、なぜ騙されるのであろうか。他者からの要請を受け入れるか否かに影響する心理学の原理としてチャルディーニ（Cialdini, 1988）は、① 返報性、② コミットメントと一貫性、③ 社会的証明、④ 好意、⑤ 権威、⑥ 希少性の6つを挙げている。各原理の内容や具体的なテクニックの詳細、さらに関連する悪質商法の例を表8-2に一覧表記しているので参照していただきたい。なお、悪質商法にかぎらず、ある種の宗教団体や自己啓発セミナーなどへの参加を促す「**マインド・コントロール**」（他者の考えや行動に影響を及ぼす手法）も、こうした人間誰しもがもっている心理を巧みに利用してなされているのである。

　それでは、なぜ人はこれらの原理に基づいて説得に応じてしまうのであろうか。たとえば社会的証明や権威、希少性などの原理に関しては、「**ヒューリスティック**」の観点から説明できる。私たちは日常生活のなかで、数多くの判断をせねばならないが、限られた時間のなかで膨大な関連情報ひとつひとつを吟味することは不可能である。そこで用いられるのがヒューリスティックという

表 8-2　承諾に影響を及ぼす諸要因

心理学の原理	内容	販売状況における具体的なテクニック	関連する悪質商法の例
返報性	他者から何かを与えられたら、お返しをしなければならない気持ちになる	無料の試供品や試食品を配布。高額な商品をまず勧め、断られたらより安価な商品を勧める。	・アポイントメント商法 ・点検商法 ・催眠(SF)商法
コミットメントと一貫性	自分の言葉、信念、態度、行為を一貫したものにしたいという欲求をもっている	まず契約書にサインさせ、前金を払わせる（消費者に買う気があるという態度を明確にさせる）。 まず低額商品を購入させ、次に本命の高額商品を売りつける。	・アポイントメント商法 ・キャッチセールス ・アンケート商法 ・催眠(SF)商法
社会的証明	ある状況で何を信じて、どのように振舞うべきかを判断する時、周りの人の行動を基準として用いる	「今一番売れている」「伸び率が最高」という点を強調する。 多数の消費者を呼び込み、購買意欲を喚起させ、競争させながら購入に至らしめる。	・催眠(SF)商法
好意	好意を感じている相手から何か頼まれると、承諾する傾向がある	友人や知人に販売する。 外見の良い人を販売員にする。 消費者と似ている点をアピールする。 相手に好意を伝えたり、褒め称える。	・デート商法 ・キャッチセールス ・マルチ商法
権威	権威ある人からの要求には屈しやすい	専門家であると思わせる。 地位や肩書を広告や販売に利用する。 服装や装飾品で権威を引き出す（特に制服は効果的である）。	・霊感商法 ・開運商法 ・かたり商法
希少性	人は手に入りにくくなると、その機会をより貴重なものとみなす	「数量限定」「期間限定」といった限定商品である点をアピールする。 「今を逃すと二度と手に入らない」といって気持ちを誘導する。	・催眠(SF)商法 ・当選商法 ・資格商法

簡便化された判断の方略である。この方略に従うことにより、非常に効率的で直感的な判断を行うことができ、認知的負担も軽くなる。この方略の有効性について、先の原理にあてはめて考えてみよう。

　たとえば街頭でラップの無料引換券をもらったので商品交換所に行ったとする。その場所（たいてい密室）にはすでに大勢の人がおり、しばらくすると販売員らしき人が来て、「おめでとうございます！　皆さんは選ばれた人です」と挨拶をし始めた。そして最初は鍋やポットなどの調理器具を見せながら、「はい、これ欲しい人。それでは最初に手を挙げたあなたに差し上げましょう」と無料で配布していたが、やがて場の雰囲気が盛り上がったところで、高額な布団や健康食品などを出してきた。「はい、これを今ならたったの50万円。先着1名限り。さあ欲しい人！」というように法外な値段で売り始めるが、気持ちが高ぶっているので、皆思わず手を挙げてしまう。これは催眠（SF）商法の典型例であるが、この時、「その商品が本当に50万円の価値があるかどうかわからないが、皆欲しがっているのだから間違いないだろう」（＝社会的証明）、「こ

の金額で買えるのは今だけであり、しかもたった1人に与えられた特権である」（＝希少性）といった判断の方略を、少なからず手がかりにしていると考えられる。冷静になれば詐欺まがいであることは明らかであるが、時間的制約も手伝い、こうした直感的な判断によってつい手を挙げてしまうのである。また、先に述べた「消防署のほうから来た」と言って消火器を売りつけるかたり商法で、思わず購入してしまいそうになるのも、「権威ある人が言っているのだから間違いないだろう」といったヒューリスティックを利用していると考えられる。

　そのほか、「今一番売れている」といわれると人はなぜ購入してしまうのか（社会的証明）については、フェスティンガー（Festinger, 1954）の「**社会的比較過程の理論**（詳しくは第1章参照）」が示唆を与えてくれる。この理論によると、人は自分の意見や能力を評価したいという欲求をもっているが、客観的・物理的手段が利用できない場合、他者の意見や能力と比較することによって自己評価をするという。その際、比較対象としては、自分と類似した能力や意見をもつものが選ばれることが多い。たとえば内職商法などの勧誘場面で、その業者の真偽に対して正確な判断が下せない場合、「あなたと同じような主婦の方もたくさん登録されています」と言われると、思わず安心して契約してしまう心理の背景には、この「社会的比較過程の理論」が少なからず働いている。

　また、なぜ好感をもてる人、とくに身体的魅力の高い人から購入を促されると断りきれないのか（好意）については、第2章で紹介されている「**ハロー効果**」の観点から説明できる。ハロー効果とは、他者のパーソナリティを推論する際、たとえ1つでもとくに好ましい、あるいは好ましくない特徴があると、その人に対する全体的な印象を不当に高く、または低く評価してしまう傾向を指す。チャルディーニ（Cialdini, 1988）によると、身体的魅力はこうしたハロー効果を生じさせ、才能や親切さや知性など、ほかの特性についての評価を高めるという。そしてその結果、身体的魅力の高い人から要請を受けると、人はついつい承諾してしまうのである。キャッチセールスやデート商法で魅力的な異性を販売員として用いるのは、こうした人間の心理を巧みに利用するためである。事実、あなたもキレイな人やかっこいい人から声をかけられて、つい足を

止めてしまった経験はないだろうか。

2．説得の技法

　販売員が消費者を悪質商法によって騙すためには、まず消費者の態度を変容させる必要がある。そして、その態度変容に不可欠なのが、受け手の考えや行動を特定の方向に変化させることを意図した「**説得的コミュニケーション**」といわれる手法である。

（1）　説得的コミュニケーション

　販売員は、商品を購入させたり契約を結ばせたりするために、消費者に対して説得的コミュニケーションを試みる。この場合、コミュニケーションが効果的なものになるためには、まず"送り手は誰か"ということが重要となる。ホブランドとウェイス（Hovland & Weiss, 1951）はその一要因として、「**信憑性**」の高さを挙げている。そして信憑性は、その販売員がどれだけ正確な情報をもっているかといった「**専門性**」と、どれだけその情報を正しく伝えようという動機をもっていると思うかといった「**信頼性**」によって形成される。たとえば接客した販売員が、こちらの質問に対して迅速に答えてくれたり、身体的魅力が高かったり知人の紹介であったりすると信憑性が高まり、おのずと購買意図も強くなると考えられる。マルチ商法やかたり商法などは、こうした信憑性を利用した手口であるといえよう。

　またコミュニケーションの手法、すなわち伝えるメッセージによっても効果は異なる。メッセージの内容は大きく分けて、「**一面呈示**」と「**両面呈示**」の2つがある。一面呈示とは商品やサービスの長所だけを主張するコミュニケーションであり、両面呈示とは長所だけでなく短所をも含めて伝えるコミュニケーションである。こうした一面呈示や両面呈示については数々の研究成果が報告されているが、古典的な研究においては、本来の態度が説得方向と同じ受け手（その商品に対してもともと好意的であった人）には一面呈示が、説得方向と反対の受け手（その商品に対してもともと非好意的であった人）には両面呈示がそれぞれ効果的であることが見出されている（Hovland et al., 1949）。また、一般的に受け手の教育水準が高く、説得話題に関する情報や知識を多くもっている場合は、

両面呈示の方が効果的であるといわれている。

そのほかのコミュニケーションの手法としては、「**恐怖喚起コミュニケーション**」がある。これは消費者を脅し、不安にさせることによって態度を変容させる手法であり、霊感商法や点検商法などで利用されることが多い。たとえば「このままでは身内に不幸がおこる」、「あなたには悪霊がついている」などと脅しをかけて高額の印鑑や壺を売りつけたり、あるいは「このままでは家が崩れる」「床が腐っている」などと脅してリフォームを勧めたりする販売方法がこれにあたる。また、その恐怖に対する明確な対処法が示されているならば、喚起される恐怖が強ければ強いほど説得効果は高くなることが見出されている。

（2）さまざまな説得技法

多くの悪質商法に利用されている古典的な説得技法としては、「フット・イン・ザ・ドア技法」、「ドア・イン・ザ・フェイス技法」、「ロー・ボール技法」がある。これらはいずれも継続的な交渉場面において非常に有効的であり、社会心理学の領域ではこうした技法が効果を発揮する理由について、実証的見地から検討がなされている。

〈フット・イン・ザ・ドア技法〉

A「こんにちは。全国羽毛布団協会の者ですが、ただ今、無料で羽毛布団の点検を行っております。無料ですのでこの機会に是非、点検を受けてみてはどうですか？」
B「そうねえ。無料ならお願いしようかしら。」
といって部屋に業者を上げると……
A「うわ、奥さん。こんな布団で寝ていたら健康を害しますよ。見てご覧、ダニがうじゃうじゃいるよ。クリーニングできる状態じゃないので、これは新しいのを購入したほうがよさそうだね。」
といって、布団の拡大写真を見せられる。（もちろんニセモノ）
B「でも購入となるとお金がかかるから……。」
A「心配いりませんよ。この布団を下取りに出すと、30万円のところ、今なら特別に25万円でお売りすることができます。この状態じゃますますダニが増殖するので、1日も早く変えた方がいいですよ。」

B「それなら、お願いしようかしら。」
　そして結局、Bさんは粗悪な高額布団を買わされてしまった。

　これはいわゆる点検商法の一例であり、ここで利用されているのが、「**フット・イン・ザ・ドア技法**」である。フット・イン・ザ・ドア技法とは、最初にわざと受け入れられやすい小さな要請をしておいて、その後本来目的である大きな依頼をする技法である。訪問販売員が、「まずは話だけでも聞いてください」と小さな要請を掲げて、玄関に"足"を一歩踏み入れることからこうした名称がついた。なお、小さな要請から大きな要請に段階的に進んでいくことから、別名「**段階的要請法**」とも呼ばれている。前記の例では、最初に点検をするといった小さな要請をした後、羽毛布団の販売といった本命の大きな要請をしており、見事、契約にこぎつけている。また、先に紹介した「恐怖喚起コミュニケーション」も巧みに利用されているのがわかるであろう。そのほか、日常の交渉場面におけるフット・イン・ザ・ドアの代表例としては、新聞の勧誘、エステや英会話などの無料体験などが挙げられる。1ヶ月間だけ新聞をとらせたり、無料体験に参加させたりすることによって、最終的に本来の目的である年間契約や高額商品の販売に結びつけるというわけである。

　なお、フリードマンとフレイザー(Freedman & Fraser, 1966)は、こうしたフット・イン・ザ・ドア技法について興味深い実証研究を行っている。彼らは、カリフォルニアの2つの住宅地区（A地区、B地区）で、安全運転運動に協力するために、看板を前庭に立てさせてほしいと申し入れをした。その看板には、下手な文字で「安全運転をしよう」と書かれており、美観からは程遠いものであった。したがって、突然依頼を行ったA地区では、承諾してくれた住人はわずか17%であった。ところが、事前に「安全運転をするドライバーになろう」と書かれた3インチ四方の小さなステッカーを貼ってほしいと頼んでいたB地区では、何と76%もの人が看板の要請に応じてくれたのである。この結果は、人は最初に小さな要請に応じると、次の大きな要請にも応じやすくなるといったフット・イン・ザ・ドア技法の有効性を示唆するものとなっている。

　それでは、なぜこの技法が効果を発揮するのであろうか。この点については、

「自己知覚理論 (self-perception theory)」と「認知的不協和理論 (cognitive dissonance theory)」によって説明される。自己知覚理論によると、人は小さな要請を受け入れることによって、そういった要請に応じるタイプの人間であると自分自身を知覚する（思い込む）ようになる。そうすると、その自己知覚に応じた態度変容が生じ、後の大きな要請に対しても受け入れやすくなるというのである。また認知的不協和理論によると、最初の要請に応じたのに2回目の要請を拒否することは、不協和を生じることになる（詳しい説明は第9章を参照のこと）。つまり人は、自分のなかに互いに矛盾するような認知要素があると不協和と呼ばれる不快な緊張状態におちいる。したがって不協和を生じないためには、人は小さな要請に応じた後、大きな要請に対しても承諾せざるをえなくなるというのである。なお、2つの要請が別の人によってなされても効果が発揮されることや、2つの要請の間隔が数日にわたっても効果があることなどが、これまでの研究によって確かめられている（安藤, 1987）。

〈ドア・イン・ザ・フェイス技法〉

> A「もしもし、Bさんでしょうか。Bさんはたしか今就職活動中ですよね？　資格は何かお持ちですか？　資格があると就職や将来の独立にも大変有利ですよ。今なら宅建（宅地建物取引主任者）の通信講座が20万円で受けられますがいかがでしょう？」
> B「20万円なんてとんでもない！　絶対無理です。」
> A「そうか。学生さんだもんね。じゃあ、学生さん向けの教材セットはどうかな。CDとテキストで、たったの5万円。1日1時間の勉強を半年間続ければ資格がとれるし、絶対に就職活動に有利だって。」
> B「就職に有利か……。じゃあ、やってみようかな。」
> そして結局、Bさんはあまり興味のない宅建の教材セットを買わされてしまった。

前記は大学生の不安を逆手にとった非常に悪質な資格商法の一例であり、「**ドア・イン・ザ・フェイス技法**」が巧みに利用されている。これは、まず確実に拒否されるような大きな要請を行い、拒否されると次にそれより小さな要

求（実はこちらが本命）を出すといった技法であり、拒否した後の後味の悪さ、後ろめたさの心理につけ込むものである。「鼻先でバタンとドアを閉める」、「門前払いをくわせる」といった意味があり、要するに最初に相手の依頼を拒絶することからこのように名づけられている。なお、あたかも依頼者が大きな要請から小さな要請に譲歩したかのように見えるため、「**譲歩的要請法**」とも呼ばれている。実はこの譲歩のテクニックは、日常の買い物場面でもよく利用されている。たとえばあなたがパソコンを購入する際、販売員に「この価格からさらに２万円値引きしましょう」と言われたものの、まだ決断できないでいるとしよう。その時、販売員が「わかりました。じゃあマネージャーとかけあって、３万円引いてもらえるよう何とか頑張りましょう」と言われたら、あなたならどうするだろうか。思わず購入に踏み切ってしまうのではないだろうか。

こうしたドア・イン・ザ・フェイス技法の有効性は、チャルディーニら (Cialdini *et al.*, 1975) の実験で確かめられている。チャルディーニらは、大学生に対して、「非行少年のグループを動物園に連れて行くので、２時間ほどつき添ってほしい」と要請したところ、承諾率はわずか17％であった。ところが「非行少年の施設で２年間にわたり、週に２時間ずつボランティアのカウンセラーをやってほしい」という大きな要請をして断られた後に前記の依頼をしたところ、約50％もの学生が承諾してくれた。この結果は、人は大きな要請を断った後に、小さな要請を提示されると承諾しやすいといったドア・イン・ザ・フェイス技法の有効性を示しているといえよう。

この技法が効果を発揮する理由については、相互譲歩、自己呈示（第５章参照）、罪悪感といった観点から説明できる。"相互譲歩"によると要請を受ける側は、要請者が大きな要請を取り下げ小さな要請に変更することによって一種の譲歩を受けたと思い、そうした譲歩のお返しとして２つ目の要請を受け入れると考えられる。つまり、社会規範のひとつである「**返報性**（第４章参照）」が働いているのである。そのほか、"自己呈示"の観点からは、人は相手に対してなるべく良い印象を与えたいという欲求があるため、また"罪悪感"の観点からは２回連続で断るとさすがに罪の意識が生じるため、それぞれ第２の要請を受け入れると考えられている。ただし、ドア・イン・ザ・フェイス技法に関

しては、2つの要請が同じ人によってなされる必要があることや、2つの要請の時間間隔が短くなければならないといった制約がある。

〈ロー・ボール技法〉

A「今このパソコンを購入していただくと、もれなくデジカメとプリンターをお付けすることができます。」
B「よし、決めよう！」
　そして、いざお金を支払う段階になると
A「申し訳ございません。先ほどデジカメとプリンターが付くと申し上げましたが、あれは私の勘違いでして、デジカメはこの商品には付かないのですが……。」
B「ええ？　でも、もう買うって一度決めたし、仕方がないな。」
　そして結局、Bさんは何となく腑に落ちないままパソコンを購入してしまった。

　前記は悪質商法ではないが、日常よくみられる買い物の一場面である。つまり最初に魅力的な条件を提示して要請を承諾させた後、その魅力的な条件を取り除いたり、悪い条件をつけ加えたりして本当の要請を行う販売テクニックであり、これを「**ロー・ボール技法**」という。ロー・ボールという語は、「容易に手の届きそうな低く投げられたボール（釣り玉）」からきている。人には一度決定をすると、多少条件が変わってもその決定を撤回しないといった性質があるため、とにかくまず承諾させることを目的としていることから、「**承諾先取要請法**」ともいう。

　チャルディーニら（Cialdini *et al.*, 1978）は、ロー・ボール技法の有効性について次のような実験を試みている。まず大学生に電話で、いきなり「朝7時に始まる思考過程に関する研究に参加してほしい」と要請をしたところ、承諾率は24％であった。ところが、まず「思考過程の研究に参加したいかどうか」を尋ねた後で、「朝7時に実験が始まる」ことを告げた場合、何と56％もの学生が参加の意思を示したのである。

　なぜこうしたロー・ボール技法が効果的なのであろうか。それは"コミット

メント（関わり合い）"と"義務感"といった観点から説明がなされる。すなわち一度魅力的な条件で要請を受け入れたことで、その要請内容に関与しているといった意識や義務感が生じて、最初の決定を変更しにくくなるというのである。

そのほかの説得技法としては、「今、この置時計を買うともれなく腕時計が付いてくる」といった"おまけ"を付けることによって購買意欲をくすぐる「ザッツ・ノット・オール・テクニック」や先に述べた希少性の原理とも関係している「デッド・ライン・テクニック」や「ハード・トゥ・ゲット・テクニック」などがある。これらはいずれも買おうか買うまいか迷っている人のバランスを崩し、最後の一押しをするという点で共通しており、"本日限り"や"残り１つ"といった文言で時間の有限性や入手困難な希少性を訴え、人々の購買意欲をあおる技法である（富田, 2004）。

第４節　クレームのすすめと悪質商法対策
──わたしたちに何ができるか──

本章では、前半部分を苦情・クレーム行動について、後半部分を悪質商法について、主に消費心理や社会心理の研究領域における成果を引用しながら概説してきた。これらのテーマは、わたしたち誰しも直面しうる社会の落とし穴であり、自分の身を守るためにはしっかりとした知識と対策を備えておかねばならないといった点で共通している。つまり知識がなければ、欠陥商品をつかまされた場合や悪質商法に引っかかった場合に適切な対応がとれず、結果的に泣き寝入りをすることになってしまう。

それでは、もし上記のような状況におちいった場合、わたしたちは実際的な方法として何をすればよいのだろうか。まず商品やサービスに落ち度が見つかった場合は、その企業の「お客様相談室」や「コールセンター」などの窓口に連絡をし、決して感情的にならず、きちんと状況を説明した上で権利を主張するといった交渉をする必要があろう。企業側も、ネット社会の恐怖ゆえクレーム処理の重要性を十分に認識しているであろうことから、不遇な対応をすること

はまずないと思われる。しかし、それでも納得のいく対応が得られなかった場合は、本文中でも紹介した「国民生活センター」や各地域にある「消費生活センター」などの専門機関に相談するとよいだろう。苦情やクレームというとどうも聞こえが悪く、訴えるのに二の足を踏む人も多いと思われるが、企業側からすればこうしたクレーム情報はむしろ顧客を引きとめるチャンスとなる。企業にとって一番恐れるべき結末は、苦情を言わないまま顧客が黙って離れていってしまうことなのである。また、本章で紹介したような苦情・クレーム発生の心理的メカニズムがわかっていると、自身のおかれた状況を冷静に把握するのに有利となろう。

　なお、こうした専門機関に現在最も多く寄せられている相談内容は、悪質商法に関するものである。近年、消費者契約法や特定商取引法などの法令も整えられてきてはいるものの、依然として「振り込め詐欺」や「架空請求」、さらに「資格商法」など、人の弱みを巧みについた悪質な手口は後をたたない。こうした悪質商法はいずれも巧妙な心理テクニックが利用されている。本章では、"人はなぜ騙されるのか"といった観点から承諾の心理について概説し、また態度変容といった見地からさまざまな説得技法について紹介した。悪質商法は、ひとたび被害にあってしまうと個人の経済的問題にとどまらず、家族や親戚をも巻き込み、計りしれない精神的苦痛をもたらすことになる。こうした被害にあわないためには、まず「自分だけは大丈夫」という過信を捨て、誰しもが被害者となる可能性があることを心にとどめておく必要があろう。

　しかし、もちろん被害を未然に防ぐことも可能であり、そうした予防や拡大防止に役に立つのが、まさに心理学の知識なのである。販売員の説得テクニックや、どんな条件が揃えば人は承諾しやすいのかといった知識をあらかじめもっていると、少なくとも相手の意のままに契約に応じることは避けられるであろう。本章で紹介した数々の理論や研究成果が、悪質商法の魔の手からあなたの身を守り、人生をより良きものにすることに少しでもお役に立てれば幸いである。

（池内　裕美）

コラム：悪質商法あれやこれや

ここでは近年とくに注目される手口や、本文中で出てきた商法を紹介しよう。

商法の名称など	主な商品・サービス	主な勧誘の手口・特徴と問題点
架空請求詐欺	金銭(情報量)	使った覚えのないアダルトサイトや出会い系サイトの情報量などの支払いを手紙、ハガキ、メールなどで請求してくるもの。
ワンクリック詐欺、不当請求	金銭(情報量)	迷惑メールなどに添付されたURLをクリックすると、突然「登録されました」と表示され、不当な料金を請求される。
マルチ商法	健康食品、美顔器、浄水器、化粧品など	販売組織に加入し購入した商品を知人などに売ることによって組織に勧誘し、各人がさらに加入者を増やすことによりマージンが入るという商法。
ねずみ講	金銭、有価証券などの配当	後から組織に加入した者が支出した金銭を、先に加入した者が受けとる配当組織。「無限連鎖講の防止に関する法律」によって、金銭にかぎらず有価証券なども禁止されている。
アポイントメントセールス	アクセサリー、絵画など	「抽選に当たったので景品を取りに来て下さい」「特別モニターに選ばれました」などと有利な条件を強調して電話で呼び出し、商品やサービスを契約させる。
キャッチセールス	化粧品、美顔器、エステ、絵画など	駅や繁華街の路上でアンケート調査などと称して呼びとめ、喫茶店や営業所に連れて行き、契約に応じないかぎり帰れない雰囲気にして商品やサービスを買わせる。
催眠(SF)商法	布団類、電気治療器、健康食品	「くじにあたった」「新商品を紹介する」と言って人を集め、閉め切った会場で台所用品などを無料で配り、得した気分にさせ、異様な雰囲気のなかで最後に高額な商品を売りつける。新製品(S)普及会(F)という業者が最初に始めたので、"SF商法"とも呼ばれている。
点検商法	床下換気扇、布団、浄水器、耐震工事	点検をするといって家に上がり、「床下の土台が腐っている」「布団にダニがいる」などと不安をあおって新品や別の商品・サービスを契約させる。
資格商法	行政書士、宅建などの資格を取得するための講座	電話で「受講すれば資格がとれる」などと執拗な加入をせまり、講座や教材の契約をさせる。以前の契約者に「資格が取得できるまで契約は続いている」、逆に「契約を終わらせるための契約を」といって再度別の契約をさせる二次被害が増えている。
デート商法	アクセサリー、絵画など	出会い系サイトや電話、メールを使って出会いの機会を作り、デートを装って契約させる商法。契約後は行方をくらますケースが多い。
かたり商法	消化器、ガス警報機、表札など	消防署やガス会社などの公的機関や有名企業の職員であるかのように思わせるそぶりやトークで、商品やサービスを販売する商法。
内職商法 サイドビジネス商法	宛て名書き、データ入力、ホームページ作成、テープ起こし	「内職・副業(サイドビジネス)になる」「脱サラできる」などをセールストークに、実際には内職用の材料や機材を売りつけ、内職の商品は買い取りを拒否したり、内職自体まわさなかったりするという商法。

(国民生活センター, 2005を改変)

Chapter 9 わたしの文化を越えて
――文化と心の関わり――

＊ ＊ ＊ ＊ ＊ ＊ ＊ ＊

　わたしたちが生きている集団――広くいえば日本やアメリカなどの国家社会から、大阪や東京などの地域社会、学校や会社などの組織、小さなグループや家族などの集団まで――には、それぞれの習慣やルール、価値観などが存在している。たとえば、「アメリカと日本では言語や生活習慣が違う」、「関東と関西では笑いに対する考え方が違う」、「この大学は自由な雰囲気だ」、「うちの家族は古風だ」……など、わたしたちは集団がもっている習慣や価値観について考えることがある。一方で、わたしたちのもつ習慣やルール・価値観は、まわりの人にも共有されて日常生活にとけ込んでいるため、「当たり前」のものとなってしまい、日ごろ意識されることは少ない。しかし、それらはわたしたちを取り囲み、目には見えないけれど必要な空気のように存在しているのである。本章では、わたしたちの日常の現実のなかにある習慣やルール・価値観などの「文化」が、概念や認知様式、人間関係の作り方など、「心」の形成に大きく関わっていることについて取り上げる。

＊ ＊ ＊ ＊ ＊ ＊ ＊ ＊

第1節　わたしの心と文化

　社会心理学は、わたしたちと広い意味での「社会」との関わりについてさまざまな研究を行ってきたが、そのなかでも文化と心の関わりについての研究は1990年代以降、とくに注目が高まっている。では、文化と心を研究する上での理論的枠組みとはどのようなものであろうか。

1. 文化とは何か？——わたしの思考・行動・認知に意味づけを行うシステム——

まず、文化と心の関係を語る上で、**文化**とはどのように捉えられるのであろうか。クラックホーン（Kluckhohn, 1954）は、「文化とは人間社会ででき上がってきたものを通して人が獲得し、伝達する"思考・感情・反応のパターン"であり、歴史を通じて選択されてきた伝統や、さまざまな物事に対して付与された価値などが含まれるもの」と述べている。同様に、マーカスや北山は、「文化とは社会の歴史を通じて築かれた慣習および公の意味・日常的現実である」、と述べている（北山, 1998；Markus & Kitayama, 1991）。このように文化とは、「ある集団に**共有され**、世代を超えて**伝達されている**、人の行動や物事についての意味の集合」として定義することができよう。そして当然のことながら、文化は人の集合なしには生まれえないものであり、時代とともに変化するものでもある。

ブルーナー（Bruner, 1990）は、人の行動や認知・感情を、その人の生きている文化によって形成された「意味」と連動させて解釈することの必要性を論じている。たとえば、ある人が「黙っている」とする。あなたはこの行動をどう解釈するだろうか。実際には、この人が現在おかれている状況についての情報がなければ、その行動を解釈したり、説明したりすることは難しい。先生に「君がこんなことをしたのか？」と問いただされて「黙っている」のと、あまりに美しい光景を見て思わず息をのみ「黙っている」のように、同じ行動でも場面によってまったく解釈は違ってくる。また、授業中に先生の話を「黙って」聞いていることは日本ではまじめに聞いている、と肯定的に評価される場面が多いが、アメリカでは授業への興味のなさを示していると解釈されてしまう場合がある。このように、自分や他者の行動を理解する上で、その人のおかれた状況や文化のもつ意味を理解することは、実はとても重要な要素となっているのである。言い換えれば、文化は、わたしたちの行動や思考に意味づけを行うものであるといえる。

文化は日常の行動・環境のなかに溶け込んでいるため、意識されない行動や思考にその影響が表れる場合が多い。たとえば、日本文化のコミュニケーションスタイルは「状況・文脈依存的」であるといわれているが、わたしたちはそ

のことを明確に意識して行動しているわけではない。しかし、実際のコミュニケーションにおいてわたしたちは、いちいち考え込まずとも、自分のことを友人の前では「俺」と言ったり、会議や就職活動などの場面では「わたし」と言ったりするように、場面に応じて一人称を切り替えることができる。同様に、相手のことも「君」や「あなた」、あるいは「そちら」などのように呼び方を変化させる。このように、日本語を使っているわたしたちは、一人称や二人称を状況や相手に応じて自動的に変化させるという「状況・文脈依存的」行為を、知らず知らずのうちに行っているのである。

　わたしたちはあまりにも自然に、意識せずにこのような文化的行為を行っていることが多いため、文化とわたしたちの行動や思考との関係を客観的に考えてみることは少ない。それゆえに、文化と人との関係は見過ごされやすいものでもある。言語学者のヤマダ（Yamada, 1997）は、「異文化間コミュニケーションとは、異なるゲームのプレイヤー同士の交流だ。プレイヤーはそれぞれ、ゲームは自軍のルールで進行するものと思い込んでいる。しかしサッカーのルールでラグビーの試合はできないように、日本人のルールに則ってアメリカ人とコミュニケーションをはかることはできない」と述べている。コミュニケーションに代表されるように、文化は自分が日常使って生きているルールであるため、ほかのルールがあることにも気づきにくいのである。

2．文化心理学とは──文化と心の関係を探る──

　わたしたちが日頃文化とわたしたちの行動や思考との関係を意識することが少ないことは先に述べた通りであるが、さらに、人には自分の住む世界や文化の価値観を中心に物事を捉え、それ以外の考え方や価値観を受け入れることが難しいという傾向がある。これを「**エスノセントリズム**」（自文化中心主義）という。歴史的にみると、ギリシャ哲学の時代から近代西洋の心理学に至るまで、エスノセントリズムは多かれ少なかれ、人文科学に影響を及ぼしてきた。そして、「わたしたちの考えは、ほかの文化に暮らす人々にもあてはまるはずだ」、「たとえほかの文化の人々がわたしたちと違っているとしても、もしその文化が発展すれば、自分たちと同じようになるはずだ」と考えるような傾向が生み

出されてきた。

　エスノセントリズムは、わたしたちの文化が思考に与える影響の大きさを表しているともいえる。ミード（Mead, 1934）が指摘しているように（詳細は第1章参照）、わたしたちはある特定の共通価値をもつ文化や集団のなかに生まれ、そのなかで成長し、その文化・集団に即した思考・信念・態度を身に付けていく。そして、それらを当たり前のことと捉えるようになる。それゆえ、自文化とは異なる習慣や価値を、自分たちの色眼鏡抜きに解釈するのはとても困難になってしまうのである。

　エスノセントリズムに加え、心の普遍的メカニズムを明らかにしようとする**普遍主義的**実証科学としての心理学の立場から、文化と人の心の関係についてはあまり多く議論されてこなかったという経緯がある。このような立場からは、文化や社会的要因は「人間の外に存在するもの」として扱われる。そして文化の影響を排除すれば、その奥にある心の仕組みはどの文化の人にもあてはまる「普遍的なもの」として考えることが可能になるとされてきた。

　しかし、文化はわたしたちの「外」に存在しているのではない。社会的な動物である人間は、いわば特定の集団（社会）に共有されている空気（＝文化）にうまく適応できるように、自らの心理機能を作り上げているのである。このように従来の文化と人との関係を捉えなおし、文化とは自己を形作り、人の行為を説明し、人の心の機能を作り上げるもの、と考えるのが「**文化心理学**」という研究分野である。

3．文化と心の相互構成プロセス

　図9-1は、このような文化心理学の考え方を模式的に表したものである。文化は、家庭環境や学校・職場の雰囲気などの身近なものから、広くは政治や経済、言語やコミュニケーション様式、さらにその背後にある価値観や人間観など、さまざまな次元で捉えることが可能である。そして、それらは互いに連動し合っていると考えられる。たとえば、ある国の経済のあり方は、その国が共有している価値観と無関係ではないであろう。また、家庭環境や親の養育態度は、その人が暮らしている文化に共有されている価値観や、宗教・経済・政

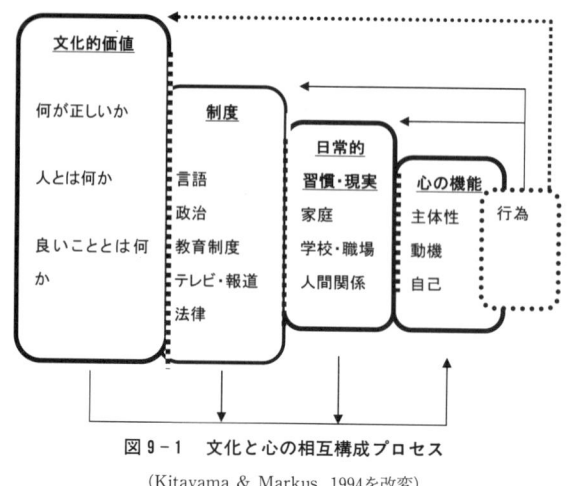

治などから影響を受けている。そして、人は家庭や所属集団、学校など、身近な「社会」のなかで生きることを通じて、これら種々の次元での「文化」を、直接的または間接的に身に付けていく。

さらに、文化と心の関係は、文化が心を作り上げるという一方向的なものにはとどまらない。いったんこのように人の心理プロセスが作り上げられると、個人は人とコミュニケーションをしたり、人を育てたり、意見を発したり、または行動したりすることにより、獲得した文化慣習の維持や変容に関わることになる。文化はあくまで人の集合によって共有され、伝達されるものであるがゆえに、当然のことながら、個々人の行為や存在がなければ文化は成り立つことはない。したがって、文化が心を作り上げるだけではなく、わたしたちの心や行動が文化を作り上げていくという方向性も生まれる。シュウェーダーは、このダイナミクスを**「文化と心の相互構成プロセス」**と述べている（Shweder, 1990）。

4. 文化と心の関係を調べる方法——比較文化研究からわかること——

では、心と社会・文化の関係を明らかにするためには、どのような方法が用いられているのであろうか。その際の研究方略のひとつとして、歴史的背景が異なっている地域・集団間の比較を行うことの有効性が示唆されている（北山, 1998）。日米比較などの国家間比較は、文化心理学研究において広く用いられている手法である。歴史的背景が最大限に異なる領域を比較することによって、得られた心理プロセスの差異や共通性と、それらを可能にしている文化の要因との関係を明らかにしやすくなるからである。これまでの研究では、主に北米

文化（中流階級のヨーロッパ系アメリカ人が対象となっている場合が多い）と、日本や中国・韓国をはじめとする東アジア文化との比較研究が行われてきた。次節以降では、国家間比較研究による知見について述べるが、もちろん文化心理学研究は国家比較という研究手法にはとどまらないものである。

第2節　文化的自己観——対人関係とわたし——

「わたしとはどのような存在か」という「自己認識」（詳しくは第1章を参照のこと）は、文化や社会と密接に関連していると考えられる。たとえば、「わたしは真面目な人間だ」という認識をもつためには、真面目とは一般的にいってどのような性質・行動傾向を指すのか、わたしはまわりの人と比べてどのぐらい真面目だといえるのかなど、自分の生きている社会や文化における人一般についての認識・知識をもっている必要があるであろう。

このように自己認識は、わたしたちの生きる文化や社会で共有されている「人とはこのようなものだ」というモデルに基づいてでき上がっている側面があるといえる。本節ではとくに、日米の対人関係のあり方と、それに対応して形成された人一般や自己についてのモデルである文化的自己観について概観する。

1．相互独立的自己観と相互協調的自己観
　　　　——人をコントロールする対人関係、人に合わせる対人関係——

グループでどこに遊びに行くかを決める時、どうしても映画がいいと思ったら、まわりを説得して映画に決定するように働きかけることがある。また、グループで食事に行く時、まわりの人の大多数が「イタリア料理がいい」と言えば、何となくそれがいいなと感じて、それに合わせることもある。

さてここで、あなたにとってはどちらの行動が「人とはたいがいの場合こうしてしまうものだ」という人間観によりあてはまるだろうか？

文化によってつくられた「人（わたし・他者をふくむ）とはどのようなものであるか」という人間観・心のモデルともいえるものを、**文化的自己観**と呼

ぶ（北山, 1998；Markus & Kitayama, 1991）。マーカスと北山（Markus & Kitayama, 1991）は、日米での対人関係のあり方の違いに注目し、北米での文化的自己観は「相互独立性」が優勢であり、日本での文化的自己観は「相互協調性」が優勢であるとした。図9-2に示しているのが、それぞれの自己観のモデル図である。

　北米文化で優勢な**相互独立的自己観**（図9-2の上図）では、(1) 自己を動かす力は個人の「内部」にあると考えられ、(2) 自己の内部にある特性や意図・態度（図のなかの「X」で示されているもの）は、状況や他者からはあまり影響を受けないものとして捉えられる。つまり、自己は文脈や周囲の状況から切り離されて考えられる傾向がある。よって、(3) 他者やそのほかの対象を理解する際にも、その対象を文脈や背景情報と切り離して認識する傾向がある。つまり、

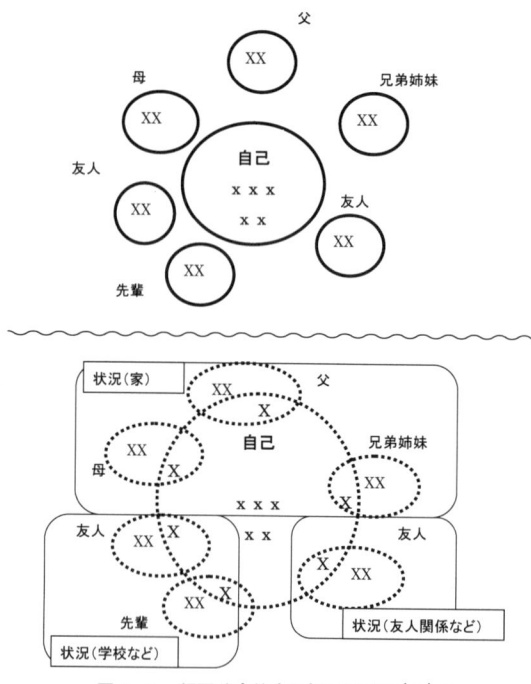

図9-2　相互独立的自己観のモデル（上）と相互協調的自己観のモデル（下）

（Markus & Kitayama, 1991を改変）

相互独立的自己観による人間観をもっているとすれば、「どんな状況にいても、わたしはわたし」「わたしがやりたいと思ったから、それをやった」という感覚が多くみられることになる。

日本文化で優勢な**相互協調的自己観**（図9-2の下図）においては、(1) 自己を動かす力は個人の「内部」だけではなく、まわりにも存在すると考えられ、(2) 自己の内部にある特性や意図・態度は、状況や他者から影響を受けてでき上がっていくものとして捉えられる。つまり、図の中の「X」で示されているものはその時の状況によって異なる。よって、(3) 他者やそのほかの対象を理解する際にも、その対象を文脈や背景情報と切り離さず、全体として認識する傾向がある。相互協調的自己観による人間観をもっているとすれば、自己の内的属性などは状況要因によって変化しうるものと考えられる。つまり、「学校にいる時のわたしと、家にいる時のわたしは、少し違っている」「まわりの状況がわたしを動かした」という感覚が多くみられることになる。

先の例に戻れば、自らの願望や意志により人や環境をコントロールするような対人関係（映画に行きたいと思ったらまわりを説得するなど）は北米で多くみられ、他者の願望や意図を読みとり、状況要因に合わせて行動するような対人関係（まわりに合わせてイタリア料理を食べに行くなど）は日本で多くみられることが、これまでの研究によって示されている（Morling et al., 2002）。

2．文化的自己観と「わたし」のあり方

社会言語学者の鈴木（1973）は、英語の一人称は常に"I"であるのに対し、日本語の一人称は相手や状況によって変化することを指摘している。たとえば、女性は友だちの前では「わたし」という一人称を使うが、子どもの前では「お母さんはね」と、子どもの視点からみた立場で自分を呼ぶことがある。そしてもし彼女が小学校の先生だとすれば、学校では生徒に向かって「先生はね」といったりする。このような、相手の視点取得による人称変化は、自己の「モード」が状況要因や相手との関係性によって変化しやすいことを表している。これに対して、アメリカ人などの英語話者のように人称を変化させないことは、わたしはいつどんな状況においても「同じわたし」である、という自己認識を

導きやすいであろう。金川ら (Kanagawa et al., 2001) は、「わたしは……」で始まる文章を完成させる自己記述課題（第1章図1-1を参照）を用いて、「1人でいる時」「友だちと2人でいる時」「集団でいる時」などのさまざまな状況設定下で行った。そしてその場面ごとの自己記述内容の変化が日本ではアメリカよりも大きく、状況に即して自己の概念が変化しやすいことを示している。

　以上、「相互独立性」—「相互協調性」について紹介したが、この2つの自己のモデルは日米の対人関係の比較から得られたものであり、すべての国家や集団がこの2つに分解にされるという意味ではない。また、自己観は人がもっている固定的な性格特性ではない。したがって、個人のなかでこの2つのモードが同時に存在することもある。さらには、日本人のすべてが相互協調的であるということではない。文化集団のなかには、それを中心的に信じ、守ろうとする人もいれば、変化をもたらそうとする人たちもいる。このようなちらばりが集団にあるのは当然のことであり、文化内の個人差については、もちろん考慮する必要があるだろう。

第3節　わたしの文化の「当たり前」とほかの文化の「当たり前」

　心と文化の関係を明らかにするために、さまざまな領域において、主に北米文化と、日本や中国・韓国をはじめとする東アジア文化との比較研究が行われてきた。本節では動機づけ・認知・幸福感における比較文化研究の知見を紹介する。

1．意見や態度はどのように作られるか？——動機づけ・選択と文化——
（1）　やる気になるのはどんな時？

　あなたが一生懸命勉強するのはどんな時であろうか。本当にその学問分野が面白いと思った時や、その授業のテストで良い点を取れば何か買ってもらえると言われた時など、さまざまなことが考えられる。このように、ある行為の原動力となるもの（なぜその行為を行おうとしたのか）を**動機づけ**という。そのなかでも、「何か買ってもらえるから」など、外的な要因によって起こってい

るやる気を**外発的動機づけ**、「面白いと思って」など、取り組んでいる対象そのものによって引き起こされるやる気を**内発的動機づけ**という（Lepper & Greene, 1978）。

　相互協調的な自己観をもっている場合、グループのなかにいる他者による選択や決定が内発的動機づけに影響を与えやすい。たとえば、義理を果たさねばならない、誰かを喜ばせたい、といったことが、個人の内発的な動機づけに結びついていくことは日本社会ではよくみられる現象であろう。アイエンガーとレッパー（Iyengar & Lepper, 1999）は、ヨーロッパ系アメリカ人とアジア系アメリカ人の子どもで、自分で選んだ課題を行う場合と、実験者が選んだ課題を行う場合、そして母親が選んだ課題を行う場合の、いずれの遂行がより良いかを検討してみた。すると、ヨーロッパ系アメリカ人の子どもは自分で選んだものを実験者や母親が選んだものよりもよく遂行した。つまり、自らの「選択」が、内発的動機づけを高めていたと考えられる。これに対しアジア系の子どもは母親の選んだものを自分の選んだものよりよく遂行した。つまり、母親の「期待」が子どもの内発的動機づけを作り出していったと考えられる。

　また、ハイネらの研究（Heine et al., 2001）では、失敗と成功のどちらの後によりやる気が出るかを検討している。彼らの研究においては、まず実験参加者に言語連想課題を行ってもらい、その次に「あなたの成績は全体のなかのトップクラスです」という成功のフィードバック、もしくは「あなたの成績は下の方です」という失敗のフィードバックのいずれかを与える。その後、実験者は急用と言って部屋を出て行くが、その際、「少し待っていただくあいだ、もしお暇でしたら、こちらの課題をやって時間をつぶしておいてください」といって先ほどの課題とよく似た言語連想課題の用紙を渡す。さて、もしあなたがこの実験の参加者なら、成功と失敗の後のどちらで、この「やってもやらなくてもどちらでもよい課題」に、やる気をもって取り組むだろうか。ハイネらの研究結果では、日本人は失敗の後に類似課題に長く取り組むのに対し、カナダ人は成功の後に類似課題に長く取り組むことが見出されている。カナダや北米などの文化では、「自らのすでにもっている能力」をのばしていくことが重要であるため、成功した課題でより動機づけが高まるとされている。また、自己の

能力についての評価を維持し、高めようとする「**自己高揚**」傾向（詳しくは第1章参照）も日本文化より強い。そのため、1度失敗した課題については「この課題はあまり良い課題ではない」と考えることで自己の失敗の衝撃を最小化しようとし、その課題への動機づけを高めないと考えられる。これに対して日本文化においては、自らの足りない部分を改善しようとする「**自己向上**」傾向が強いため、失敗した課題に対する動機づけが高まると考えられる。

（2） どんなものを好きになる？

キムとマーカス（Kim & Markus, 1999）は、「ユニークであろうとする動機づけ」と好みとの関連について検討している。彼女たちは、アメリカ人とアジア人にアンケート調査に答えてもらうよう依頼し、その謝礼として5つのペンのなかから好きなものを1本選んでもらった。実はこの実験の本当の目的は、参加者たちがどのペンを選ぶのかを知ることであった。差し出された5本のペンのなかには、たとえば赤4本＋黒1本、もしくは赤3本＋黒2本、といったように、2種類の色のペンがまざっていた。すると、ヨーロッパ系アメリカ人は5本のなかに1本もしくは2本しかない数少ない色のペンを選び、アジア人は5本のなかに3本もしくは4本ある数多い色のペンを選ぶ傾向があった。このように、ヨーロッパ系アメリカ人は、ほかの人と同じであることよりは、むしろ「ユニークであること」を好む傾向がある。これに対して、日本では同じブランドバッグを持って歩く集団がよく見られるように、人と「同じ」であることに安心感を得る傾向がある。

（3） 選んだ方を好きになる？

わたしたちの生活や人生はさまざまな選択に満ちている。今日の昼ご飯はうどんにしようか、それともそばにしようかという些細な選択から、どこの大学に入るか、どの職種につくか、どんな人と結婚するかという大きな選択まで。あなたはこういった選択をした後、後悔することと、「これで良かった」と思えることの、どちらが多いだろう？

これまでの社会心理学の研究では、通常、人の認知プロセスはわたしたちが「これで良かった」と思えるように、知らず知らずのうちにうまく働いてくれるのだということが示されてきた。たとえば以下のような状況を考えてみよう。

あなたは服を買いに来て、青いシャツと白いシャツのどちらにしようか迷っていたとする。本当にどちらも甲乙つけがたいが、2枚買うお金もない。あなたは思い切って青いシャツを選んだとする。

　この場合、あなたが青いシャツを買ってしまったという現実の行為と、「実は青も白もどちらも同じようなものであり、青は白よりすごく良いというわけではない」と思う認知・態度は一貫していない状態にある（図9-3）。フェスティンガーはその状態を**「認知的不協和」**と呼んだ（Festinger, 1957）。北米においては、個人の態度や認知が行為の源泉となっている以上、現実の行為（青いシャツを買った）は認知や態度（青いシャツを白いシャツよりも好きだ）と一致しているべきであるとして「行為と態度の一貫性」が重視される。また、「わたしは常に正しい選択をする存在だ」という自己イメージが損なわれないようにすることも重要である。よって、認知的不協和状態にある時、人は不安を感じる

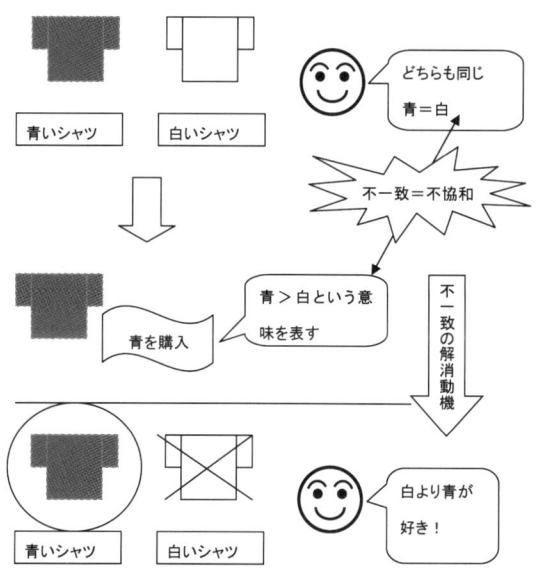

図9-3　認知的不協和と不協和低減のメカニズム

＊2つの選択肢（青と白）の魅力度はどちらも同じぐらいであるという評価をしていることと、どちらか一方（青）を選択するという行為は認知的に不一致（不協和）の状態にある。これを解消するため、選んだ方（青）をより好きになるという態度変化が表れる。

傾向にある。そこで、その不協和状態を解消しようという心の仕組みが発動する。その際、不協和を解消するためには「青でも白でもどちらでも良かった」という認知か、「青いシャツを買った」という行為のどちらかを、もう一方に合わせねばならない。しかし、青いシャツを買ってしまったという現実の行為そのものを打ち消すことは困難である。そこで、「やっぱり青いシャツが良い！　白いシャツなんかもともとあまり良くなかった」というように認知を変化させ、選んだ方をより好きになり、選ばなかった方の評価を下げる心理メカニズムが働く。これを**不協和低減現象**という。この認知変化によって、自らの青いシャツを買ったという選択は正当化されるようになるのである。

　ただ、この不協和低減現象は、アメリカやカナダではくり返し見出されているにもかかわらず、一貫性や個人的自己イメージを保つことに強く動機づけられていない日本文化においてはあまり観察されていない（Heine & Lehman, 1997）。また、星野-ブラウンらや北山ら（Hoshino-Brown, 2005；Kitayama et al., 2004）は、日本においては個人的自己ではなく、公的な自己（人からの評判など）が脅威にさらされる場合にのみ不協和低減現象がみられることを示している。

2．他者や世界をどう見るか？——認知と文化——

（1）他者の行為をどう見るか？——原因帰属と文化——

　わたしたちは、ほかの人の行為を見た時、どのようにそれを解釈するだろうか？　他者に対する情報から、その人についての何らかの判断や推論を行うプロセスを**対人認知**（詳しくは第2章参照）という。そのなかでも、他者の行為についての情報から、その人がなぜそのような行為を行ったのか、その原因を求めようとする認知過程を**原因帰属**という。たとえば、タケシくんが友人に依頼されて、環境保護を訴える署名を行ったとする。この場合に、「タケシくんはそもそも環境保護への関心があったのだろう」と考えるなど、ある行動の原因が、その人のもっている属性（性格や能力、意見・態度）によって行われたと捉えることを**内的要因**への帰属という。また、「タケシくんが署名をしたのは、友だちに頼まれたからだろう」というように、本人の属性ではなく、その人を取り巻く状況要因や環境などによって行われたと考えることを**外的要因**への帰属

という。

　これまでの研究から、人は常に他者の行為の原因を正確に判断できるとはかぎらないことが報告されている。ロス（Ross, 1977）は、他者の行為の原因について考える際には、外的要因を無視して、その人のもっている内的要因に過度に重みをおいてしまうという**根本的帰属の誤り**（対応バイアスとも呼ばれる）がみられる傾向があることを示している。

　相互独立的自己観において、「行為とはそもそも、行為者の内的要因を原動力として起こるものである」という信念があるならば、このような根本的な帰属の誤りがみられるのも不思議ではないだろう。これに対し相互協調的自己観においては、ある人物の行為は周囲の影響を受けながら発現するものであると考えられている。それゆえ、他者の行為の認知についても、その人の内的属性だけではなく状況などの外的要因にも目が向くであろう。実際、増田と北山（Masuda & Kitayama, 2004）は、原因帰属の際に状況要因を無視してしまうという傾向がアメリカでは強固であるのに対し、日本ではあまりみられないことを示している。また、モリスとポン（Morris & Peng, 1994）は、1匹のメインとなる魚がほかの魚から離れていくというような、魚の群れが動くアニメーションを示し、そのメインとなる魚の行為の原因について説明を求めると、中国ではより外的な要因（ほかの魚の行動など）によって説明するのに対し、アメリカではより内的な要因（その魚の意志など）によって説明していた。

　しかし、このように原因帰属を「外的・内的」と二元的に捉えるような枠組みについては疑問も提示されている（Malle, 2004）。日本や中国では、単に内的なものを無視して「外的」なものに帰属しているのではなく、特性などの内的要因は状況や環境・他者との関わりのなかでできあがっていくものとして、「内的・外的」と分離することなく全体的（包括的）に捉えようとする傾向があるといえるのかもしれない。

（2）景色や物をどう見るか？――思考様式や基礎的認知と文化――

　景色や対象物を見る時、わたしたちは視覚機能や脳の機能を用いて情報を処理している。視覚機能や脳の構造などの生物的要因は人類共通であると考えられてきたため、これまで認知科学や視覚・知覚心理学で扱われてきたような基

礎的な認知プロセスについて文化の要因が検討されることはほとんどなかった。しかし近年、思考様式やものの見え方における注意の向き方が文化的に構成されているということについて、いくつかの証拠が提示されてきている。

ニスベットたちの研究グループは、文化と思考・認知様式の関連について調査している。そして、北米をはじめとする文化においては、自分と対象とを切り離して思考するような「**分析的思考様式**」が、日本や中国などの文化では、対象間、または自己と対象の関係を全体的に捉えようとする「**包括的思考様式**」が優勢であるとしている（Nisbett, 2003などを参照）。分析的思考様式は相互独立性と、包括的思考様式は相互協調性と、互いに関連していると考えられる。

これに対して分析的思考様式においては、対象を背景や文脈情報から切り離して認識しようとするため、対象そのものがもつ永続的性質に注意が向きやすい。包括的思考様式においては、より多くの文脈や、物と物とのつながりに注意が向きやすいため、プラス面とマイナス面がひとつのものに同時に混在するという考えや、今あるものは変化するという考えが生まれる。たとえばジーら（Ji et al., 2001）は、近年の変化のグラフ（経済水準など）を示し、将来はどうなるかを実験参加者に予測させた（図9-4）。その結果、中国人はこれまでの動きとは異なる変化（たとえばこれまでずっと下降しているとすれば、これからは上昇傾向になる）を予測するのに対し、アメリカ人はそのままの動きが続く（これまで下降しているとすれば、これからも下降する）ことを予測したのである。

北山ら（Kitayama et al., 2003）は「線と枠課題」を用いて、このような文化的思考様式と基礎的認知の関連を示している。実験参加者は、図9-5のAのような四角い枠のなかに、1本の縦線が入った図形を示さ

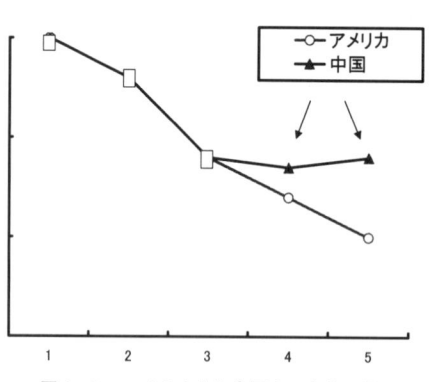

図9-4 アメリカ人と中国人の変化の予測
＊最初の3ポイントの変化がまず呈示され、実験参加者はその後の2つのポイントを予測した。アメリカ人は最初の3ポイントの変化（下降）がそのまま続くと予測するのに対し、中国人は同じ変化を予測しない傾向にあった（Ji et al., 2001を改変）。

れた。次に別のサイズの四角形が提示され、そのなかに線分を書き入れるように教示される。この際、ひとつの条件（絶対判断条件：図9-5のB）では、先に見た図形の線の長さとまったく同じ長さの線分を描くように求められる。この場合には、枠の大きさを無視して線のみに注目することが必要とされる。もうひとつの条件（相対判断条件：図9-5のC）では、最初に見た図形の、枠に対する線の比率（たとえば枠の3分の1の長さ）と同じ比率の線分を描くように求められる（つまり新しく呈示された四角のなかに、その四角の1辺の長さの3分の1の線を書き入れる）。この場合には、線と枠の相対的関係に注意を払う必要がある。結果、アメリカ

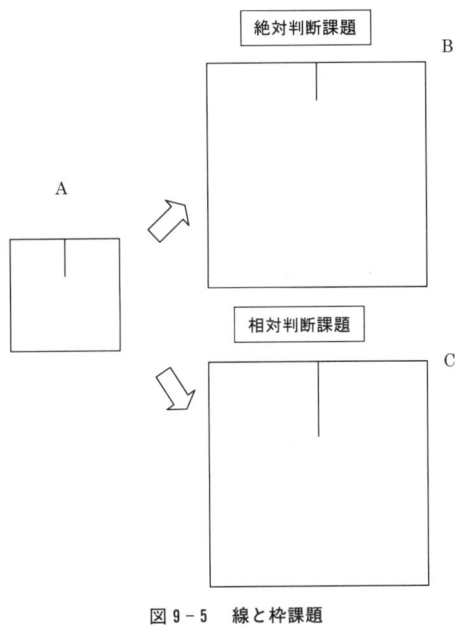

図9-5　線と枠課題

（Kitayama *et al.*, 2003を改変）

＊左の線と枠 (A) を見た後、右の四角が呈示され、そのなかに線を書き込む課題。絶対判断課題 (B) では左の四角のなかにある線と同じ長さの線を書くと正解。相対判断課題 (C) では左の四角に対する線の長さの比率（図の場合は3分の1）と同じ比率の線を書くと正解。

では枠を無視して線にのみ注目する絶対判断課題が得意であり、日本では枠を無視しなくてもよい相対判断課題が得意であった。このことから、アメリカ文化では対象と周囲の情報を切り離して注意を向けており、日本文化では対象とまわりの物に同時に注意を向けている傾向があることが示されている。

3．幸せとは何か？
——幸福感と文化——

　幸せとは、誰しもが大切に思い、また、をれを求めたいと思う状態であることは事実である。実際、「幸せ」「嬉しい」といった感情はいずれの文化においてもみられ、良い状態とされている。しかし、どのような時に、そしてどのよ

うな人が幸せを感じるのか、幸せにはどのような意味があるのかは、文化のなかにある価値観や、幸福が実際にどのように実現されているのかによって異なっている。このように、幸福に多様性があることが、近年ディーナー（Diener & Diener, 1995など）をはじめとするグループによる比較文化研究から明らかになってきた。これまでの一連の研究から、北米では自己の能力の発現である「個人的な達成」が幸福の主要定義であるのに対し、日本においては幸福が対人関係的に定義されていることが知られている。内田ら（Uchida *et al*., 2004）は、それまで日米で主に行われてきた**幸福感**についての研究をレビューし、幸福感の (1) 原因 (2) 動機づけ (3) 意味、の3つが文化により異なっていることを明らかにした。以下、それらの知見を紹介する。

（1）　わたしを幸せにするもの──幸福感の予測因──

それではまず、何が幸福を予測するのであろうか。これについては、ディーナーら（Diener & Diener, 1995）が指摘している通り、北米文化では日本などに比べ、**自尊心**（詳しくは第1章参照）の高さが幸福感に与える影響力が強いことが示されている。つまり、自分に誇りをもち、達成感を味わうことではじめて幸福が実現するのである。自尊心の重要性は、これらの文化にかぎらず、日本や韓国・中国などでも、重要な要素であることがわかっている。しかしその一方で、日本などにおいては、自尊心だけではなく調和のある関係性をもっていること（Kwan *et al*., 1997）、そして、周囲から**情緒的サポート**（第3章参照）を受けていることも幸福の大切な要素となっている。情緒的サポートとは、周囲から愛情を受け取ったり、困っている時にさまざまな側面から支えてもらったりすることである。もちろん、サポートをもらうことで対人関係を確認し、人から自分は大切に思われていることを確認することができるため、サポートの受け取りが幸福を導くこともある。しかし逆に、サポートをもらうことによって、かえって自分の無力さを実感してしまい、自尊心が傷ついてしまうような場合もあるだろう。このように、自尊心を重要視する北米文化においては、サポートが自尊心に脅威を与えるような場合もあるため、サポートは直接的には幸福感を高めない。しかし日本では、たとえサポートを受け取ることで自尊心が傷ついたとしても、サポートは対人関係の結びつきを認識させるものである

ため、幸福とサポートの関係性はより強固であることが示されている（Uchida et al., 2004）。

（2） 幸せすぎると怖いのは日本人？──幸福の文化的意味──

　幸福の意味そのものも、文化によってさまざまである。アメリカにおいては、「幸福な人物とは、若く健康で、良い教育を受けており、収入が多く、外向的・楽観的で、自尊心が高く、勤労意欲があり……」とされるなど、個人のなかに「良い要素」がたくさんあることと定義されている場合が多い。これに対し、東洋文化の儒教・仏教・道教などからくる価値観では、良いことは必ずしも良い意味だけをもつのではなく、コインの裏表のように否定的な側面を併せもっているという人生観が存在している。つまり、幸福イコール「自己の望ましい部分の最大化」とは定義されていないと考えられる。

　この点について、内田と北山（内田・北山, 2005）は、日米で幸福の特徴や効果を収集し、分析を行った。すると、アメリカでは98％の回答が、幸福についての良い側面（何ごとにも前向きになる、人に優しくなれる、自尊心が高まる、など）となっていたのに対し、日本では良い側面だけではなく、幸福の悪い側面についての回答が30％ほどみられた。たとえば、「幸福が続くと、かえって不安になる」「幸福は長続きしない」「周囲の嫉妬を招いてしまう」「まわりに気遣いができなくなる」などである。

　このように、幸福の定義は文化によって異なっている。このことは、わたしたちが日々どのぐらい「幸福」や「うきうき」などの感情を感じやすいか、という感情経験の違いとなって表れている可能性もある。

4．比較文化研究の解釈

　これまで、いくつかの比較文化研究での知見をみてきた。これらのことは、わたしたちの動機づけ・認知・感情・自己など、さまざまな心理機能を文化と切り離して捉えることはできないことを示しているといえる。しかしながら文化心理学は、文化を比較して差異を見つけ出すためだけに行われている学問領域ではない。比較は文化と心の関係を明らかにする有効なツールであるが、それ自体が目的ではない。

また、得られたデータの解釈には注意が必要である。いくつかの国や地域を比較すると、何らかの違いや特徴が表れる。しかし、差異を見つけることそのものよりは、理論的にそれらの集団の性質をまず吟味し、どのような差異や共通性が導かれるべきであるかを検討した上でデータを収集し、解釈することが重要となる。とくに「西洋」と「東洋」という大きなカテゴリー間での比較は、文化のプロトタイプ化や、二極化による単純な解釈を招くおそれがあるので注意する必要がある。

第4節　文化のなかに生きるわたしたち

　以上、文化比較で得られてきた知見を概観してきた。それでは、わたしたちひとりひとりは、それぞれの文化に即した心理傾向をいつ、どのようにして身に付けていくのであろうか。また、文化はいつ、どのようにしてでき上がってきたのであろうか。本節では、わたしたち個人がどのようにして心理傾向を獲得していくのかについての発達的知見を紹介する。また、文化の起源についての知見についても述べる。

1．しつけと教育——価値の伝達——

　文化に即した心理傾向は、いつどのようにして獲得されていくのであろうか。一般的に、社会化の要因に大きな影響を及ぼすのは、家庭環境と、就学後の社会生活であるといわれている。

　東ら (1981) の研究では、日本の3歳児の子どもの80％以上が親と一緒の部屋に寝ているのに対し、アメリカの子どもの70％は1人で寝ることが多いことが示されている。このように、子どもはごく生まれたばかりの頃から、その集団や社会のもつ慣習のなかで育てられ、それに即応した社会化がなされていく。たとえば、1人で眠っている子どもは親と一緒に寝ている子どもよりも、独立に価値があることを自然に感じとっていくことになるかもしれない。また、日本とアメリカの育児書に書いてある「良い育児」のあり方が異なっていることはよく知られている例である。アメリカでは子どもは「小さな大人」として扱

われ、親が子どもをコントロールすることが重要視されるが、日本では「まだ小さいのだから、大人と同じように行動できなくても仕方ない」と考え、親が子どもに合わせるような生活体系になりがちである。

親から有形無形に伝達されてきた文化的習慣とそれに基づく思考や認知様式が実際に発現してくるのは、3、4歳を超える頃であるといわれている。その後、子どもにとっての社会は家族関係からクラス、学校まで一気に広まり、社会的役割についても学習していくこととなる。このような社会化のプロセスを経て、自分と他者の関わりや集団のなかでの自己の位置づけが、自己の一部として獲得されてゆく。それと同時に、文化的思考形態についても個人のなかで内在化が進むため、就学期直前あたりで文化学習がなされることがいくつかの研究から明らかにされつつある。

たとえばミラー（Miller, 1984）は、先にも述べた原因帰属の文化差がいつ頃から現れてくるのかを検討している。彼女はインドとアメリカの大人と子どもに、自分の知り合いの行為の原因について説明してもらった。先に述べたモリスとペンの研究同様、基本的にアメリカ人は性格などの内的要因によって、インド人は状況などの外的要因によって行為を説明するという傾向がみられたが、この差は6歳以降、成長するにつれて大きくなっていった。このように、子どもは社会のなかで生活するにつれて、その社会のなかで共有されている文化的信念や習慣を次第に身に付けてゆくと考えられる。

2．北米・日本文化の違いを生み出しているもの

ニスベットらは、農耕や狩猟といった古代ギリシャと古代中国の経済システムの違いに、北米と東洋の文化差のルーツを求めている。彼らによれば、狩猟採集を主な生業（なりわい）とする集団では、自分の力を信じ、新しい路を切り拓くこと、つまり「相互独立性」が重要とされる。まさに、アメリカの開拓民のイメージである。このような環境下では、人と助け合うことよりは自分の力を信じた方がより適応的であるし、また、家畜の牛や捕らえた獲物を盗まれないように、自分の力を最大限に周囲にも示していくことが必要となるであろう。これに関連して北山らは、開拓民のフロンティア精神と相互独立性の関連を指摘してい

る (Kitayama *et al.*, 印刷中)。

さらに大石 (Oishi, 2004) は、文化を形作るものとして、社会的流動性の重要性を指摘している。アメリカは引越し回数や転職回数、離婚率が高いなど、社会的流動性が高い社会である。このような社会においては、自分の力を信じて見極め、より新しい機会を求めて移動することがより効率的となる。一方、日本社会ではアメリカに比較すれば流動性は低い。たとえば転職や離婚は、チャンスの増大というメリットよりはリスクが大きいとされ、人々は組織に縛られがちであった。しかし近年では、アメリカ資本主義の考えの導入により流動性が高まり、これまでの「安心」によるネットワーク社会よりは、自分の力を信じ、相手の力やチャンスを見極める「信頼」が重要となってきていることが山岸らの研究グループによって指摘されている (山岸, 1999)。

もちろん、宗教も文化を形作る重要な要素であろう。マックス・ヴェーバー (Weber, 1920) は、その著『プロテスタンティズムの倫理と資本主義の精神』のなかで、プロテスタントの宗教的道徳観や倫理観と、そこに生きる個人のあり方（個人主義）の密接な関係を描き出している。実際、欧米においてプロテスタントの倫理観と仕事に対する感覚は、無意識のうちに強く結びついているといえる。

しかし、経済や歴史・宗教的要因など、文化は長い時間をかけて培われ、さまざまな要因が相互に絡み合っているため、文化の起源に一定の解答を導き出すのは困難であり、今後の詳細な検討が必要であろう。

3. 文化と心の関係の理解とは——自分を知ること、他者を知ること——

これまでみてきたように、文化のあり方は認知・感情・対人関係など、あらゆる領域で認められるようになってきた。このような研究実績は主に90年代以降に培われてきたものであり、今後のさらなる発展が期待される。

現在ある文化的慣習は、意識的・無意識的に選択され、そして伝達される。このようなプロセスを通じて、文化は進化し、変容していく。そして、環境の変化や集団の成員の変化に応じて、文化が多様化することもある。トマセロ (Tomasello, 1999) は、人間の認知は文化の進化の過程とともに変化しているこ

とを述べている。チンパンジーと人間は、実に98％もの遺伝子を共有している。にもかかわらず、人間の認知機能はチンパンジーと分離した550万年前以後爆発的なスピードで進化した。これを促進した要因のひとつが、文化的伝達であるとされている。1人ではとても覚えきれない情報量、また、1人の寿命ではとても発展させることができないようなことがらが、「伝達」を通じて一気に個体を越えて「共有」され、文化として発展させることが可能になったのである。

　文化は、本章で紹介した研究で扱っている「国家」という大きな集団だけにあるのではない。地域や、会社などの組織、部活などのグループ、家族など、わたしたちが所属している小さな集団にも、それぞれに特有の文化が存在するだろう。そのためにわたしたちは、ほかの集団に所属している人の行動を理解できないと感じたり、誤解して受け止めてしまったりもする。家族間のトラブルや、組織間のトラブルも、それぞれの文化的習慣やルールの違いから生じている側面があるのかもしれない。これは相手の文化と自分の文化の差異や共通性を理解できていないがゆえに生じる誤解であろう。「空気」のような文化とわたしたちの心の関係を知ることができてはじめて、わたしたちは自分自身と他者をよりよく理解できるようになるのではないだろうか。本章で紹介した文化心理学の知見が、自他の心や文化の理解の一助となることを願っている。

　　　　　　　　　　　　　　　　　　　　　　　　　　（内田　由紀子）

······ コラム：人が作り出す文化：メディア研究 ······

　本章では、文化によってわたしたちの心理傾向が形作られていることを示してきた。では逆に、文化はどのようにわたしたちの心によって作られたり、維持されたりしているのであろうか。そのひとつの要因として、メディアによる報道がある。メディアはわたしたちが日頃接触する身近な文化的産物であり、文化を伝達し、共有理解を促進する重要な役割を担っている。

　マーカスと内田ら（Markus et al., 2006）は、2000年（シドニー・夏季）と2002年（ソルトレークシティ・冬季）のオリンピックにおける、日本人選手77名とアメリカ人選手265名についての日米での新聞・テレビ・雑誌の報道（選手のコメント、記者の分析、解説者の分析を含む）の一字一句が、どのような内容に言及したものであるかを分析した。すると、アメリカの報道では、選手の強さやライバルとの関係などの競争性に基づいた選手の説明や勝因の分析に焦点があてられた報道がなされていたのに対し、日本の報道ではこれらに加えてほかの人との関わり、過去の経験、選手の気持ちなど、さまざまな要因を総合的に考察するような報道がなされていた（図）。このことは、本章で示してきたような原因帰属傾向などにみられる他者理解や、包括的・分析的認知様式などの文化差とも対応していると考えられる。

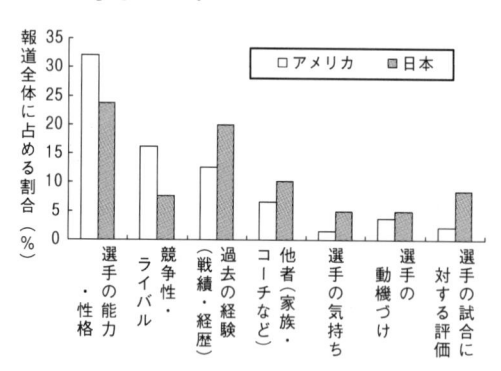

図　アメリカと日本でのオリンピック選手報道 (Markus et at., 2006を改変)

　わたしたちはこのような報道にふれることで、人物に対する理解や、目標達成がどのようになされるのかという「ストーリー」についての素朴な知識を得ていく。つまり、報道に接することで、文化がまたあらたに人に伝わっていくのである。報道は制作者や聴衆の心を反映して作られた「心」の総体であると同時に、聴衆に影響を与え、あらたに「文化」を作り出すものでもあるのだ。

《引用文献》

第1章

浅井千絵　2000　自分を知る　小林裕・飛田操（編著）　教科書社会心理学　北大路書房　pp.1-15.
Brandshaw, S. D. 1998 I'll go if you will: Do shy persons utilize social surrogates? *Journal of Social and Personal Relationships*, **15**, 651-669.
Cooley, C. H. 1902 *Human nature and the social order*. New York: Charles Scribner's Sons.
Dunning, D., Meyerowitz, J. A., & Holzberg, A. D. 1989 Ambiguity and self-evaluation: The role of idiosyncratic trait definitions in self-serving assessment of ability. *Journal of Personality and Social Psychology*, **57**, 1082-1090.
遠藤辰雄・井上祥治・蘭千壽（編）1992　セルフ・エスティームの心理学　ナカニシヤ出版
遠藤由美　2005　自己　唐沢かおり（編）　社会心理学　朝倉書店　pp.51-66.
Erikson, E. H. 1968 *Identity*. New York: Norton.
Festinger, L. 1954 A theory of social comparison processes. *Human Relations*, **7**, 117-140.
浜口恵俊　1982　間人主義の社会　日本　東洋経済新報社
長谷川孝治・浦光博　1998　アイデンティティ交渉過程と精神的健康との関連についての検討　実験社会心理学研究, **38**, 151-163
長谷川孝治・浦光博　2002　低自尊心者における下方螺旋過程についての検討―他者からの評価と抑うつ傾向に対する安心さがし行動と自尊心の交互作用効果―　日本社会心理学会第43回大会発表論文集, 178-179.
板倉昭二　1999　自己の起源―比較認知科学からのアプローチ―　金子書房
James, W. 1890 *Principles of psychology*. New York: Henry Holt.
梶田叡一　1988　自己意識の心理学（第2版）東京大学出版会
勝谷紀子　2006　ネガティブライフイベントへの不適応的な対処行動：重要他者に対する再確認傾向の役割　社会心理学研究, **21**, 213-225.
小林知博　2004　成功・失敗後の直接・間接的自己高揚傾向　社会心理学研究, **20**, 68-79.
Leary, M. R. 2004 The sociometer, self-esteem, and the regulation of interpersonal behavior. In R. F. Baumeister & K. Vohs (Eds.), *Handbook of self-regulation: Research, theory, and application*. New York: The Guilford Press.
Mead, G. H. 1934 *Mind, self, and society*. Chicago: University of Chicago Press.
中村陽吉（編）　1990　「自己過程」の社会心理学　東京大学出版会
西村太志・浦光博　2002　熟慮マインドセット時における他者選択の様相についての検討―低自尊心者が適切に自己評価過程に従事できないのはなぜか？―　日本社会心理学会第43回大会発表論文集, 180-181.
Nishimura, T., & Ura, M. 2004 The relationship between the perception of their network members' views of themselves and self-fulfillment in the self-evaluation process. In Y. Kashima, Y. Endo, E. Kashima, C. Leung, & J. McClure (Eds.), *Progress in Asian social psychology* (Vol.4, pp.103-102). Seoul, Korea: Kyoyook-kwahak-sa.
西村太志・浦光博・長谷川孝治　2000　出来事の特質の差異が自己評価過程における他者選択に及ぼす影響：自己査定動機と自己高揚動機の観点から　社会心理学研究, **16**, 39-49.
Sedikides, C., & Strube, M. J. 1997 Self-evaluation: To thine own be good, to thine own self be sure, to thine own self be true, and to thine own self be better. In M. P. Zanna (Ed.), *Advances in experimental social psychology* (Vol. 29, pp.209-270). California: Academic Press.

Shepperd, J. A., Ouellette, J. A., & Fernandez, J. K. 1996 Abandoning unrealistic optimism : Performance estimates and the temporal proximity of self-relevant feedback. *Journal of Personality and Social Psychology*, **70**, 844-855.

Tajfel, H., & Turner, J. C. 1986 The social identity theory of intergroup behavior. In W. Austin & S. Worchel (Eds.), *Psychology of intergroup relations* (pp.7-24). Chicago : Nelson-Hall.

Taylor, S. E., & Brown. J. D. 1988 Illusion and well-being : A social psychological perspective on mental health. *Psychological Bulletin*, **103**, 193-210.

Turner, J. C. 1982 Towards a cognitive redefiniation of social group. In H. Tajfel (Ed.), *Social identity and intergroup relations*. Cambridge : Cambridge University Press.

Wood, J. V., Taylor, S.E., & Lichtman, R.R. 1985 Social comparison in adjustment to breast cancer. *Journal of Personality and Social Psychology*, **46**, 561-574.

第 2 章

Ainsworth, M. D. S., Blehar, M. C., Waters, E., & Wall, S. 1978 *Patterns of attachment : A psychological study of the strange situation*. Hillsdale, NJ : Lawrence Erlbaum.

Asch, S. E. 1946 Forming impressions of personality. *Journal of Abnormal and Social Psychology*, **41**, 258-290.

Bartholomew, K. 1994 Intimacy-anger and insecure attachment as precursors of abuse in intimate relationships. *Journal of Applied Social Psychology*, **24**, 1367-1386.

Bartholomew, K., & Horowitz, L. M. 1991 Attachment styles among young adults: A test of a four-category model. *Journal of Personality and Social Psychology*, **61**, 226-244.

Berry, D. S., & McArthur, L. Z. 1986 Perceiving character in faces : The impact of age-related craniofacial changes on social perception. *Psychological Bulletin*, **100**, 3-18.

Bowlby, J. 1969/2000 *Attachment and loss : Vol. 1, Attachment*. New York : Basic Books.

Bowlby, J. 1973/2000 *Attachment and loss : Vol. 2, Separation : Anxiety and anger*. New York : Basic Books.

Bowlby, J. 1977 The making and breaking of affectional bonds. *British Journal of Psychology*, **130**, 201-210.

Bruner, J. S., & Tagiuri, R. 1954 The perception of people. In G. Lindzey (Ed.), *Handbook of social psychology* (Vol 2, pp.634-654). Reading, MA : Addison-Wesley.

Downey, G., & Feldman, S. 1996 Implications of rejection sensitivity for intimate relationships. *Journal of Personality and Social Psychology*, **70**, 1327-1343.

Downey, G., Fetdman, S., & Ayduk, O. 2000 Rejection sensitivity and male violence in romantic relationships. *Personal Relationships*, **7**, 45-61.

Downey, G., Freitas, A. L., Michaelis, B., & Khouri, H. 1998 The self-fulfilling prophecy in close relationships: Rejection sensitivity and rejection by romantic partners. *Journal of Personality and Social Psychology*, **75**, 545-560.

Feeney, J. A. 1995 Adult attachment and emotional control. *Personal Relationships*, **2**, 143-159.

Feeney, J. A. 1999 Adult attachment, emotional control, and marital satisfaction. *Personal Relationships*, **6**, 169-185.

Feeney, J. A., Noller, P., & Roberts, N. 2000 Attachment and close relationships. In C. Hendrick & S. S. Hendrick (Eds.), *Close relationships* (pp.185-201). Thousand Oaks, CA : Sage.

Fiedler, F. E., Warrington, W. G., & Blaisdell, F. J. 1952 Unconscious attitudes as correlates of sociometric choice in a social group. *Journal of Abnormal and Social Psychology*, **47**, 790-796.

林文俊 1978 対人認知の基本次元についての一考察 名古屋大学教育学部紀要, 25, 233-247.

Hazan, C., & Shaver, P. R. 1987 Romantic love conceptualized as an attachment process. *Journal of Personality and Social Psychology*, 52, 511-524.

Hendrick, C., & Hendrick, S. S. 1989 Research on love : Does it measure up? *Journal of Personality and Social Psychology*, 56, 784-794.

廣兼孝信・吉田寿夫 1984 印象形成における手がかりの優位性に関する研究 実験社会心理学研究, 23, 117-124.

池上知子 1999 潜在認知とステレオタイプ―その現代的意義 梅本尭夫監修/川口潤(編) 現代の認知研究 : 21世紀に向けて 培風館 pp.130-145.

金政祐司 2005 自己と他者への信念や期待が表情の感情認知に及ぼす影響―成人の愛着的視点から 心理学研究, 76, 359-367.

金政祐司・大坊郁夫 2003a 青年期の愛着スタイルが親密な異性関係に及ぼす影響 社会心理学研究, 19, 59-74.

金政祐司・大坊郁夫 2003b 青年期の愛着スタイルと社会的適応性 心理学研究, 74, 466-473.

Kirkpatrick, L. E., & Davis, K. L. 1994 Attachment style, gender, and relationship stability : A longitudinal analysis. *Journal of Personality and Social Psychology*, 66, 502-512.

Mikulincer, M., & Florian, V. 1998 The relationship between adult attachment styles and emotional and cognitive reactions to stressful events. In J. A. Simpson & W. S. Rholes. (Eds.), *Attachment theory and close relationships* (pp.143-165). New York : Guilford.

Mikulincer, M., Florian, V., & Weller, A. 1993 Attachment styles, coping strategies, and posttraumatic psychological distress : The impact of the Gulf War in Israel. *Journal of Personality and Social Psychology*, 64, 817-826.

森三樹三郎 1994 老子・荘子 講談社学術文庫

Shaver, P. R., & Hazan, C. 1988 A biased overview of the study of love. *Journal of Social and Personal Relationships*, 5, 473-501.

第3章

Albeck, S., & Kaydar, D. 2002 Divorced mothers ; Their network of friends pre- and post- divorce. *Journal of Divorce and Remarriage*, 36, 111-139.

Aron, A., Paris, M., & Aron, E. N. 1995 Falling in love : Prospective studies of self-concept change. *Journal of Personality and Social Psychology*, 69, 1102-1112.

Braiker, H. B., & Kelley, H. H. 1979 Conflict in the development of close relationships. In R. L. Burgess & T. L. Huston (Eds.), *Social exchange in development relationships* (pp.135-167). New York : Academic Press.

Browne, K., & Herbert, M. 1997 *Preventing family violence*. New Jersey : John Wiley & Sons. (翻訳あり)

Collins, R. 1982 *Sociological insight : An introduction to nonobvious sociology*. New York : Oxford University Press. (翻訳あり)

Cox, C. L., Wexler, M. O., Rusbult, C. E., & Stanley, O. G. Jr. 1997 Prescriptive support and commitment processes in close relationships. *Social Psychology Quarterly*, 60, 79-90.

Dakof, G. A., & Taylor, S. E. 1990 Victims' perceptions of social support : What is helpful from whom? *Journal of Personality and Social Psychology*, 58, 80-89.

Elisabeth, F., & Brandstatter, V. 2002 Approach versus avoidance : Different types of commitment in intimate relationships. *Journal of Personality and Social Psychology*, 82, 208-221.

Feeney, B. C., & Collins, N. L. 2003 Motivations for caregiving in adult intimate relationships : Influences on caregiving behavior and relationship functioning. *Personality and Social Psychology Bulletin*, 29, 950-

968.

Feeney, B. C. 2004 A secure base : Responsive support of goal strivings and exploration in adult intimate relationships. *Journal of Personality and Social Psychology*, **87**, 631-648.

藤原武弘・黒川正流・秋月左都士 1983 日本版 Love-Liking 尺度の検討 広島大学総合科学部紀要Ⅲ, **7**, 39-46.

Geary, D. C. 2000 Evolution and proximate expression of human paternal investment. *Psychological Bulletin*, **126**, 55-77.

Harvey, J. H. 2002 *Perspectives on loss and trauma : Assaults on the self*. California : Sage. (翻訳あり)

Holmes, T. H., & Rabe, R, H. 1967 The social readjustment rating scale. *Journal of Psychosomatic Research*, **11**, 213-218.

Hupka, R, B. 1991 The motive for the arousal of romantic jealousy : Its cultural origin. In Salovey, P. (Ed.), *The Psychology of Jealousy and Envy* (pp.252-270). New York : The Guilford.

Johnson, M. P. 1991 Commitment to personal relationships. *Advances in Personal Relationships*, **3**, 117-143.

Kenrick, D. & Trost, M. 1987 A biosocial model of relationship formation. In K. Kelley (Ed.), *Females, males, and sexuality : Theories and research* (pp.92-118). Albany : Suny Press.

小西聖子 2001 ドメスティック・バイオレンス 白水社

Levinger, G., & Snoek, J. D. 1972 *Attraction in relationships : A new look at interpersonal attraction*. New York : General Learning Press.

増田匡裕 1998 排他性 松井 豊 (編) 現代のエスプリ368 恋愛の心理 pp.141-150.

中村佳子・浦光博 2000 適応及び自尊心に及ぼすサポートの期待と受容の交互作用効果 実験社会心理学研究, **39**, 121-134.

西村太志・浦光博・南隆男・長谷川孝治 1999 新入社員の組織適応に関する研究(2)―職場内外の重要他者との対人関係の質と組織コミットメントが職務への関与度に及ぼす影響― 日本心理学会第63回大会発表論文集, 1046.

奥田秀宇 1994 恋愛関係における社会的交換過程―公平, 投資, および互恵モデルの検討―実験社会心理学研究 **34**, 82-91.

長田雅喜 1990 対人魅力の研究と愛の問題, 心理学評論, **33**, 273-287.

Rubin, Z. 1970 Measurement of romantic love. *Journal of Personality and Social Psychology*, **16**, 265-273.

Russel, D., Cutrona, C., Rose, J., & Yurko, K. 1984 Social and emotional loneliness : An examination of Weiss's typology of loneliness. *Journal of Personality and Social Psychology*, **46**, 1313-1321.

下斗米淳 2000 友人関係の親密化過程における満足・不満足感及び葛藤の顕在化に関する研究―役割期待と遂行とのズレからの検討 実験社会心理学研究 **40**, 1-15.

志村誠 2005 インターネットのコミュニケーション利用が個人にもたらす帰結 池田謙一 (編) インターネット・コミュニティと日常世界 誠信書房 pp.112-131.

相馬敏彦・浦光博 2003 「あなたの友は私の友」の陥穽―親しい関係での協調的・非協調的志向性に及ぼす関係内コミットメントと関係外部のネットワークの特徴の影響― 日本社会心理学会第44回大会, 276-277.

相馬敏彦 2005 親密な関係における排他性が個人の適応に及ぼす影響 2005年度広島大学生物圏科学研究科博士論文 (未公刊)

Thibaut, J. W., & Kelley, H. H. 1959 *The social psychology of groups*. New York : Wiley.

浦光博 1992 支えあう人と人 サイエンス社

Vaughan, D. 1986 *Uncoupling*. New York : Oxford University Press.

Walker, L. E. 1979 *The battered woman*. New York : Harpercollins. (翻訳あり)

Zeifman, D., & Hazan, C. 1997 Attachment : The bond in pair bonds. In J. A. Simpson & D. T. Kenrick (Eds.), *Evolutionary social psychology* (pp.237-263). New Jersey : Lawrence Erlbaum Associates.

第4章

安藤清志　1986　対人関係における自己開示の機能　東京女子大学紀要論集, **36**, 167-199.
榎本博明　1987　青年期（大学生）における自己開示性とその性差について　心理学研究, **58**, 91-97.
榎本博明・清水弘司　1992　自己開示と孤独感　心理学研究, **63**, 114-117.
大坊郁夫　1998　しぐさのコミュニケーション　人は親しみをどう伝えあうか　サイエンス社
大坊郁夫・後藤学　2005　社会的スキル・トレーニングの効果性の検討　大坊郁夫（編）　社会的スキル向上を目指す対人コミュニケーション　ナカニシヤ出版　pp.135-155.
Exline, R. V. 1963 Exploration in the process person perception : visual interaction in relation to competition, sex and need for affiliation. *Journal of Personality*, **31**, 1-20.
Grice, H. P. 1975 Logic and conversation. In P. Cole & J. L. Morgan(Eds.), *Syntax and semantics : Vol.3, Speech act* (pp.41-58). New York : Academic Press.
Hall, E. T. 1966 *The hidden dimension*. New York : Doubleday.（翻訳あり）
Hargie, O. D. W., Tourish, D.,& Curtis, L. 2001 Gender, religion, and adolescent patterns of self-disclosure in the divided society of Northern Ireland. *Adolescence*, **36**, 665-679.
畑中美穂　2003　会話場面における発言の抑制が精神的健康に及ぼす影響　心理学研究, **74**, 95-103.
畑中美穂　2005　発言抑制行動が精神的健康に及ぼす影響：影響過程の検討　日本心理学会第69回大会発表論文集, 242.
広沢俊宏　1990　青年期における他人コミュニケーション（I）　―自己開示、孤独感、および両者の関係に関する発達的研究―　関西学院大学社会学部紀要, **61**, 149-160.
堀毛一也　1994a　恋愛関係の発展・崩壊と社会的スキル　実験社会心理学研究, **34**, 116-128.
堀毛一也　1994b　人当たりの良さ尺度　菊池章夫・堀毛一也（編）　社会的スキルの心理学　川島書店　pp. 168-176.
Ichiyama, M. A., Colbert, D., Laramore, H., Heim, M., Carone, K., & Schmidt, J. 1993 Self-concealment and correlates of adjustment in college students. *Journal of College Student Psychotherapy*, **7**, 55-68.
飯塚雄一　1992　交際中および未知の男女間の視線について　日本心理学会第56回大会発表論文集, 228.
磯友輝子・木村昌紀・大坊郁夫　2005　3者間会話場面における非言語的行動の果たす役割　大坊郁夫（編）　社会的スキル向上を目指す対人コミュニケーション　ナカニシヤ出版　pp.31-86.
Kendon, A. 1967 Some functions of gaze direction in social interaction. *Acta Psychologica*, **26**, 22-63.
桑原尚史・西田公昭・浦光博・梶野潤　1989　社会的文脈における会話処理過程の検討　心理学研究, **60**, 163-169.
Mahl, G. F. 1956 Disturbances and silences in the patient's speech in psychotherapy. *Journal of Abnormal and Social Psychology*, **53**, 1-15.
西田公昭　1992　対話者の会話行為が会話方略ならびに対人認知に及ぼす効果　心理学研究, **63**, 319-325.
西出和彦　1985　人と人との間の距離　建築士と実務, **5**, 95-99.
Pennebaker, J. W. 1989 Confession, inhibition, and disease. *Advances in Experimental Social Psychology*, **22**, 211-244.
Rubin, Z. 1973 Liking and Loving : An invitation to social psychology. New York : Holt, Reinehart & Winston.（翻訳あり）
Shannon, C. E., & Weaver, W. 1949 *The mathematical theory of communication*. Urbana : The University of Illinois Press.

渋谷昌三　1986　近接心理学のすすめ　講談社
Sommer, R. 1969 *Personal space : The behavioral basis of design*. Englewood Cliffs, N. J. : Prentice-Hall.（翻訳あり）
竹内郁郎　1973　社会的コミュニケーションの構造　内川芳美・岡部慶三・竹内郁郎・辻村明（編）　基礎理論（講座　現代の社会とコミュニケーション1）　東京大学出版会
田中政子　1973　Personal space の異方的構造について　教育心理学研究, **21**, 223-232.

第5章

安藤清志　1994　見せる自分／見せない自分—自己呈示の社会心理学—　サイエンス社
Bosson, J. K., & Swann, W. B., Jr. 2001 The paradox of the sincere chameleon : Strategic self-verification in close relationships. In J. Harvey & A. Wenzel (Eds.), *Close romantic relationships* (pp.67-86). Mahwah, NJ, US : Lawrence Erlbaum Associates, Publishers.
Cialdini, R. B., Borden, R. J., Thorne, A., Walker, M. R., Freeman, S., & Sloan, L. R. 1976 Basking in reflected glory : Three (football) field studies. *Journal of Personality and Social Psychology*, **34**, 366-375.
Frankel, A., & Snyder, M. L. 1978 Poor performance following unsolvable problems : Learned helplessness or egotism? *Journal of Personality and Social Psychology*, **36**, 1415-1423.
Jones, E. E., & Pittman, T. S. 1982 Toward a general theory of strategic self-presentation. In J. Suls (Ed.), *Psychological perspectives on the self* (Vol.1, pp.231-262). Hilsdale,NJ : Erlbaum.
Leary, M. R. 1995 *Self-presentation : Impression management and interpersonal behavior*. Dubuque, IA : Brown & Benchmark.
Leary, M. R. 1999 The social and psychological importance of self-esteem. In R. M. Kowalski & M. R. Leary (Eds.), *The social psychology of emotional and behavioral problems : Interfaces of social and clinical psychology* (pp.197-221). Washington, DC : American Psychological Association.（翻訳あり）
Leary, M. R., & Kowalski, R. M. 1990 Impression management : A literature review and two-component model. *Psychological Bulletin*, **107**, 34-47.
Leary, M. R., & Miller, R. S. 2000 Self-presentational perspectives on personal relationships. In S. W. Duck & W. Ickes (Eds.), *The social psychology of personal relationships* (pp.129-155). Chichester, UK : Wiley.（翻訳あり）
Leary, M. R., Nezlek, J. B., Downs, D. L., Radford-Davenport, J., Martin, J., & McMullen, A. 1994 Self-presentation in everyday interactions. *Journal of Personality and Social Psychology*, **67**, 664-673.
Morrier, D., & Seroy, C. 1994 The effect of interpersonal expectancies on men's self-presentation of gender role attitudes to women. *Sex Roles*, **31**, 493-504.
Swann, W. B., Jr. 1990 To be adored or to be known : The interplay of self-enhancement and self-verification. In R. M. Sorrentino & E. T. Higgins (Eds.), *Handbook of motivation and cognition : Foundations of social behavior* (Vol.2, pp.408-448). New York : Guilford.
Swann, W. B., Jr., Bosson, J. K., & Pelham, B. W. 2002 Different partners, different selves : Strategic verification of circumscribed identities. *Personality and Social Psychological Bulletin*, **28**, 1215-1228.
谷口淳一　2001　異性に対する自己呈示方略に関する実験的研究—自己呈示ジレンマ状況における魅力度と重要度の効果　対人社会心理学研究, **1**, 93-106.
谷口淳一・大坊郁夫　2005　異性との親密な関係における自己呈示動機の検討　実験社会心理学研究, **45**, 13-24.
Tesser, A. 1988 Toward a self-evaluation maintenance model of social behavior. *Advances in Experimental Social Psychology*, **21**, 181-227.
養老孟司　2005　無思想の発見　ちくま新書

von Bayer, C. L., Sherk, D. L., & Zanna, M. P. 1981 Impression management in the job interview : When the female applicant meets the (chauvinist) interviewer. *Personality and Social Psychology Bulletin*, 7, 45-51.

Zanna, M. P., & Pack, S. J. 1975 On the self-fulfilling nature of apparent sex differences in behavior. *Journal of Experimental Social Psychology*, 11, 583-591.

第6章

Asch, S. E. 1956. Studies of independence and submission to group pressure : 1. A minority of one against a unanimous majority. *Psychological Monographs*, 70(9), (Whole No. 417).

Barabasi, A.-L. 2002 *Linked : The new science of networks*. Cambridge : Perseus Books Group. (翻訳あり)

Buchanan, M. 2002 *Nexus : Small worlds and the ground breaking science of networks*. New York : W. W. Norton & Company. (翻訳あり)

Burt, R. 2002 Bridge decay. *Social Networks*, 24, 333-363.

Dawes, R. M. 1991 Social dilemmas, economic self-interest, and evolutionary theory. In R. D. Brown & J. E. K. Smith (Eds.), *Frontiers of mathematical psychology : Essays in honor of Clyde Coombs* (pp. 53-79). New York : Springer-Verlag.

Deutsch, M., & Gerard, H. B. 1955. A study of normative and information social influences upon individual judgement. *Journal of Abnormal and Social Psychology*, 51, 629-636

Festinger, L., Schachter, S., & Back, K. 1950 *Social pressures in informal groups*. New York : Harper.

Granovetter, M. 1973 The strength of weak ties. *American Journal of Sociology*, 78, 1360-1380.

Granovetter, M., & Soong, R. 1983 Threshhold models of diffusion and collective behavior. *Journal of Mathematical Sociology*, 9, 165-179.

石盛真徳・藤澤隆史・小杉考司・水谷聡秀　2002　集団現象へのセルオートマトン的アプローチ　対人社会心理学研究, 2, 111-117.

金光淳　2003　社会ネットワーク分析の基礎　社会関係資本論にむけて　勁草書房

Kelman, H. C. 1958 Compliance, identification, and internalization : Three processes of attitude change. *Journal of Conflict Resolution*, 2, 51-60.

Latane, B., Liu, J. H., Nowak, A., Bonevento, M., & Zheng, L. 1995 Distance matters : Physical space and social impact. *Personality and Social Psychology Bulletin*, 21, 795-805.

Leavitt, H. J. 1951 Some effects of certain communication patterns on group performance. *Journal of Abnormal and Social Psychology*, 46, 38-50.

Milgram, S. 1967 The small-world problem. *Psychology Today*, 1, 60-67.

Milgram, S. 1974 *Obedience to authority : An experimental view*. New York : Harper & Row. (翻訳あり)

三隅譲二・木下冨雄　1992　「世間は狭い」か？：日本社会の見えない人間関係ネットワークを推定する　社会心理学研究, 7, 8,-18.

Rapoport, A. 1960 *Fights, games, and debates*. Michigan : University of Michigan Press.

Rogers, E. M. 1986 *Communication technology : The new media in society*. New York : Free Press.

Rogers, E. M., & Agarwala-Rogers, R. 1976 *Communication in organizations*. New York : Free Press.

Sherif, M. 1936 *The psychology of social norms*. New York : Harper.

Sherif, M., Harvey, O. J., White, B. J., Hood, W. R., & Sherif, C. W. 1961. *Intergroup cooperation and competition : The robbers cave experiment*. Norman, OK : University Book Exchange.

浦光博　1990　コミュニケーション構造　小集団研究所（編）　小集団研究辞典　人間の科学社　pp.62-63.

Van Lange, P. A. M., & De Dreu, C. K. W.　2001　Social interaction : Cooperation and competition. In M.

Hewstone & W. Stroebe (Eds.), *Introduction to social psychology* (3rd ed., pp. 341-369). Malden, MA : Blackwell.

渡辺深　1991　転職―転職結果に及ぼすネットワークの効果―　社会学評論, **42**, 2-16.

Watts, D. J. 2003 *Six Degrees : The science of a connected age*. New York : W. W. Norton & Company.（翻訳あり）

吉森護　1995　集団参加　小川一夫（監修）改訂版　社会心理学用語辞典　北大路書房　p.154.

第7章

Bandura, A.　1977　Self-efficacy : Toward a unifying theory of behavioral change. *Psychological Review*, **84**, 191-215.

Bandura, A.　1986　*Social foundations of thought and action* : *A social cognitive theory*. Englewood Cliffs, NJ : Prentice-Hall.

Betz, N. E.　1992　Counseling uses of career self-efficacy theory. *The Career Development Quarterly*, **41**, 22-26.

Betz, N.E., & Hackett, G.　1981　The relationship of career-related self-efficacy expectations to perceived career options in college women and men. *Journal of Counseling Psychology*, **28**, 399-410.

Brown, S. D., & Lent, R. W.　1996　A social cognitive framework for career choice counseling. *Career Development Quarterly*, **44**, 354-366.

Chartrand, J. M.　1996　Linking theory with practice : A sociocognitive interactional model for career counseling. In M. L. Savickas & W. B. Walsh.(Eds.), *Handbook of career counseling theory and practice*. Calif : Davies-Black.

Gelatt, H. B. 1962 Decision making : A conceptual frame of reference for counseling. *Journal of Counseling Psychology*, **9**, 240-245.

Gelatt, H. B. 1989 Positive uncertainty : A new decision-making framework for counseling. *Journal of Counseling Psychology*, **14**, 332-341.

玄田有史　2001　仕事のなかの曖昧な不安―揺れる若年の現在　中央公論新社

Krumbolz, J.D. 1979 A social learning theory of career decision making. In A. M. Mitchell, G.B. Jones & J. D. Krumboltz (Eds.), *Social learning and career decision making*. Cranston, R. I : Carroll Press.

Hackett. G., & Betz, N. E. 1981 A self-efficacy approach to the career development of women. *Journal of Vocational Behavior*, **18**, 326-339.

Holland, J. L.　1985　*Making vocational choices*. Englewood Cliffs, NJ : Prentice-Hall.（翻訳あり）

Lent, R. W., Brown, S.D., & Hackett, G.　1994　Monograph : Toward a unifying social cognitive theory of career and academic interest, choice, and performance. *Journal of Vocational Behavior*, **45**, 79-122.

Lent, R. W.　2005　A social cognitive view of career development and counseling. In S. D. Brown & R. W. Lent (Eds.), *Career development and counseling*. N.J. : John Wiley.

Lent, R. W., Brown, S. D., & Hackett, G.　2005　Social cognitive career theory. In *Career choice and development*. San Francisco : Jossey-Bass.

Mitchell, K., Levin, A., & Krumboltz, J.　1999　Planned happenstance : Constructing unexpected career opportunities. *Journal of Counseling & Development*, **77**, 115-124.

Super, D. E.　1957　*The psychology of careers : an introduction to vocational development*. New York : Harper & Row.（翻訳あり）

Super, D. E.　1980　A life-span, life-space approach to career development. *Journal of Vocational Behavior*, **13**, 282-298.

Super, D. E., Savickas, M.L., & Super, C. M. 1996 The life-span, life-space approach to careers. In D. Brown, L. Brooks & Associates (Eds.), *Career choice and development*. San Francisco : Jossey-Bass.
Vroom, V. H. 1964 *Work and motivation*. New York : Wiley. (翻訳あり)

第8章

安藤清志 1987 要求をのませるテクニック 末永俊郎 (編) 社会心理学研究入門 東京大学出版会
Bolfing, C. P. 1989 How do customers express dissatisfaction and what can service marketers do about it? *The Journal of Service Marketing*, **3**, 5-23.
Brown, S. P. & Beltramini, R. F. 1989 Consumer complaining and word-of-mouth activities : Field evidence. *Advances in Consumer Research*, **16**, 9-16.
Cialdini, R. B. 1988 *Influence : Science and practice* (2nd ed.). New York : Scott, Foresman and Company. (翻訳あり)
Cialdini, R. B., Cacioppo, J. T., Bassett, R., & Miller, J. A., 1978 Low-ball procedure for producing compliance : Commitment then cost. *Journal of Personality and Social Psychology*, **36**, 463-475.
Cialdini, R. B., Vincent, J. E., Lewis, S. K., Catalan, J., Wheeler, D., & Darby, B. L. 1975 Reciprocal concessions procedure for inducing compliance : The door-in-the-face technique. *Journal of Personality and Social Psychology*, **31**, 206-215.
Festinger, L. 1954 A theory of social comparison processes. *Human Relations*, **7**, 117-140.
Freedman, J. L. & Fraser, S. C. 1966 Compliance without pressure : The foot-in-the-door technique. *Journal of Personality and Social Psychology*, **4**, 195-203.
Hirschman, A. O. 1970 *Exit, voice, and loyalty : Responses to decline in firms, organizations, and states*. Cambridge : Harvard University Press. (翻訳あり)
堀内圭子 2001 消費者からの情報発信 : わるい口コミの影響力 川上善郎 (編) 情報行動の社会心理学 北大路書房
Hovland, C. I., Lumsdaine, A. A., & Sheffield, F. D. 1949 *Experiments on mass communication*. Princeton : Princeton University Press.
Hovland, C. I., & Weiss, W. 1951 The influence of source credibility on communication effectiveness. *Public Opinion Quarterly*, **15**, 635-650.
池内裕美 2006 苦情行動に影響を及ぼす社会心理学的諸要因の検討 「研究双書」第142冊, 関西大学経済・政治研究所, 101-131.
国民生活センター 2005 くらしの豆知識'06 独立行政法人国民生活センター
黒岩健一郎 2004 苦情行動研究の現状と課題 武蔵大学論集, **52**, 1-16.
黒岩健一郎 2005 苦情対応研究の現状と課題 武蔵大学論集, **52**, 15-31.
Liefeld, J. P., Edgecombe, H. C., & Wolfe, L. 1975 Demographic characteristics of Canadian consumer complainers. *Journal of Consumer Affairs*, **9**, 73-80.
Mason, J. B. & Himes, S. H. Jr., 1973 An explanatory behavioral and socio-economic profile of consumer action about dissatisfaction with selected household appliances. *Journal of Consumer Affairs*, **7**, 121-127.
森山満 2002 企業のためのクレーム処理と悪質クレーマーへの対応 商事法務
村千鶴子 2004 消費者はなぜだまされるのか : 弁護士が見た悪質商法 平凡社新書
中森三和子・竹内清之 1999 クレーム対応の実際 日本経済新聞社
Oliver, R. L. 1980 A cognitive model of the antecedents and consequences of satisfaction decisions. *Journal of Marketing Research*, **17**, 460-469.
大阪市消費者センター 2005 平成16年度消費生活相談 大阪発生活情報誌『エル』, **7**, 1-2.

佐藤和代　2001　顧客満足／不満足経験とその後の選択行動　日本消費経済学会年報, **23**, 203-208.
佐藤知恭　1986　体系：消費者対応企業戦略　八千代出版
Spreng, R. A., Harrell, G. D., & Mackoy, R. D. 1995 Service recovery : Impact on satisfaction and intentions. *The Journal of Service Marketing*, **9**, 15-23.
富田たかし　2004　詐欺の心理学：騙す側・騙される側のココロの法則　KKベストセラーズ
Warland, R. H., Herrmann, R. O., & Willits, J. 1975 Dissatisfied consumers : Who gets upset and who takes action. *Journal of Consumer Affairs*, **9**, 148-163.
Westbrook, R. A. 1987 Product/consumption-based affective responses and postpurchase processes. *Journal of Marketing Research*, **24**, 258-270.
Wilkie, W. L. 1994 *Consumer behavior* (3rd ed.). New York : John Wiley & Sons.

第9章

東洋・柏木恵子・ヘス, R. D.　1981　母親の態度・行動と子どもの知的発達：日米比較研究　東京大学出版
Bruner, J. 1990 *Acts of meaning.* Cambridge, MA : Harvard University Press.
Diener, E., & Diener, M. 1995 Cross cultural correlates of life satisfaction and self-esteem. *Journal of Personality and Social Psychology*, **68**, 653-663.
Festinger, L. 1957 *A theory of cognitive dissonance.* Stanford, CA : Stanford University Press.
Heine, S. J., Kitayama, S., Lehman, D. R., Takata, T., Ide, E., Leung, C., & Matsumoto, H. 2001 Divergent consequences of success and failure in Japan and North America : An investigation of self-improving motivation and malleable selves. *Journal of Personality and Social Psychology*, **81**, 599-615.
Heine, S. J., & Lehman, D. R. 1997 Culture, dissonance, and self-affirmation. *Personality and Social Psychology Bulletin*, **23**, 389-400.
Hoshino-Browne, E., Zanna, A. S., Spencer, S. J., Zanna M. P., Kitayama, S., & Lackenbauer, S. 2005 On the cultural guises of cognitive dissonance : The case of Easterners and Westerners. *Journal of Personality and Social Psychology*, **89**, 294-310.
Iyengar, S. S., & Lepper, M. R. 1999 Rethinking the value of choice : A cultural perspective on intrinsic motivation. *Journal of Personality and Social Psychology*, **76**, 349-366.
Ji, L., Nisbett, R. E., & Su, Y. 2001 Culture, change, and prediction. *Psychological Science*, **12**, 450-456.
Kanagawa, C., Cross, S. E., & Markus, H. R. 2001 "Who am I?" The cultural psychology of the conceptual self. *Personality and Social Psychology Bulletin*, **27**, 90-103.
Kim, H., & Markus, H. R. 1999 Deviance or uniqueness, harmony or conformity? A cultural analysis. *Journal of Personality and Social Psychology*, **77**, 785-800.
北山忍　1998　自己と感情　文化心理学による問いかけ　共立出版
Kitayama, S., Duffy, S., Kawamura, T., & Larsen, J. 2003 Perceiving an object and its context in different cultures : A cultural look at New Look. *Psychological Science*, **14**, 201-206.
Kitayama, S., Ishii, K., Imada, T., Takemura, K., & Ramaswamy, J. 印刷中 Voluntary settlement and the spirit of independence : Evidence from Japan's "Northern Frontier." *Journal of Personality and Social Psychology*.
Kitayama, S., & Markus, H.R. 1994 Introduction to cultural psychology and emotion research. In S. Kitayama & H. R. Markus (Eds.), *Emotion and culture : Empirical studies of mutual influence* (pp. 1-19). Washington, D.C. : American Psychological Association.
Kitayama, S., Snibbe, A. C., Markus, H. R., & Suzuki, T. 2004 Is there any "free" choice? Self and dissonance in two cultures. *Psychological Science*, **15**, 527-533.

Kluckhohn, K. 1954. Culture and behavior. In G. Lindzey (Ed.), *Handbook of social psychology* (Vol.2, pp. 921-976). Cambridge, MA : Addison-Wesley.

Kwan, V. S. M., Bond, M. H., & Singelis, T. M. 1997 Pancultural explanations for life satisfaction : Adding relationship harmony to self-esteem. *Journal of Personality & Social Psychology*, **73**, 1038-1051.

Lepper, M. R., & Greene, D. 1978 Divergent approaches to the study of rewards. In M. R. Lepper & D. Greene (Eds.), *The hidden costs of reward* (pp. 217-244). Hillsdale, NJ : Erlbaum.

Malle, B. F. 2004 *How the mind explains behavior : Folk explanations, meaning, and social interaction.* Cambridge, MA : MIT Press.

Markus. H., & Kitayama, S. 1991 Culture and self : Implications for cognition, emotion and motivation. *Psychological Review*, **98**, 224-253.

Masuda, T., & Kitayama, S. 2004 Perceiver-induced constraint and attitude attribution in Japan and the US : A case for the cultural dependence of the correspondence bias. *Journal of Experimental Social Psychology*, **40**, 409-416.

Markus, R. H., Uchida, Y., Omoregie, H., Townsend, S. S. M., & Kitayama, S. 2006 Going for the gold : Models of agency in Japanese and American contexts. *Psychological Science*, **17**, 103-112.

Mead, G. H. 1934 *Mind, self, and society.* Chicago, IL : University of Chicago Press.

Miller, J. G. 1984 Culture and the development of everyday social explanation. *Journal of Personality and Social Psychology*, **46**, 961-978.

Morris, M. W., & Peng, K. 1994 Culture and cause : American and Chinese attributions for social and physical events. *Journal of Personality and Social Psychology*, **67**, 949-971.

Morling, B., Kitayama, S., & Miyamoto, Y. 2002 Cultural practices emphasize influence in the United States and adjustment in Japan. *Personality and Social Psychology Bulletin*, **28**, 311-323.

Nisbett, R. E. 2003 *The geography of thought : Why we think the way we do.* New York : The Free Press. (翻訳あり)

Oishi, S. 2004 *The socio-ecological model of the self : the role of residential mobility.* Paper presented at the 1st Cultural Psychology Preconference, Society for Personality and Social Psychology, New Orleans.

Ross, L. 1977. The intuitive psychologist and his shortcomings : Distortions in the attribution process. In L. Berkowitz (Ed.), *Advances in experimental social psychology* (Vol. 10, pp. 174-221). New York : Academic Press.

Shweder, R. A. 1990 Cultural psychology-what is it? In J. W. Stigler, R. A. Shweder, & G. Herdt (Eds.), *Cultural psychology : Essays on comparative human development.* (pp. 1-46). Cambridge, United Kingdom : Cambridge University Press.

鈴木孝夫　1973　ことばと文化　岩波新書

Tomasello, M. 1999 *The cultural origins of human cognition.* Cambridge, MA : Harvard University Press.

Uchida, Y., Norasakkunkit, V., & Kitayama, S. 2004 Cultural constructions of happiness : Theory and evidence. *Journal of Happiness Studies*, **5**, 223-239.

内田由紀子・北山忍　2005　感情の意味構造と文化：幸福感における検討　日本心理学会第69回大会発表論文集

Weber, M. 1920 *Die protestantische Ethik und der "Geist" des Kapitalismus, Gesammelte Aufsätze zur Religionssoziologie*, Bd. 1, Tubingen : J.C.B.Mohr. (翻訳あり)

Yamada, H. 1997 *Different games, different rules : why Americans and Japanese misunderstand each other.* Oxford University Press. (翻訳あり)

山岸俊男　1999　安心社会から信頼社会へ：日本型システムの行方　中央公論新社

索　引

＊あ行

愛情　63
愛着　46
愛着スタイル　48
愛着理論　46
アイデンティティ　14
悪質商法　184
安心　220
安心探し行動　29
安全基地としての機能　76
安全な避難所としての機能　76
暗黙のパーソナリティ観　40
意思決定理論　155
一面呈示　191
一体感　74
一般化された他者　16
印象形成　38
内集団　18
栄光浴　120
栄光浴現象　116
エスノセントリズム　202
N人の囚人ジレンマ　149

＊か行

外傷　99, 107
解読　87
外発的動機づけ　209
回避的コミットメント　71
会話の公理　96
学習性無力感　79
葛藤　77
葛藤対処行動　81
仮定された類似性　42
下方比較　24
下方螺旋過程　29
関係の推移性　142
関係不安　49
記号化　87
期待一致モデル　179
期待はずれ　78

期待不一致モデル　179
期待理論　166
客我　15
キャリア情報リテラシー　168
キャリア不決断　162
鏡映自己　15
協調的志向性　82
恐怖喚起コミュニケーション　192
拒否感受性　57
近言語　91
近接学　92
緊張期　79
空間行動　92
苦情　175
クリーク　141
クレーム　175
計画された偶発性　172
ゲシュタルト　39
結果期待　165
権威者への服従　136
原因帰属　117, 164, 212
言語的コミュニケーション　90
言語的説得　163, 167
好意　63
構造的要因　72
光背効果　42
幸福感　216
互恵性　68
個人的アイデンティティ　18
個人的達成　163, 167
コスト　63
コミットメント　52, 70
孤立者　142
根本的帰属の誤り　213

＊さ行

サイレント・マジョリティ　177
詐欺　188
座席行動　92
ザッツ・ノット・オール・テクニック　197
三者相互作用　157

自我　15
自我同一性　14
自己開示　97
自己改善動機　20
自己概念　14
自己確証動機　20,55,114
自己拡張理論　74
自己カテゴリー化理論　19
自己向上　210
自己高揚　210
自己高揚動機　20,114
自己効力　162
自己査定動機　20
自己成就予言　55
自己知覚理論　194
自己呈示　109
自己呈示者のジレンマ　115
自己評価維持モデル　122
自己評価過程　20
自己への信念や期待　47
次々販売　185
自尊心　216
嫉妬　66
自文化中心主義　202
社会規範　66
社会的アイデンティティ　18
社会的アイデンティティ理論　18
社会的学習理論　156
社会的交換理論　64
社会的実在性　23
社会的スキル　102
社会的スキルトレーニング　104
社会的比較　22
社会的比較過程の理論　190
社会的比較理論　22
社会的流動性　220
社会・認知的進路理論　156
囚人のジレンマ　148
集団規範　135
集団凝集性　133
縦断的研究　58
縦断的調査　71
周辺言語　91
周辺特性　39

準言語　91
上位目標　134
生涯キャリア発達　170
承諾先取要請法　196
象徴的相互作用論　16
情緒の喚起　163,167
情緒的サポート　75,216
情報の影響　134
上方比較　24
職業の選択理論　155
職業の発達理論　155
所属欲求　28,73
初頭効果　39,182
所有意識　66
進化心理学　66
新近効果　182
身体動作　91
信憑性　191
親密性回避　49
信頼　220
信頼性　191
水平的職務分離　162
スケールフリー・ネットワークモデル　146
ステレオタイプ　44
成果　64
誠実なカメレオン効果　127
成人の愛着理論　48
青年期　17
性役割　102
生理的早産　67
積極的不確実性　171
接近的コミットメント　71
説得的コミュニケーション　191
セルフ・ハンディキャッピング　116,117
選択比較水準　65
専門性　76,191
戦略的自己確証モデル　126
相関関係　71
相互依存理論　64
相互協調的自己観　207
相互独立的自己観　206
ソーシャル・サポート　73
属性　212
ソシオメーター理論　28,110

外集団　18

＊ た 行

対応バイアス　213
対人距離　92
対人コミュニケーション　87
対人認知　38, 212
対人認知次元　40
代理学習　163, 167
他者への信念や期待　46
段階的要請法　193
小さな世界問題　144
中心特性　39
追従　138
デッド・ライン・テクニック　197
ドア・イン・ザ・フェイス技法　192, 194
同一視　123, 138
動機づけ　208
道義的要因　72
道具的サポート　75
同調　134
特定性　83
トラウマ　99, 107

＊ な 行

内的作業モデル　47
内的要因　212
内発的動機づけ　209
内面化　138
二次被害　185
認知的機能主義　159
認知的不協和理論　194

＊ は 行

パーソナリティ特性　40
パーソナル・スペース　94
ハード・トゥ・ゲット・テクニック　197
爆発期　79
発言抑制行動　99
ハネムーン期　79
パラ・ランゲージ　91
ハロー効果　43, 190
比較水準　64
非協調的志向性　81

非言語的コミュニケーション　90
ヒューリスティック　188
不協和低減現象　212
フット・イン・ザ・ドア技法　192, 193
物理的実在性　23
負の口コミの流布　177
普遍主義的　203
ブリッジ　142
プロクセミックス　92
文化心理学　203
文化的自己観　205
文化と心の相互構成プロセス　204
分析的思考様式　214
平均以上効果　31
ベータモデル　146
ベビーフェイス効果　43
返報性　99
包括的思考様式　214
報酬　63
報道　222
暴力のサイクル理論　79
ポジティブ幻想　31

＊ ま・や・ら 行

マインド・コントロール　188
マッチング理論　157
メディア　222
モデル　21
役割取得　16
4つの情報源　163, 167
弱い紐帯（つながり）の強さ　143
リエゾン　142
リカバリー・パラドックス　182
両面呈示　191
ロー・ボール技法　192, 196

SCCT (Social Cognitive Career Theory)　156
SCENT (Self Concept Enhancing Tactician)　21

執筆者紹介

① 読者へのメッセージ　② 執筆の感想

西村　太志（にしむら　たかし）第1章
　最終学歴：広島大学大学院生物圏科学研究科博士課程後期修了　博士（学術）
　現　　職：広島国際大学心理科学部臨床心理学科　専任講師
　著　書　等：出来事の特質の差異が自己評価過程における他者選択に及ぼす影響：自己査定動機と自己高揚動機の観点から（共著）　社会心理学研究　2000, 16, 39-49.
　① この本をきっかけに、社会心理学や人間関係論の世界、広い意味での「人と人との関わり合い」の世界に、興味を持ってもらえれば嬉しいです。
　② もうだめだ……と何度も思いましたが、形になってよかったです。やればできる！はず。

金政　祐司（かねまさ　ゆうじ）編者、第2章
　最終学歴：大阪大学大学院人間科学研究科博士後期課程退学　博士（人間科学）
　現　　職：追手門学院大学心理学部　准教授
　著　書　等：『パーソナルな関係の社会心理学』（分担訳）　北大路書房　2004,『男と女の対人心理学』（分担執筆）　北大路書房　2005,『イラストレート恋愛心理学』（分担執筆）　誠信書房　2006
　① 17歳の頃の俺は、今の僕を見てどう思うんだろうか？　感受性のカケラもない愚鈍なおっさんだと思うんだろうなぁ。でも、今の僕には今の僕なりの地図がね……。
　②「三十にして立つ」こともできず、「四十にして惑わず」さえも目指せないわたくしが書きました。近頃は、惑うことさえむしろ悦びに思えるようになってしまいました。

相馬　敏彦（そうま　としひこ）第3章
　最終学歴：広島大学大学院生物圏科学研究科博士課程後期修了　博士（学術）
　現　　職：広島大学大学院社会科学研究科　准教授
　著　書　等：恋愛・結婚関係における排他性がそのパートナーとの葛藤時の対処行動選択に与える影響（共著）　実験社会心理学研究　2003, 43, 75-84.
　① どうぞお幸せに。
　②「重要な部分はゴチックにして提出して下さいね」という編者の指令を真に受けて、初稿すべてをゴチックにして出したところ、編者の一人がすかさずメールで「執筆要項読めよ、Ｄ判定つけるぞ」と突っ込んでくれた。久々の心温まる突っ込みに感謝の気持ちでいっぱいだ。

畑中　美穂（はたなか　みほ）第4章
最終学歴：筑波大学大学院博士課程心理学研究科修了　博士（心理学）
現　　職：名城大学人間学部　准教授
著　書　等：『惨事ストレスへのケア』（分担執筆）ブレーン出版 2005，発言抑制行動に至る意思決定過程　社会心理学研究　2006, 21, 187-200.
① この本を読んで、社会心理学に興味をもってもらえれば嬉しいです。
② 編者（さま）にはたくさんのご助言をいただき、勉強になりました。本当にありがとうございました。

谷口　淳一（たにぐち　じゅんいち）第5章
最終学歴：大阪大学大学院人間科学研究科博士後期課程修了　博士（人間科学）
現　　職：帝塚山大学心理学部心理学科　准教授
著　書　等：『わたしそしてわれわれ―ミレニアムバージョン』（分担執筆）　北大路書房　2004,『パーソナルな関係の社会心理学』（分担訳）　北大路書房　2004,『イラストレート恋愛心理学』（分担執筆）　誠信書房　2006
① 読者の皆さんが、この本を読むことで、自分にとって大切な人たち、それから、大切でない人たちの気持ちも慮ることができるようになったとしたら、著者として幸せです。
② 普段からお世話になっているお2人の編者（**出生日1日違い！**）の叱咤激励と締め切りのプレッシャー、そして福田さん（北樹出版）の温かいコメントにのせられて何とか完成させました！

石盛　真徳（いしもり　まさのり）編者、第6章
最終学歴：大阪大学大学院人間科学研究科博士後期課程単位取得退学　博士（人間科学）
現　　職：追手門学院大学経営学部　准教授
著　書　等：『ひと・社会・未来―今問われているもの』（分担執筆）　ナカニシヤ出版　2006,『ソシオン理論入門―心と社会の基礎科学』（共編著）　北大路書房　2006
① 集団内での人間関係に振り回される時にこそ、冷静に自分の人間関係を見つめ直してほしい。
② 仕事のほとんどを、もう一人の編者さんにすっかり任せっきりにしてしまい、みごと"変者"の称号をいただきました。すみません。

【著者略歴】
柴田勝二（しばた・しょうじ）
　1956年兵庫県生まれ。1986年大阪大学大学院（芸術学）博士課程満期退学。現在東京外国語大学教授（日本文学）。著書に『大江健三郎論——地上と彼岸』（有精堂、1992）、『三島由紀夫　魅せられる精神』（おうふう、2001）、『〈作者〉をめぐる冒険——テクスト論を超えて』（新曜社、2004）など。

漱石のなかの〈帝国〉
—国民作家と近代日本—

発行日	**2006年12月12日 初版第一刷**
著者	柴田勝二
発行人	今井　肇
発行所	翰林書房
	〒101-0051 東京都千代田区神田神保町1-14
	電話 (03) 3294-0588
	FAX (03) 3294-0278
	http://www.kanrin.co.jp
	Eメール● Kanrin@mb.infoweb.ne.jp
印刷・製本	シナノ

落丁・乱丁本はお取替えいたします
Printed in Japan. © Shoji Shibata. 2006.
ISBN4-87737-240-7

安達　智子（あだち　ともこ）第 7 章
　最終学歴：早稲田大学博士後期課程単位取得退学　博士（教育学）
　現　　職：大阪教育大学人間行動学講座　准教授
　著 書 等：『大学生の職業意識の発達』（共編著）　学文社　2003
① 皆さんがこれから、そしてこれまでの生き方や働き方を考える時に、少しでもお役にたてると幸いです。
② いやいや、がんばりました！　皆も私も、そして何といっても編者に福田さん！

池内　裕美（いけうち　ひろみ）第 8 章
　最終学歴：関西学院大学大学院社会学研究科博士課程後期課程修了　博士（社会学）
　現　　職：関西大学社会学部心理学専攻　教授
　著 書 等：『個人主義と集団主義：2 つのレンズを通して読み解く文化』（分担訳）北大路書房 2002，『対人心理学の視点』（分担執筆）　ブレーン出版　2002
① 万が一、この本に関する苦情やクレーム等がございましたら、編者まで。
② 困ったこと。それは執筆中も生まれ続ける悪質商法と、容赦なくなされるデータの更新。この本の出版時には、すでに内容が陳腐に……なんてことがありませんように。

内田　由紀子（うちだ　ゆきこ）第 9 章
　最終学歴：京都大学大学院人間・環境学研究科博士課程修了　博士（人間・環境学）
　現　　職：京都大学こころの未来研究センター　准教授
　著 書 等：*Culture and social behavior : The Ontario Symposium*, (Vol. 10) Mahwah, NJ: Erlbraum 2005（分担執筆），Cultural constructions of happiness : Theory and empirical evidence. *Journal of Happiness Studies*, 5, 3, 223-239（共著）．
① 自分の身の回りにある「文化」に少しでも気づいていただけるなら嬉しいです。
② 家族・学生、そして何より編者のお 2 人・北樹出版の福田さんのコメント・サポートに心から感謝いたします。

わたしから社会へ広がる心理学

2006年10月1日　初版第1刷発行
2014年4月10日　初版第3刷発行

編著者　金　政　祐　司
　　　　石　盛　真　徳

発行者　木　村　哲　也

・定価はカバーに表示　　　印刷　富士見印刷／製本　川島製本

発行所　株式会社 北 樹 出 版
URL:http://www.hokuju.jp
〒153-0061　東京都目黒区中目黒1-2-6　電話　(03) 3715-1525 (代表)
　　　　　　　　　　　　　　　　　FAX　(03) 5720-1488
　　　　　　　　　　　　　　　　　振替　00150-5-173206

© Yuji Kanemasa & Masanori Ishimori 2006, Printed in Japan
ISBN 978-4-7793-0070-7
(落丁・乱丁の場合はお取り替えします)